教育部高校人文青年项目"'一带一路'背景下OFDI推进我
能合作与升级的SD仿真研究"（项目编号：19YJC630157）
江西省高校人文社会科学研究项目"双向直接投资、科技创新
发展的时空演变——基于省际生态协调视角"（项目编号：JJ1
南昌工程学院高层次人才引进科研启动经费资助

U0582972

南昌工程学院经济贸易学院学术文库

Research on the Path of China's Foreign
Direct Investment to Promote
Manufacturing Capacity Cooperation and Upgrading

涂强楠◎著

中国对外直接投资推进制造业产能合作与升级的路径研究

经济管理出版社

ECONOMY & MANAGEMENT PUBLISHING HOUSE

图书在版编目（CIP）数据

中国对外直接投资推进制造业产能合作与升级的路径研究/涂强楠著 . —北京：经济管理
出版社，2023.11
ISBN 978-7-5096-9515-9

Ⅰ.①中… Ⅱ.①涂… Ⅲ.①制造工业—国际合作—研究—中国 Ⅳ.①F426.4

中国国家版本馆 CIP 数据核字（2023）第 257574 号

组稿编辑：郭　飞
责任编辑：郭　飞
责任印制：许　艳
责任校对：王淑卿

出版发行：经济管理出版社
　　　　　（北京市海淀区北蜂窝 8 号中雅大厦 A 座 11 层　100038）
网　　址：www. E-mp. com. cn
电　　话：（010）51915602
印　　刷：唐山昊达印刷有限公司
经　　销：新华书店
开　　本：720mm×1000mm/16
印　　张：15. 75
字　　数：292 千字
版　　次：2024 年 2 月第 1 版　　2024 年 2 月第 1 次印刷
书　　号：ISBN 978-7-5096-9515-9
定　　价：88. 00 元

·版权所有　翻印必究·

凡购本社图书，如有印装错误，由本社发行部负责调换。
联系地址：北京市海淀区北蜂窝 8 号中雅大厦 11 层
电话：（010）68022974　　邮编：100038

前　言

中华人民共和国成立之初，中国还是一个典型的农业大国，工业基础非常薄弱，产业体系还不完善，工业化水平相对较低。经过 70 多年的建设和发展，中国的制造业取得了巨大的历史性成就。按照联合国工业发展组织的数据，中国22 个制造业大类行业的增加值均居世界前列，百种主要制造业产品的产量居世界第一位。可以说，中国已经成为一个拥有世界上最完整产业体系、最完善产业配套的制造业大国，同时也是世界最主要的加工制造业基地。但是从制造业附加值角度来看，中国制造业的全球价值链地位仍旧较低。为有效缓解过剩产能，提高中国制造业在全球价值链中的地位，政府鼓励企业扩大对外投资，以多种方式"走出去"，优化制造产地分布。

在此背景下，本书将对外直接投资（OFDI）与制造业国际产能合作放在同一框架下讨论，以国际生产折衷理论、生产要素禀赋理论、比较优势理论以及投资动机理论等为基础，对 OFDI 影响制造业产能合作与升级的效果和路径进行深入而系统的分析。将中国与东道国国家的制造业产能合作按照生产要素的不同，分为资源密集型、资本密集型和劳动密集型产能合作，并在使用贸易互补指数对国际产能合作水平进行测算的基础上，主要开展以下四部分研究：

第一，分析 OFDI 对制造业产能合作的影响。应用面板模型和中介模型的方法分析 OFDI 对不同密集型制造业产能合作的影响效果和路径。

第二，分析产能合作对制造业升级的影响。应用误差修正模型从国家层面分析中国与发展程度不同的国家开展的国际产能合作对中国制造业升级的影响。

第三，分析在 OFDI 影响制造业升级过程中是否存在制造业产能合作的中介效用。应用中介模型和双重差分模型从中国省级层面对 OFDI 的制造业升级效果、OFDI 以制造业产能合作为中介路径促进制造业升级等问题进行实证分析。

第四，开展 OFDI 推进制造业产能合作与升级的对策研究。运用系统动力学模型，选取东盟作为对外直接投资的特色代表，构建中国和东盟的"对外直接投资—产能合作—产业结构升级"系统，并基于上述三个部分的实证分析结果进行对策仿真，提出 OFDI 推进制造业产能合作与升级的对策建议。

　　本书的研究结论主要包括以下五个方面：

　　第一，中国与不同密集型制造业进行产能合作时，OFDI 对产能合作的影响既会通过相同路径发挥作用，也会通过各自不同的路径发挥作用。相同路径是，在所有产业，OFDI 都会通过技术进步的途径影响产能合作。其中，在资源密集型和资本密集型制造业的双边合作中，技术进步对产能合作产生促进作用；而在劳动密集型制造业的合作过程中，技术进步会对产能合作产生阻碍作用。不同路径在于，OFDI 对劳动密集型制造业的产能合作还存在就业促进路径，OFDI 提高了东道国相关制造业的就业人数和东道国劳动密集型制造业产量，对中国的出口带来了负面影响；OFDI 对资本密集型制造业的产能合作则存在融资渠道路径，国外资金的持续注入为东道国提供了资金，缓解了东道国的资金紧张状况，提高东道国在资本密集型制造业上的生产能力，促进双方产能合作。

　　第二，中国在与不同国家或地区进行产能合作时，促进国内制造业升级的路径有所不同。从长期影响来看，中国与相对欠发达国家进行产能合作时，劳动和资本密集型产能合作均能促进制造业升级；而在与发达国家进行产能合作过程中，主要是通过资源密集型产能合作促进制造业升级。从短期影响来看，产能合作的技术进步路径对制造业升级偏差的修正效果最强，其次是物资资本存量的积累，通过国内市场消费需求对制造业升级进行修正的效果相对最弱。

　　第三，对外直接投资对中国制造业升级存在 U 形作用，短期内对外直接投资会抑制制造业的合理化和高级化发展，但是长期内随着对外直接投资存量的不断累积，将对制造业合理化和高级化产生显著的促进作用。另外，对外直接投资对不同生产要素密集型制造业的影响具有异质性。

　　第四，在 OFDI 影响制造业升级的过程中，制造业产能合作存在显著的中介作用。劳动密集型和资本密集型产能合作均能有效促进制造业升级，并且劳动密集型产能合作的促进作用更大。国内投融资约束和全要素生产率的提高也是对外直接投资对制造业升级产生影响的有效路径。国内投融资约束在刺激劳动密集型制造业发展的同时会抑制资本密集型制造业，对制造业升级会产生负面影响。全要素生产率的提高会促进技术进步，进而有效促进资本密集型制造业，并削弱劳动密集型制造业，对制造业升级会产生正面影响；但是技术效率暂时无法对制造业升级产生显著影响。

第五，通过扩大中国对东盟的对外直接投资规模，对促进中国与东盟的制造业产能合作和推动中国制造业升级有一定的影响，但是效果较为有限。通过资源密集型对外直接投资比例的减小，可以促进资本密集型制造业产能合作的增强和制造业升级。但是，促进与增强效果将随着资源密集型投资比例下降程度的增大而减弱。对于劳动密集型制造业而言，资源密集型对外投资比例的下降会带来抑制作用。通过资本密集型产品进口渗透度的降低，提高国内市场发展潜力，可以有效促进国内制造业升级，且不会对制造业国际产能合作带来负面影响。

目　录

第1章 绪论

1.1 研究背景及研究意义

1.1.1 研究背景

改革开放 40 多年来，得益于劳动生产率的提高、政策的灵活性等因素，中国经济实现了跨越式发展，但是也在一定程度上导致了产品的供需失衡，制造业出现了产能过剩问题。产能过剩一方面会降低社会资源配置效率，另一方面会抑制企业创新发展动力，进而抑制产业升级，因此是阻碍经济持续发展的"拦路虎"[1]。为了缓解制造业产能过剩的问题，2013 年，《国务院关于化解产能过剩严重矛盾的指导意见》中指出，扩大对外投资合作，鼓励优势企业以多种方式"走出去"，优化制造产地分布，消化国内产能。

同时，经济全球化的浪潮促使各种生产要素可以在不同国家和地区间流动和配置，价值链不断拉长，国际分工日益深入。跨国公司开始在全球范围内进行新一轮的产业转移。其中对外直接投资（Outward Foreign Direct Investment，OFDI）成为各国经济体进行国际产业转移时的主要实现方式。从 1978 年改革开放至今，中国的对外直接投资经历了不同的发展历程。以 2012 年召开的党的十八大为标志，中国的对外直接投资开始实现跨越式发展，不仅投资规模稳步上升，投资区域和行业更加多元化。2015 年中国的对外直接投资流量首次超过实际使用外资流量，成为资本净输出国。2020 年中国对外直接投资流量共计 1537 亿美元，同比增长 12%，流量和存量分别占当年全球的 20.2% 和 6.6%，流量位于当年世界第一，存量位于当年世界第三。

2013 年中国提出了"一带一路"倡议，旨在以"政策沟通、设施联通、贸易畅通、资金融通、民心相通"为核心内容，共同打造政治互信、经济融合、文化包容的利益共同体、命运共同体和责任共同体。在"走出去"和"产能合作"的双重激励下，中国企业对"一带一路"沿线国家的投资增长迅速。2020 年末中国共在"一带一路"沿线 63 个国家设立境外企业超 1 万家，涉及国民经济 18 个行业大类，投资流量占全年的 14.7%，其中占比最大的是制造业。

从 20 世纪 30 年代起，学者们就开始关注对外直接投资对产能合作的影响。学者们认为产能合作可以主要分为国际贸易和国际产业转移两种形式，并围绕 OFDI 对产能合作的影响展开研究，提出了"垄断优势理论""产品生命周期""内部化理论""国际生产折衷理论""边际产业扩张理论"等理论[2-6]。由于产能合作程度的测算较为复杂，难以直接获取，因此在实证研究中，学者们常常用 OFDI 或贸易进出口规模来代替产能合作指标。实证研究的主要内容集中在 OFDI 对贸易规模的创造或挤出效应，OFDI 的产业转移区位选择等。基于国家间贸易竞争程度和互补程度视角，以此作为指标衡量产能合作，并研究 OFDI 如何影响双方贸易互补合作的文献相对较少。对此，本书将从产能合作双方的贸易竞争性和贸易互补性的角度来探讨 OFDI 对中国制造业产能合作的影响，并分析其中可能存在的影响路径。

此外，在前两次国际产业转移中，中国通过改革开放抓住了离岸外包和全球垂直分工的趋势，制造业企业依靠人口红利和丰富的自然资源，充分发挥了劳动力丰富、成本低的优势，快速融入全球分工格局，承接了发达国家跨国公司全球价值链劳动密集型环节的转移。中国于 2001 年加入 WTO，进一步降低了加入全球分工体系的壁垒，迅速发展成为世界主要的加工制造基地。之后，中国经济从高速增长阶段转变到高质量发展阶段，制造业也经历着一场从中国制造到"中国智造"的华丽转身。2012~2020 年，中国工业增加值由 20.9 万亿元增长到 31.3 万亿元，其中制造业增加值由 16.98 万亿元增长到 26.6 万亿元，占全球比重由 22.5% 提高到近 30%，是名副其实的制造大国。根据联合国工业发展组织的数据，截至 2020 年，中国 22 个制造业大类行业的增加值均居世界前列，其中纺织、服装、皮革、基本金属等产业增加值占世界的比重超过 30%，钢铁、铜、水泥、化肥、化纤、发电量、造船、汽车、计算机、笔记本电脑、打印机、电视机、空调、洗衣机等数百种主要制造业产品的产量居世界第一位。然而按照制造业附加值的计算,中国制造业整体水平依旧位于全球价值链中下游水平,虽是制造大国,但并不是制造强国。为此,党的十九大报告指出,支持传统产业优化升级,促进我国产业迈向全球价值链中高端。2020 年 5 月 14 日,中共中央政治局常委会会议首次提出,深化供给侧结构性改革,充分发挥我国超大规模市场优势和内需潜力,构建国内国际双循环相互促进的新发展格局。在中国融入经济全球化,立足全球产业分工的背景下,如何通过制造业产能合作促进制造业升级,提高中国在全球价值链的地位具有非常重要的现实意义。为此,本书将在分析对外直接投资影响制造业产能合作与升级作用机理的基础上,选择中国对"一带一路"的对外直接投资和制造业产能合作为研究对象,探讨 OFDI 对不同类型制造业产能合作以及通过制造业产能合作促进制造业升级的影响与路径,并进行对策仿真研究。

1.1.2 研究意义

1.1.2.1 现实意义

第一,有助于提升中国对外直接投资效应。随着中国对外直接投资规模与领域的扩大和投资增速的加快,出现了投资产业结构和行业布局失衡、投资地理区域空间分布不均等现象,这导致对外直接投资的风险增大,投资效应降低。本书通过对中国与"一带一路"沿线国家的贸易竞争指数、比较优势指数和贸易互补指数的测算,分析中国在不同类型制造业上的产能优势与合作潜力,为中国对外直接投资策略提供决策依据,提升对外直接投资的效应。

第二,有助于中国制造业升级。从目前的情况来看,中国制造业整体水平依旧位于全球价值链中下游水平。支持传统产业优化升级,促进我国产业迈向全球价值链中高端是党的十九大报告提出的战略部署。本书以中国制造业升级为目标,探索对外直接投资影响不同类型的中国制造业产能合作与升级的路径,可为在深化改革开放、提高对外直接投资质量和扩大产能合作规模的前提下,加快中国制造业升级,促进中国制造业产业迈向全球价值链中高端环节,助力构建国内国外双循环的新发展格局提供智力支撑。

第三,有助于加深中国对外开放,尤其是同周边国家的深度合作。本书通过分析"一带一路"倡议对对外直接投资促进制造业产能合作与升级的政策效用,探讨"一带一路"倡议对产能合作的边际效应,可为增强中国对外开放程度,尤其是与周边国家的深度合作提供理论依据。

1.1.2.2　理论意义

第一，扩展制造业国际产能合作理论的研究视角。现有关于国际产能合作的研究多从国际贸易规模总量的视角展开，基于国际贸易结构视角的研究相对较少，基于产能合作潜力和比较优势视角的研究相对较少。本书将基于贸易结构和产能合作互补视角，使用不同生产要素密集型制造业的贸易互补指数作为衡量国际产能合作的指标，从合作互补的视角展开相关研究，对国际制造业产能合作理论的研究视角进行扩展。

第二，拓展制造业升级理论的研究内容。现有关于对外直接投资影响产业升级的研究侧重于探讨对外直接投资对三次产业占比增加的影响，有关制造业升级的研究也多围绕国内经济变量的影响作用展开，对对外直接投资如何影响制造业升级的研究内容较少。本书将重点基于对外直接投资如何通过产能合作这一外部经济变量影响制造业升级的效果和路径展开研究，对制造业升级理论的研究内容进行拓展。

第三，丰富对外直接投资通过产能合作影响制造业升级的机理分析方法。现有的研究多采用文献研究法分析对外直接投资影响制造业升级的作用机理。本书将采用博弈论方法探究对外直接投资通过产能合作影响制造业升级的机理，对对外直接投资通过制造业产能合作影响制造业升级的机理分析方法进行丰富。

1.2　文献综述

1.2.1　相关概念界定

1.2.1.1　OFDI 的概念界定

对外直接投资，又称境外直接投资、国际直接投资、海外直接投资。根据国际货币基金组织（IMF）给出的关于对外直接投资的定义：一国投资者为获得在本国以外的国家或地区所经营的企业管理中的有效发言权，而对该企业进行资本注入或其他生产要素转移的跨国投资行为，称之为对外直接投资。

对外直接投资的方式根据母公司与子公司经营方式的不同，可以分为水平型、垂直型和混合型；根据投资参与方式的不同，可以分为合资经营、独资经营以及合作经营；根据是否在东道国创办新的企业可以分为绿色投资和跨国并购。

1.2.1.2　制造业国际产能合作

国际产能合作，是指一国在建设中根据需求引进别国有竞争力的装备和基础设施建设所需的建材生产线、先进技术和管理经验。国际产能合作代表了两个或多个存在意愿和需要的国家或地区之间进行产能供求跨国或者跨地区配置的联合行动；通过国际产能合作，合作双方可以充分发挥各方比较优势，推动基础设施共建与产业升级相结合，提升工业化和现代化水平。

一般来说，国际产能合作通常会以两个渠道进行产能位移：产品输出方式和产业转移的方式。产品输出方式即是传统的国际贸易渠道，通过进出口带动合作双方实现产能的有效分配和中高端供给；产业转移则通过将富余产能的生产活动搬运至合作国家进行，通过技术输出的渠道实现产能合作。

制造业国际产能合作是国家产能合作的重要组成部分，根据国务院印发的《关于推进国际产能和装备制造合作的指导意见》，将挑选合作愿望强烈、合作条件和基础好的发展中国家作为重点国别，以钢铁、有色、建材、铁路、电力、化工、轻纺、汽车、通信、工程机械、航空航天、船舶和海洋工程等制造业行业作为重点行业，分类实施，有序推进国际产能合作。因此，制造业国际产能合作应该既包括利用贸易方式将上述重点制造业行业的产品输出，还包括根据东道国不同国情和基础条件，将行业整体输出到不同国家，帮助这些国家建立更加完善的工业体系和制造能力。

1.2.1.3　制造业升级

有关制造业升级的定义尚未形成统一官方定义，本书借鉴干春晖、蓝庆新等的研究[7-10]，使用制造业产业结构高级化和产业结构合理化来衡量制造业升级。

产业结构高级化这一概念源于日本，基本定义是指：通过使用新技术和新工艺加快劳动生产率的提高速度，从而获得更高的附加值。然而国内学者认为我国的产业结构高级化概念应与日本有所区别。考虑到畅通国民经济循环、确保国内大循环畅通、塑造中国在国际大循环中新优势是中国必须实现产业结构高级化的原因。国内学者由此提出了关于中国结构产业高级化的定义并一直沿用：产业结构高级化是一个动态的过程，主要是指从较低水准向高水准的发展过程[11]，体现在以下几个方面：初级产业的经济占比进一步下降；高端制造业逐渐成为制造业的支柱产业并不断扩张；第三产业服务业在国民经济中的比重不断上升。

关于产业结构合理化的定义，国内学术界尚未形成统一结论，主流的观点有以下四种：

第一，结构协调论，认为产业结构合理化是调整产业结构，促使产业间协调发展的过程。

第二，结构功能论，持有结构功能论的学者重视产业结构的功能，认为产业结构合理化的高低可以用结构功能的大小来衡量。

第三，结构动态均衡论，认为产业结构合理化主要是指产业与产业之间协调能力的加强和关联水平的提高，是一个动态的过程，应根据经济发展的阶段、消费需求和生产要素，适时地对产业结构进行调整，提高利用效率[12]。

第四，资源配置论，持有此类观点的学者将产业结构看成是生产资源配置的体现，并以资源在不同产业间的配置情况以及利用效果衡量考察产业结构的合理性，持有此类观点的学者有史忠良、蒋选[13-14]。

综上所述，产业间资源配置合理、产业供需结构均衡以及不同产业间比例均衡都属于产业结构合理化的内涵。

基于上述有关高级化和合理化的概念梳理，本书认为，制造业结构高级化是指利用高水平对外开放和扩大国内需求市场为契机，促进高端制造业在制造业中的占比不断增加，或是指高端制造业对中端制造业的比例增加。制造业结构合理化则应指根据消费者需求、资源禀赋以及现有的科技水平，均衡人力、资本等生产要素在制造业不同行业间的配置比例，协调制造业发展。

1.2.2 OFDI 对制造业产能合作的影响研究

1.2.2.1 OFDI 相关研究

OFDI 学术研究主要围绕 OFDI 的动因与区位选择、OFDI 的母国效应以及 OFDI 对东道国影响等方面展开。

关于 OFDI 的动因，国外学者基于传统国际投资理论研究后认为，企业进行 OFDI 的动因在于获取更高的投资收益率，制度环境稳定、制度质量较好的国家更能吸引外国资本流入[15]。较早时期学者们在探讨发展中国家的 OFDI 动因时倾向从市场规模的角度出发[16-17]；随后有学者基于国际投资与汇率的角度进行分析，但所得结论不尽一致[18-19]。大部分学者还是持汇率上升会促进母国 OFDI 的观点[20-21]。随着新兴市场 OFDI 的崛起，有学者基于国际生产折衷理论，从制度层面探究新兴经济体 OFDI 决策的形成机理并认为规避本国落后的制度和复杂的政治体系是新兴经济体对外投资的主要目的[22-23]。

学者们围绕中国对外投资的发展规律展开研究,取得了丰硕的成果。从区位选择来看,中国跨国企业出于对降低组织协调和沟通成本的考虑,往往倾向于选择与母国公司的地理距离、文化距离、政治距离较亲近的国家进行投资[24-25]。同时为了保证投资稳定收益和不受东道国政权更替影响,也会更偏好选择制度成熟、政权稳定的东道国[26]。除上述区位偏好因素外,学者们还认为中国与东道国之间的技术差距也是驱动中国企业对外投资的主要因素。有学者认为技术差距越小,科技发展水平越相似、技术结构越相似,越有利于企业间的投资合作[27]。还有学者认为,在技术差距越大的情况下各国科技技术的比较优势和互补性会得到强化,进行 OFDI 正好可以利用和发挥这种比较优势和互补性[28-29]。

关于 OFDI 的母国效应,学者们主要从 OFDI 对母国的经济增长、贸易促进、劳动就业、产业升级、技术进步等多维度进行研究与讨论。有关 OFDI 与母国经济增长关系的讨论由来已久,学术界普遍认为 OFDI 能够促进母国的经济增长[30-31]。有关 OFDI 对母国就业的影响,早期的研究认为 OFDI 会对母国企业的出口形成替代,进而抑制母国就业[32],并得到了相关实证的支持[33]。随着"垂直型"OFDI 理念的提出,有学者提出母国企业通过 OFDI 获取更低的生产成本,增强了边际产业的比较优势,促进进口和充分发展其他优势产业,扩大了优势产业的就业需求[34-35]。除上述两种观点外,还有学者认为 OFDI 对母国就业市场的影响并非线性,跟 OFDI 的投资动机、东道国经济发展水平以及工人技能熟练程度等因素都有紧密关系[36-37]。有关 OFDI 的逆向溢出效应研究,部分学者认为通过 OFDI 可获取国际先进技术和知识的溢出[38-39]。也有学者认为 OFDI 与逆向技术溢出之间存在非线性关系[40-41]。

除讨论 OFDI 的母国影响外,OFDI 对东道国的影响也吸引了学者们的关注。针对发达国家的顺梯度 OFDI,一方面有学者认为可以通过对技术进步的提升、就业岗位需求的扩大以及带动关联产业上下游的发展,进而显著促进东道国的经济增长[42];另一方面有学者认为来自发达国家的 OFDI 会对东道国的国内投资和就业产生挤出效应,从而抑制经济增长[43-44]。目前,中国 OFDI 对东道国的经济增长、就业促进、基础设施完善、技术进步的促进作用得到了学术界的一致认可[45-47]。

1.2.2.2 产能合作的相关研究

由于产能合作符合当代经济的发展规律,因此有关产能合作的研究受到了学术界的高度重视。关于产能合作的驱动因素,学者们从优势互补、保持经济增长等方面展开了讨论,认为经济发达地区与落后地区在资源禀赋与产业结构方面有着明显差异，这为双方进行贸易往来的投资提供了空间，既能满足落后地区发展经济的现实需求，也能为经济发达地区产业结构优化提供市场空间[48-52]。

在中国与"一带一路"沿线国家的产能合作研究方面，国外学者主要从地缘政治的视角展开研究，认为中国的"一带一路"是新兴大国实现对外政策的战略手段[53]。国内学者的研究视角则更多元，研究内容更丰富。有学者认为"一带一路"倡议有助于稳定地缘政治平衡、能源安全以及国家安全[54-58]，也有学者认为"一带一路"倡议能够推动欧亚经济一体化发展，共建经贸合作新格局[59-61]，还有学者认为"一带一路"倡议能够促进沿线国家在官方渠道和民间渠道的双沟通[62-63]。国内学者普遍认为，中国与"一带一路"沿线国家存在差异化的资源禀赋和互补性的产业结构，因此通过产能合作发挥比较优势能够推动双方经济发展与产业升级[64-65]。

关于产能合作的实证研究，主要侧重于产能合作的测度[66-67]、产能合作对经济的影响[68-69]以及产能合作的影响因素[70]。有关产能合作的测度，刘勇等指出通过国际贸易、国际转移和国家开发等方式，产能合作将产业布局从一个国家或地区转移扩展到另一个国家和地区，重构全球产业链、价值链与资本链，实现生产要素在全球范围内的重新配置[71]。由于产业转移的统计难度较大，因此，在实证方面学者们还是多以国际贸易来代替产能合作进行实证分析，其中对外直接投资与进出口的关系一直是国际贸易领域的研究热点。

1.2.2.3 OFDI 对出口产能合作规模的影响研究

OFDI 的贸易效应可以分为出口效应和进口效应，从研究进展来看，学者们侧重于分析探讨 OFDI 的出口效应，并主要围绕 OFDI 对贸易规模和结构的影响展开研究。国外学者早期通过均衡理论认为，OFDI 对贸易是替代的，出口虽不需要承担外国生产的固定成本，但面临贸易壁垒、运输成本等因素；OFDI 虽然降低了运输成本、贸易壁垒，但承担了在国外生产的固定成本，因此，国外市场规模足够大时会选择 OFDI，OFDI 形成了对出口的替代[72-74]。随着研究的不断深入，越来越多的学者意识到 OFDI 与贸易的关系还与投资的类型有关。跨国公司在东道国建厂生产，生产出来的商品直接用于满足东道国市场需求的投资称为水平型投资。这种投资会替代母国对东道国的出口，并且两国的总体规模和要素禀赋越接近，水平型投资越有可能发生。跨国公司在母国生产中间品，将组装环节放置在东道国，并且成品用于满足两国市场需求的投资行为称为垂直型投资。垂直型投资与水平型投资不同，会增加母国对东道国的中间品出口，因此学者普遍认为垂直型投资与贸易出口是互补的[75]。后续的实证研究证实了这些观点，Svenson 关于日本对美国 OFDI 与日本出口的研究发现，日本 OFDI 与日美之间中间品出口存在互补关系，但是与最终产品出口是竞争关系[76]。Blonigen 的研究表明，OFDI 的出口效应取决于 OFDI 在东道国生产的是最终产品还是中间产品，生产最终产品则会挤出母国出口，生产中间品则会促进母国出口，如果两者兼有，则关系不确定[77]。程显宏等的研究指出，中国对欧亚经济联盟 OFDI 与不同类型的产品均具有显著互补关系[78]。赵赛分析了中国与"一带一路"沿线国家的贸易数据后也发现，OFDI 能够促进贸易规模的提升，制度越薄弱的地区，促进效果越明显[79]。

随着全球化进程的发展和价值链的不断深化，有学者提出了平台型投资的观点，认为 OFDI 与贸易出口的关系并非简单的"非黑即白"替代互补关系。平台型投资的特点是母国在东道国投资建成所生产的商品并非是要满足东道国市场，而是为了母国和东道国以外的第三国市场。在这种情形下，一方面会增加母国向东道国出口中间品；另一方面东道国会作为母国的出口平台，替代母国将商品出口至第三方国家。因此，平台型投资既会促进母国对东道国的贸易出口，也会削弱母国对第三方国家的出口[80]。

中国学者的研究证实了上述观点。通过研究发现，中国 OFDI 的贸易效应具有强烈的国别差异性[81-85]。程显宏等的研究发现，中国对发达国家的投资会对贸易出口产生挤出效应，对发展中国家的投资才会促进贸易出口[86]，李晓钟等的研究则得出相反的结论[87]。陈高等的研究指出，中国对外直接投资从整体上看会对贸易出口产生替代效应，但是针对"一带一路"沿线国家的投资却可以促进中国的贸易出口[88]。王会艳等、陈立泰和刘雪梅的研究指出，不同投资动机的 OFDI 对贸易的效果不同[89-90]。李荣林等（2022）从贸易出口增加值的角度分析中国对非洲国家的投资，结果显示：投资具有显著的出口效应，能够促进中国对非洲国家的中间品出口；但是从最终产品的增加值分析则发现，中非投资产能合作最终主要还是服务于第三方国家[91]。

1.2.2.4 OFDI 对进口产能合作规模的影响研究

相较于 OFDI 的出口效应研究，OFDI 的进口效应研究成果相对薄弱，大多以新兴市场为研究视角围绕 OFDI 的能源进口效应展开研究[92-93]。中国的 OFDI 发展态势迅猛，引起了国内外学者的关注。Fu 和 Peter（2020）认为中国出于资源寻找型动机的 OFDI 主要集中在亚洲和美洲等地区[94]，Sedat 和 Meryem 的研究发现，中国能源寻找型 OFDI 不仅会促进能源贸易的进口，还会促进当地基础设施建设的完善[95]。国内学者在 OFDI 与贸易进口关系的研究中发现，中国 OFDI 的进口创造效应具有国别异质性和行业异质性，其中，在资源密集型行业的进口效应最为明显[96-97]。李兰和金璐的研究指出，中国的 OFDI 和中国的能源进口之间存在双向因果关系，并且 OFDI 能够促进能源进口[98]。Zhao 等基于"一带一路"沿线国家和石油进口公司的研究也支持这一观点[99]。但是程中海等基于中国对中亚地区直接投资的研究结论却正好相反，其基于分位数模型的研究指出，中国对中亚地区的 OFDI 会对能源进口产生显著的抑制作用，并且分位点越高，负面抑制作用越大[100]。此外，有学者针对东道国异质性进行分类讨论，发现中国对发达国家的 OFDI 能够轻微地促进进口，但是对发展中国家的投资对进口并无显著影响[101]；技术寻求型 OFDI 会促进中国在资本密集型或技术密集型行业的进口[102]。

1.2.2.5 OFDI 对贸易结构的影响研究

学者们在关注 OFDI 对贸易规模影响的同时，开始注重 OFDI 对贸易结构产生的影响。有学者从促进贸易结构升级的视角开展研究，认为 OFDI 对制造业升级和技术进步产生影响，从而引发贸易结构转变。隋月红和赵振华、李夏玲和王志华认为，OFDI 有助于提高母国高技术产品的进出口比重，促进贸易结构升级[103-104]。有学者从中间产品视角开展研究，认为 OFDI 对于最终产品的贸易具有替代作用，而对于中间产品的贸易则具有促进作用[105]。陈俊聪和黄繁华基于中国对 40 个国家的投资和贸易数据进行实证分析，指出 OFDI 可以显著拉动中国零部件、机械设备等中间产品的出口[106]。张宏等基于顺梯度和逆梯度两个方向研究了中国 OFDI 对出口结构的影响，认为中国与发展中国家的 OFDI 更能促进中等技术含量出口，而对发达国家的投资更能促进高技术含量的出口[107]。杨超等基于中国对东盟和欧盟的异质性 OFDI 研究后发现，中国对东盟的 OFDI 将有利于中间品、生产设备等资本品的出口，以及部分消费品和中间品的进口；对欧盟的 OFDI 则会对欧盟的出口形成挤出效应[108]。

综上所述，关于中国 OFDI 的研究文献相对全面，其中，从异质性角度分析 OFDI 的产能合作效果为本书提供了重要的借鉴。但是有关 OFDI 对产能合作影响的研究内容还存在以下不足：首先，现有文献绝大部分是围绕国家间贸易规模总量与 OFDI 之间的关系，对于不同类型的贸易产品如何受 OFDI 影响的讨论相对较少；其次，对 OFDI 的出口效应讨论较多，对进口效应研究较少，仅有的关于进口效应的研究也集中在能源型产品领域，缺乏对资本密集型产品和劳动密集型产品的研究；最后，现有文献研究中对产能合作的衡量相对单一，大部分的文献在衡量产能合作指标时，用进出口总量或贸易占 GDP 比重代表，缺乏对产能合作中"合作"概念的体现。

1.2.3 制造业产能合作对制造业升级的影响研究

国际产能合作通常会以两个渠道进行产能位移：产品输出的方式和产业转移的方式。产品输出方式即传统的国际贸易渠道，通过对外贸易进出口的方式带动合作双方实现产能的有效分配和中高端供给；产业转移则通过将富余产能的生产活动迁移至合作国家进行，通过技术输出的渠道实现产能合作。本部分将从对外贸易合作模式和产业转移合作模式两个角度，对制造业产能合作影响制造业升级的相关文献进行梳理。

1.2.3.1 对外贸易合作对制造业升级的影响研究

在对外贸易影响制造业升级方面，学术界尚未形成统一的观点。持正向促进作用观点的学者认为，对外贸易是一国产业结构在国际市场上的扩展，对一国或地区的制造业升级具有重大影响。Matsuyama 提出，一国的比较优势决定了该国在国际市场上的分工情况和竞争优势，出口贸易的增加会促进比较优势在国内不断得到强化，从而对制造业结构产生影响[109]。Hyun 和 Hur 通过研究韩国 1000 多家公司的贸易数据与公司收益后发现，贸易开发程度与公司的生产结构和组织框架高度正相关，贸易开放度越高，公司内部产业结构升级的速度越快[110]。以马来西亚、非洲等不同国家为研究对象的学者们也都得到了类似的结论[111-112]。持有反对意见的学者则认为贸易开放并不能有效提升制造业升级水平。如 Greenaway 和 Wakelin 认为，中国出口行业的技术进步仅仅体现了出口加工贸易部门，而其他贸易部门并未得到显著的改善，因此无法对制造业整体结构优化产生显著的促进作用[113]。

在国内，贸易开放和制造业升级作为经济发展程度对外和对内的两个体现，吸引了大批学者的关注，学者们围绕进出口贸易与中国制造业升级的关系也展开了大量的理论研究和实证检验[114-115]。拥护贸易促进升级的学者们认为，对外贸易能够通过竞争、技术溢出等多种渠道对国内下游制造业的产出、出口、产业升级和国际竞争力产生影响，提高国内企业的生产率，进而实现制造业升级[116-118]。周茂等指出，进口商品对国内消费市场产生的进口竞争效应会有效促进国内制造业升级，并且贸易自由度越高，促进作用越明显[119]。蔡海亚和徐盈之通过中介效应模型剖析了开放贸易影响产业升级的不同路径[120]。张昕的研究证实，生产性服务进口对中国制造业产出增长和技术升级的前向推动效应显著[121]。赵景峰和杨承佳的研究则指出生产性服务进口会通过贸易的技术溢出效应、竞争效应、消费需求效应、物资资本积累效应、制度创新效应和环境负担效应诸多方式促进制造业高级化[122]。

坚持贸易会抑制产业升级的学者们也都通过实证和理论分析得到了相关证据。马颖等的研究显示贸易开放水平的高低会对劳动密集型制造业的发展产生负面抑制作用[123]。张少军和刘志彪指出全球价值链 GVC 对中国制造业内资企业产业升级产生显著的抑制效应[124]。赵岩等基于贸易商品结构、贸易方式以及贸易企业异质性的视角进行研究后发现，出口工业制成品会抑制中国工业以及第三产业的发展，并且由于加工贸易出口对产业升级的作用并不显著，中间产品的进口反而还会对第三产业的升级产生负面消极影响[125]。杨阔和郭克莎认为当今中国制造业面临的外部需求已经对中国制造业的发展形成了制约[126]。此外，还有部分学者认为对外贸易对制造业升级存在非线性的影响。翟晓萌等探讨了对外贸易与技术进步共同对产业升级的促进作用，并指出对外贸易对产业升级的影响呈现先抑后扬[127]；卜伟等分别研究了货物贸易结构和服务贸易结构对中国产业结构高级化和合理化的影响，指出货物贸易结构在长期内对产业升级具有正向的促进作用，短期内作用并不显著，而服务贸易结构则无论长期还是短期都无法对产业升级产生显著影响[128]。

1.2.3.2 国际产业转移对制造业升级的影响研究

制造业国际分工和全球价值链的形成及变化，使学术界对国际产业转移的研究日趋深入，针对国际产业转移现象，学者们总结归纳了国际生产折衷理论，并认为国际转移能够促进转移双方的产业升级[129-130]。

随着中国成为世界制造中心，国内产业升级的需求也日益迫切，中国也开始通过顺梯度 OFDI 的方式将部分劳动密集型制造业转移至海外，为资本密集型制造业的发展节约资源和空间，从而促进国内制造业升级[131-133]。学术界围绕中国顺梯度 OFDI 通过影响产业转移继而影响制造业升级展开了大量的研究。大部分学者都认为三者之前存在正向的促进关系[134-136]。顺梯度产业转移能够有效发挥中国的技术优势，同时利用东道国相对廉价的生产要素进行生产，既有助于提高资源的配置效率，又能为国内新兴产业的发展提供空间和稀缺要素资源，促进母国产业升级[137-139]。陈岩和翟瑞瑞利用灰色关联度模型验证了中国通过 OFDI 转移了部分产能，并对产业升级起到了显著的正向影响[140]。胡振华等选用面板平滑门限回归模型分析了国际产业转移对中国产业结构高级化和合理化的影响，结果表明，国际转移对中国产业升级的促进作用受到区域经济发展水平的门槛制约，并且随着产业转移规模的不断扩大，产业升级的促进效果会不断下降[141]。曾倩和刘津汝的研究也证实，中国顺梯度 OFDI 通过有效促进生产要素的流动，提高了第三产业在国民生产总值中的占比[142]。同时也有学者指出"雁阵模式"理论不适用于指导中国区域内产业转移，应该从创新能力的积累和区域间合理的分工入手[143]。

综上所述，虽然关于产能合作影响制造业升级的研究尚未得到统一的结论，但是前人基于产能合作领域和国别差异的异质性分析视角为本书的研究提供了借鉴。此外，有关产能合作与制造业升级关系的研究主要集中在升级效果的讨论，对产能合作影响制造业升级的路径的讨论较少，需要进一步的实证研究。

1.2.4　OFDI 对制造业升级的影响研究

1.2.4.1　OFDI 与制造业升级的影响研究

最早提出 OFDI 可以促进制造业升级的理论研究可以追溯到 Vernon 的产品生命周期理论，该理论作为垄断优势理论的补充，从技术差异的视角阐述了具备生产优势的企业通过 OFDI 对不同东道国进行生产转移布局，延长企业生命周期的原因[3]。小岛清提出的边际产业扩张理论则主张，企业通过 OFDI 将国内失去优势的部门转移到国外，在国内集中发展那些具有比较优势的产业，使国内产业结构更趋合理[6]。上述两个理论均是学者基于发达国家的视角，无法很好地解释发展中国家的对外投资行为及其对母国产业的影响。20 世纪 80 年代中期以后，发展中国家的 OFDI 出现了加速增长的趋势，特别是一些新兴工业化国家和地区的对外直接投资投向了发达国家。为了解释发展中国家对外直接投资的新趋势，学者从发展中国家技术进步的角度，认为发展中国家的跨国公司借助 OFDI 对发达国家先进技术的吸收学习和创新活动，能够帮助发展中国家的跨国企业形成和发展自己独特的优势，促进产业升级。随着中国参与跨国投资的规模越来越大，中国学者也提出了基于中国视角的 OFDI 促进制造业升级的理论，认为中国企业通过 OFDI 将东道国具有比较优势的要素禀赋加以利用，能够提高企业自身的生产效率和科技水平，促进制造业升级[144-145]。

与理论研究相比，实证研究的视角更加多元，得到的相关结论也更加丰富。从国外学者的研究来看，基于日本、英国、德国、芬兰等发达国家的实证均表明 OFDI 能够有效促进国内的制造业优化调整[146-149]。但是针对发展中国家的研究则发现 OFDI 对产业升级存在行业异质性影响，Indrajit 和 Narayanan 关于印度 OF-

DI 对母国制造业影响的分析就发现，印度的 OFDI 虽然会促进高技术产业的发展，但是会对印度的低技术产业产生负面作用[150]，而 Archanun 和 Juthathip 以泰国为样本的研究则得出 OFDI 可以有效促进其国内产业升级的结论[151]。

国内学者关于中国 OFDI 的现有研究结果指出，OFDI 能够对制造业升级产生正向推动作用[152-153]，并且这种推动作用在东中部地区的效果比在西部地区更为显著[154]。杨慧瀛和杨宏举研究发现，中部地区的升级效果最好，东部地区次之，西部地区最弱[155]。但也有学者认为 OFDI 会导致国内资本储备流向国外，引发"产业空心化"现象，进而抑制产业升级[156-159]，并且这种抑制作用在东部地区已经开始显现[160]。除上述两种观点外，还有学者的研究指出正如 OFDI 对贸易的影响复杂一样，OFDI 对制造业升级的影响也具有多样性。有学者站在投资对象不同的角度发现，对发达国家的跨国并购显著促进了制造业升级，但是对发展中国家的跨国并购却没有这样的效果[161-162]；有学者基于劳动力结构的差异性分析发现，逆分工梯度 OFDI 抑制了产业升级而顺分工梯度 OFDI 促进了制造业升级[163]。

1.2.4.2　OFDI 影响制造业升级的路径研究

同时，学者们围绕 OFDI 影响制造业升级的机理与路径也展开了相应研究。OFDI 可以通过贸易、人力资本积累、技术进步、优化生产要素配置、促进金融发展等多条途径对制造业升级产生影响[164-166]。杨栋旭和周菲的研究发现，OFDI 是通过"产能转移"和"技术进步"两种影响机制显著地促进了中国的制造业升级[167]。余海燕和沈桂龙利用数理模型推导证明了 OFDI 可以提高母国的全球价值链位置，并且技术水平、产业结构水平和产品价值增值能力还会对 OFDI 的作用产生进一步的放大效果[168]。但是也有学者的研究发现，人力资本存量、金融发展等影响因素对 OFDI 的制造业升级效应存在门槛效应，只有跨越了最低门槛值后，OFDI 才能显著促进制造业升级[169-171]。

综上所述，首先，学术界关于 OFDI 如何影响制造业升级进行了丰富的研究，大部分的学者主张 OFDI 对制造业升级存在促进作用，但也有学者认为 OFDI 的促进作用是阶段性的、非线性的，这对本书研究 OFDI 影响制造业升级提供了启发性的思路。其次，梳理文献可以发现，现有文献围绕宏观第三产业升级探讨的较多，专门针对制造业升级的研究以及 OFDI 如何影响制造业升级路径的文献相对较少。最后，OFDI 与产能合作、OFDI 与制造业升级以及制造业产能合作与制造业升级的关系都被一些学者佐证，但是现有研究并未对 OFDI、制造业产能合作以及制造业升级三者的关系给予实证佐证。

1.2.5　文献评述

通过以上对文献的梳理，可以得出以下结论：

第一，现有关于 OFDI 与制造业产能合作和制造业升级的研究丰富，学术界多从 OFDI 的规模、投资动机和投资对象等研究视角展开有关制造业产能合作及升级影响的讨论。在 OFDI 的制造业产能合作影响研究方面，基于 OFDI 的不同投资动机视角展开其对产能合作影响的研究得到了大多数学者的认可，现有的研究结论大多支持水平型投资对制造业产能合作的替代作用和垂直型 OFDI 的促进作用这一研究结论；在 OFDI 的制造业升级影响方面，目前的研究成果大多支持 OFDI 对制造业升级存在着促进作用。

第二，现有研究也存在部分未形成统一结论和需要完善的地方。首先，现有研究中对制造业产能合作指标的衡量相对单一，大部分的文献在衡量产能合作指标时，用进出口总量或贸易占 GDP 比重代表，缺乏对产能合作中"合作"概念的体现。其次，现有文献在 OFDI 如何影响制造业整体产能合作水平上讨论较多，但是对于不同类型产能合作如何受 OFDI 影响讨论较少。再次，现有研究对 OFDI 的出口效应讨论较多，对进口效应研究较少，仅有的关于进口效应的研究也集中在能源型产品领域，缺乏对资本密集型产品和劳动密集型产品的研究。又次，通过梳理文献发现，现有的大多数研究都探讨的是两两变量之间的关系，缺少将三者之间的关系联动放在同一框架下进行分析。最后，现有关于制造业升级的研究多从 OFDI 的规模和国别差异性角度进行论证，较少从产能合作异质性角度对 OFDI 的作用进行研究讨论，当前国际形势复杂，单边贸易主义抬头，部分发达国家频繁与中国发生贸易摩擦，思考不同类型的密集型产品的产能合作效果和制造业升级效果，是当下有效应对单边贸易主义的迫切需要。

基于对现有文献的梳理，本书的研究将着重针对以下三个方面进行扩展：一是全面分析 OFDI 对国际制造业产能合作的影响，根据产品对不同生产要素的需求将其分为资源密集型、劳动密集型和资本密集型三种，分别探讨 OFDI 对每类制造业商品的出口和进口产能合作的影响。二是利用贸易互补指数评价制造业产能合作，全面分析中国与"一带一路"沿线国家各自在不同制造业行业上的进出口比较优势和比较劣势，通过互补指数来评价判断产能合作的水平。三是探讨 OFDI 如何通过影响制造业产能合作促进制造业升级，并通过构建系统动力学模型分析中国和东盟的 OFDI 及制造业产能合作如何影响制造业升级，进而据此提出促进中国制造业升级的对策建议。

1.3 研究目标与研究内容

1.3.1 研究目标

本书的研究目的在于分析中国 OFDI 是如何影响中国与其他国家的制造业产能合作，并通过影响制造业产能合作对国内制造业升级发挥作用。OFDI 通过降低生产成本、获取稀缺生产要素、优化资源配置、技术逆向溢出等方式影响国家间产能合作；而产能合作的顺利推进，又会通过贸易结构和产业转移两种渠道对国内企业的生产经营产生影响，通过资本累积效应、消费需求效应、技术进步效应等途径影响制造业升级。不仅如此，流向不同类型国家的 OFDI 和同一国家不同动机的 OFDI 对产能合作的影响程度与方向应该具有不同的效果，不同行业的产能合作对国内制造业升级的影响应该也具有差异性。

鉴于以上不同研究视角对制造业产能合作和制造业升级可能具有不同的影响效果，本书将研究目标细分为以下关键问题：①OFDI 影响制造业产能合作进而影响制造业升级的影响机理是什么？②OFDI 对中国与不同国家间制造业产能合作的影响效果如何？影响途径又是什么？③中国与不同发展水平的国家进行的制造业产能合作与制造业升级又有什么样的关系？④OFDI 推进中国制造业产能合作与升级的路径是什么样的？⑤OFDI 推进中国制造业产能合作与升级的对策建议有哪些？

1.3.2 研究内容

本书的主要研究内容如下：

基于不同生产要素密集型制造业的研究视角，开展 OFDI 对制造业国际产能合作和国内制造业升级的作用机理分析；开展中国 OFDI、制造业产能合作水平、中国制造业水平的分析与测算；对中国 OFDI 对制造业不同生产要素密集型行业的产能合作、产能合作对制造业升级以及 OFDI 对制造业升级的影响路径开展实证研究；开展政策实施效应分析和对策仿真。

根据研究目标，具体内容安排如下：

第 1 章绪论，主要介绍本书的研究背景及研究意义，相关文献综述，阐述研究目标、研究内容与研究方法，以及研究的创新之处。

第 2 章作为全书分析的逻辑起点，基于不同生产要素密集型制造业的研究视角，从理论角度分析中国 OFDI 对国际制造业产能合作和国内制造业升级的影响机理分析，为下文实证分析提供可行的研究思路。

第 3 章以世界贸易组织和中国国家统计局的相关数据为基础，对中国与"一带一路"沿线国家的 OFDI、制造业产能合作现状以及中国制造业升级水平进行了分析与测算，为下文实证分析提供相关研究数据。

第 4 章在机理分析和数据测算的基础上，通过构建计量分析模型，探讨中国与"一带一路"沿线国家 OFDI 对中国与这些国家在制造业不同生产要素产品上产能合作的影响，实证检验"一带一路"倡议、国家地理位置对 OFDI 制造业产能合作效应的影响，并进一步对 OFDI 影响制造业产能合作的可能路径进行分析。

第 5 章为实证分析，基于行业差异性、国别差异性等不同维度，讨论中国制造业产能合作对中国制造业升级的影响效果，通过误差修正模型探讨中国与不同经济发展水平国家开展制造业产能合作对制造业升级的长期和短期效应，并讨论产能合作影响制造业升级的路径。

第 6 章为实证分析，基于前两章的实证检验，讨论 OFDI 对中国省级层面的制造业升级的影响作用，利用双重差分（DID）模型和调节效应模型进一步分析"一带一路"倡议的政策效应，通过构建中介模型分析 OFDI 通过制造业产能合作影响制造业升级的路径。

第 7 章以中国与东盟的 OFDI 和制造业产能合作为例，开展 OFDI 促进制造业产能合作与升级的对策仿真研究。结合全书实证分析结果，提出 OFDI 促进制造业产能合作与升级的对策建议。

第 8 章为全书结论与展望，总结全书主要的研究内容和结论，并对未来的研究方向和内容进行思考。

1.4　研究方法与技术路线

1.4.1　研究方法

本书主要采用定性分析与定量分析、理论研究与实证研究相结合的方法。具体研究方法如下：

1.4.1.1 文献分析法

通过对相关文献进行梳理与研究，为后续具体分析提供可行的切入点。

1.4.1.2 数理统计分析法

使用数理统计的方法对中国与"一带一路"沿线国家的 OFDI、国际贸易进出口以及中国国内各省份制造业不同行业营业收入等经济数据进行分析对比，梳理发展历程与现状，构建制造业产能合作指标与制造业升级指标，从规模和结构上对指标进行分析。

1.4.1.3 博弈分析与系统动力学分析法

基于 Hotelling 模型分析讨论了 OFDI 通过影响制造业产能合作进而促进制造业升级的机理；基于中国与东盟的经济发展水平、OFDI 投资水平以及制造业产能合作现状，运用系统动力学理论，开展讨论 OFDI 的规模、各行业投资比例变化对中国制造业升级以及经济发展的影响对策仿真研究。

1.4.1.4 面板数据回归与时间序列回归分析法

对 OFDI 促进制造业产能合作进而促进制造业升级的路径和效果进行分析，利用中国 OFDI 与制造业贸易进出口数据，检验 OFDI 对制造业产能合作的促进作用；基于中国与"一带一路"沿线国家和部分发达国家贸易进出口数据，分析国际制造业产能合作与国内制造业升级的长期协整关系；利用中国省级面板数据，探究中国 31 个省份对"一带一路"沿线国家 OFDI 与本省制造业升级的影响和路径。

研究使用的技术分析工具主要有 STATA 15、Vensim、Matlab 等软件。

1.4.2 技术路线

本书将首先基于中国的制造业发展现状和构建国外大循环的战略，通过对相关文献的阅读与梳理，提出研究问题："走出去"的 OFDI 能否通过制造业产能合作促进制造业升级。其次基于 OFDI、制造业产能合作以及制造业升级相关理论，对 OFDI 影响制造业产能合作与升级的作用机理进行分析。再次在对制造业产能合作和制造业升级进行测度分析后，构建计量模型，对 OFDI 影响制造业产能合作和升级的效果及路径进行探究。最后基于系统动力学理论，选取东盟作为东道国代表，构建中国与东盟的 OFDI、制造业产能合作与升级系统动力学模型，并基于之前的实证结论进行对策仿真，提出 OFDI 推进制造业产能合作与升级的对策建议。本书的研究框架与技术路线如图 1-1 所示。

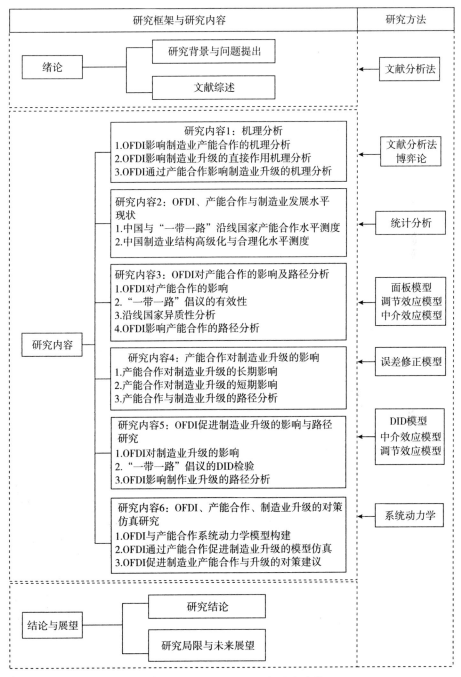

图 1-1 本书的研究框架与技术路线

1.5 创新之处

第一，研究视角创新。以往的文献在分析制造业升级的影响因素时，多从 OFDI 和制造业产能合作的视角探讨与制造业升级的关系，较少有文献从 OFDI 影响制造业产能合作进而影响制造业升级的视角进行理论和实证研究。而本书基于国际生产折衷理论、生产要素禀赋理论、比较优势理论以及投资动机理论等，以中国 OFDI 和制造业商品贸易数据为基础，运用系统思维将 OFDI、制造业产能合作与制造业升级纳入统一分析框架，就国外大循环背景下 OFDI 通过制造业产能合作对制造业升级的影响效果及路径进行理论和实证研究，为研究 OFDI 促进制造业升级提供了新的视角。

第二，丰富了 OFDI 影响制造业产能合作与升级的研究内容。现有文献集中于讨论 OFDI 对制造业出口产能合作的影响，制造业产能合作指标的构建也相对简单，有关 OFDI 对不同类型制造业产能合作影响的研究相对不足，对不同类型制造业产能合作影响制造业升级的效果和路径关注较少。本书通过构建"一带一路"沿线国家与中国的贸易互补指数来衡量国家间产能合作状态，揭示了 OFDI 对不同类型制造业产能合作的影响，得到了中国不同类型制造业对外产能合作的策略；通过建立考虑制造业产能合作的 OFDI 影响制造业升级的中介模型，刻画了 OFDI 通过不同类型制造业产能合作路径对制造业升级的差异影响，从制造业产能合作的视角丰富了 OFDI 与制造业升级的相关研究，有助于拓展和丰富 OFDI 关于制造业产能合作与升级的理论框架与体系。

第三，为中国制造业对外产能合作与制造业升级提供了理论与经验参考。通过基于 Hotelling 模型的博弈分析和考虑制造业产能合作为中介路径的 OFDI 影响制造业升级的系统动力学模型讨论，探讨了基于制造业产能合作路径 OFDI 对制造业升级的影响，基于基准情况、不同对外直接投资规模、不同对外直接投资领域和"国内大循环"四种情境进行了仿真分析，并给出了相应的政策建议，这可能为政府或制造业企业制定针对性的对外投资方案提供一定的理论参考和经验参考。

第2章 OFDI 促进制造业产能合作与升级的作用机理分析

第1章对 OFDI、制造业产能合作和制造业升级的基本概念进行了定义，并对现有的相关文献进行了梳理，在此基础上，本章将对 OFDI 促进制造业产能合作与升级的机理进行分析，为后期实证研究提供理论依据。

2.1 相关理论基础

2.1.1 OFDI 理论

从 20 世纪 60 年代开始，发达国家跨国企业的 OFDI 行为迅速扩张，引起了学术界的广泛注意，学者们围绕 OFDI 的内涵、形成原因、影响效果展开研究，并形成了一系列理论；20 世纪 80 年代后期，发展中国家也开始进行跨国投资行为，因此逐渐出现了部分传统 OFDI 理论无法解释的现象，由此引发了 OFDI 理论的新一轮讨论。而随着我国 OFDI 数量的不断增长，投资对象的不断增加，越来越多的国内外学者开始对中国 OFDI 展开研究，讨论中国跨国企业的投资行为。

2.1.1.1 传统发达国家 OFDI 理论

（1）垄断优势理论。

美国学者 Hymer 于 1960 年提出的"垄断优势理论"[172]，开创了借助比较优势概念解释跨国企业 OFDI 行为的先河。Hymer 认为，在不完全竞争的市场下，在资金、生产技术、管理水平等方面具有优势的跨国企业，凭借其自身庞大的规模所形成的规模经济优势，很容易在东道国市场形成垄断优势并为其带来超额利润，在超额利润的激励下，企业将进行跨国投资行为。

（2）内部化理论。

基于科斯定理的视角，Buckley 和 Casson 将跨国公司出于利润最大化的目的，将包括半成品、人员培训和生产工艺技术等在内的中间产品的外部交易转变为内部交易的行为归纳为"内部化理论"，认为企业通过并购或是直接投资建设子公司的方式，可将外部市场交易转化为内部管理，能够帮助企业降低管理成本从而提高企业利润[173-174]。

（3）国际生产折衷理论。

国际生产折衷理论又称"国际生产综合理论"，由 Dunning 提出[175]。根据国际生产折衷理论，企业只有在具备了垄断优势、内部化优势以及区位优势的情况下，才会进行海外投资。1981 年 Dunning 在《国际生产和跨国企业》一书中对国际生产折衷理论又进一步阐述，通过引入时间概念，国际生产折衷理论不仅可以较为全面地解释 OFDI 的动因，更重要的是可以解释跨国企业针对不同经济发展水平在不同时期的 OFDI 区位选择。

2.1.1.2　发展中国家 OFDI 理论

由于发展中国家并不具备发达国家的垄断优势，基于发达国家投资经验总结的理论并不适用于解释发展中国家的 OFDI 情况，因此学者们开始从发展中国家的现状出发，从技术寻求和产业结构改善等方面入手讨论 OFDI 的动因。

（1）企业小规模技术理论。

小规模技术理论被西方理论界认为是发展中国家跨国公司研究中的早期代表性成果。基于维农的产品生命周期理论，该理论认为发展中国家跨国公司的竞争优势主要表现在劳动密集型小规模生产技术优势、民族产品的海外市场以及产品低价优势三个方面[214]。

（2）技术创新产业升级理论。

技术创新产业升级理论认为，发展中国家对外投资受国内产业结构优化和内生技术创新能力的影响，在产业分布上，遵循着"自然资源开发—进口替代和出口导向"的规律，对东道国国家的区位选择上遵循着"周边国家—其他发展中国家—发达国家"的规律，OFDI 受其国内产业结构和内生技术创新能力的影响。

2.1.1.3　中国 OFDI 理论

（1）逆梯度 OFDI 与学习型动机理论。

基于中国 OFDI 流向的二元特征，我国学者提出了逆梯度 OFDI 理论，认为中国企业出于获取战略资源、学习先进知识、增强竞争优势等目的而将资金投资于技术更为先进的国家或地区的行为是一种"学习型"OFDI，它与由发达国家流向欠发达国家，以利用现有优势获取市场份额或优化资源配置的传统 OFDI 有本质上的区别，东道国的市场规模、科技水平以及资源禀赋是驱动逆梯度 OFDI 的主要因素。

（2）比较所有权优势理论。

比较所有权优势理论由学者孙黎等提出[144]。该理论认为，如果企业能够利用自身能力将东道国具有比较优势的要素禀赋内部化并加以利用，形成企业的比较所有权优势，就能够为企业参与全球竞争提供竞争力。因此，学者们认为中国企业对外投资时，持续性地发展和培育企业核心竞争力才是海外并购的重点。

2.1.2 产能合作相关理论

国际产能合作主要涉及国际直接投资和国际贸易，国际直接投资相关理论在前文的 OFDI 理论中已经进行了阐述，接下来将围绕国际贸易相关理论进行论述。

2.1.2.1 绝对优势理论

绝对成本优势的国际贸易理论起源于英国古典经济学家亚当·斯密在 1776 年《国民财富的性质和原因的研究》一书。该理论认为，国际贸易的原因是国家之间劳动成本的绝对差异，如果一国在生产某一种商品上的劳动成本绝对地低于其他国家，那么就称其拥有绝对优势，应该出口该商品，反之则应该进口该商品。

2.1.2.2 比较优势理论

英国古典经济学派的另一著名代表人物大卫·李嘉图在绝对优势理论的基础上创立了比较优势理论，指出比较优势即劳动成本的相对差别，是出现国际分工和国际贸易的关键因素，只要国家之间存在比较优势，各个国家就可以在不同商品上进行交换。

2.1.2.3 生产要素禀赋理论

赫克歇尔—俄林提出的生产要素禀赋理论，试图通过使用不同国家生产要素的丰富程度来解释国际贸易产生的原因。该理论认为，各个国家应该生产并出口本国丰富生产要素的商品，进口那些使用本国稀缺生产要素的商品。随着第三次和第四次工业革命的到来，生产要素的内涵已不仅仅局限于土地、资本和劳动，自然资源、人力资本、信息资本、管理资本等开始成为重要的生产要素。

2.1.3 产业升级理论

2.1.3.1 不平衡增长理论

不平衡增长理论由德国经济学家阿尔伯特·赫希曼于 1958 年在《经济发展战略》一书中提出，该理论的核心内容包括三大部分，即"引致投资最大化"原理、"联系效应"理论和优先发展"进口替代工业"原则，主张发展中国家应当将有限的资本和资源投资到具有战略意义的产业部门，并通过这些部门的外部性带动其他部门发展。不平衡增长理论从区域发展不均衡和提高资源配置效率的角度指出了产业结构优化的路径和方法。

2.1.3.2 梯度转移理论

梯度转移理论是由中国学者夏禹龙等根据"适应理论"变异而成。该理论认为，区域发展过程中产业结构的状况取决于该区域的主导产业的创新活动，如果该地区主导产业的创新活动活跃，则该地区列入高梯度区域。随着经济活动的运行，生产活动遵循着从高梯度向低梯度转移的规律，并且这种梯度转移过程主要是通过多层次的城市系统扩展开来的。

2.1.4 OFDI 影响产业升级理论

2.1.4.1 产品生命周期理论

维农基于产品市场的周期规律提出：任何一个产品在国内市场都应存在三个不同阶段：创新阶段、成熟阶段和标准化阶段。而技术水平不同的国家由于彼此之间存在阶段差异，因此跨国企业可以根据产品竞争优势最大化的原则来进行是否 OFDI 的决策[6]。

2.1.4.2 边际产业扩张理论

小岛清在比较优势理论的基础上，基于日本企业的跨国投资行为，总结出了边际产业扩张论。他认为，跨国企业的对外投资，应该秉持将国内失去优势的部门转出，国内集中发展具有比较优势产业的原则，这样既可以促进对外贸易的发展，又能够推动国内产业结构更趋合理[6]。

2.1.4.3 产业空心化理论

通过观察美国 OFDI 对本国产业的影响，Bluestone 和 Harrison 提出了产业空心化的概念，产业空心化理论认为随着 OFDI 的发展，生产基地不断向国外转移，会导致国内制造业不断萎缩弱化，不利于产业升级[215]。

2.2　OFDI 影响制造业产能合作与升级的直接作用机理分析

2.2.1　OFDI 影响制造业产能合作的作用机理分析

根据对 OFDI、制造业产能合作以及制造业升级的文献梳理发现，东道国的经济发展水平、潜在市场需求以及要素资源禀赋是导致母国对外投资动机出现差异的主要因素，而 OFDI 动机的不同会对母国与东道国之间的贸易规模和贸易结构产生不同影响，进而影响母国的制造业升级。因此，在分析 OFDI 影响制造业产能合作、OFDI 影响制造业升级的作用机理时，应该根据 OFDI 类型的不同，分类进行研究讨论。根据 Dunning 的国际生产折衷理论，OFDI 根据动机的不同可以分为资源寻找型、市场寻找型、效率寻找型和技术寻找型。由于"一带一路"沿线国家的总体技术水平与我国相差较大，技术寻找型 OFDI 优势不明显，因此将中国与"一带一路"沿线国家的 OFDI 划分为流向资源（包括能源，下同）密集型制造业的资源寻找型 OFDI、流向劳动密集型制造业的效率寻找型 OFDI 和流向资本密集型制造业的市场寻找型 OFDI，分析不同类型的 OFDI 影响不同产业制造业产能合作的机理。

经济的发展离不开资源和能源的支持，我国虽然拥有较为丰富的资源和能源储备，但是与需求相比，供给缺口较大。能源供给不足将会严重影响我国的经济发展，因此寻找稳定的能源供给渠道意义重大。"一带一路"沿线国家资源充裕，但受限于较为落后的生产技术和设备，无法提供有效产出。根据生产要素禀赋论，资源密集型产品是中国稀缺生产要素的商品，是"一带一路"沿线国家丰富生产要素的商品；同时，"一带一路"沿线国家在资源和能源领域的开发技术相对落后，尤其是生产设备，在"一带一路"沿线国家属于资本密集型的稀缺生产要素商品，在中国属于丰富生产要素商品。因此，随着资源寻找型 OFDI 的持续流入，将推动中国将资源开采与加工环节转移到东道国，为中国提供国内稀缺的自然资源，进而促进中国在资源密集型产品上的进口。投资在资源行业的 OFDI，在帮助母国企业直接在东道国获取资源，稳定资源的价格，降低生产成本的同时又间接扩大国内的资源进口量。资源密集型 OFDI 促进了东道国在资源密集型产品上的开发，但由于东道国自身技术和设备水平往往有限，因此需要从中国进口资源开发的相关设备、仪器，促进了资本密集型产品的出口。

根据相对优势理论可知，当各个国家在劳动成本、生产技术上存在相对差别时就可以进行国家贸易。利用东道国相对低廉的劳动力、原材料、土地等生产要素进行生产，以降低产品的生产成本是企业进行效率型 OFDI 的根本动力。中国对"一带一路"沿线国家的效率型 OFDI 集中在劳动密集型制造业，主要通过以下四种途径影响制造业产能合作：一是产业转移效应，中国企业将部分生产加工环节转移至东道国，减少了中国的加工订单，对中国劳动密集型产品的出口产生挤出作用；二是产业链、价值链的延长效应，中间品在东道国生产加工后，需运回中国进行后续加工生产，促进了相关产品的进口；三是资本中间品的回馈效应，效率型 OFDI 在建厂初期，会增加东道国对相应的中国机械制造、运输设备等中间品的需求，由于东道国可能无法提供企业需要的机械设备、零部件等资本密集型产品和中间品，必须通过母国进口获得，进而增加了中国在资本密集型产品的出口；四是 OFDI 的逆向技术溢出效应有助于帮助东道国其他企业模仿学习母国的技术和管理经验，提高了东道国的技术水平和劳动生产率，同母国企业的产品在国际市场上形成竞争，减少母国企业的产品出口，这一现象常发生在劳动密集型制造业的顺梯度投资中。

基于前文的文献分析可知，学者们总结了三种 OFDI 模式：垂直型 OFDI、水平型 OFDI 和平台型 OFDI。决定垂直型 OFDI 的主要因素是生产要素的成本，包括能源和劳动力；决定水平型 OFDI 的主要因素是两国之间的贸易壁垒；平台型 OFDI 则是垂直型 OFDI 和水平型 OFDI 的综合，在东道国投资生产，最终商品销往第三国家。目前，中国与"一带一路"沿线国家 OFDI 的平台型特征越来越明显[176-177]，基于资本密集型 OFDI 的平台型投资特征，中国对"一带一路"沿线国家的资本输出以及绿地投资会增加东道国对相应的中国机械制造、运输设备等中间品的需求，因此会促进国内这些技术资本密集型制造业的生产规模以及出口规模。通过母国企业在东道国建立销售中心，构建营销网络，形成市场规模效应促进资源密集型产品的出口。如果是"顺梯度"的资本密集型 OFDI，此时东道国企业技术落后与母国企业，因此资本密集型 OFDI 能够通过技术溢出效应带动东道国企业技术的发展，提高其承接中间品加工的能力，从而增加东道国企业对中国资本密集型产品的进口与出口。"逆梯度" OFDI 影响国际间制造业产能合作的途径主要有以下两种：一是企业通过直接投资，有效规避了东道国的技术壁垒或转让限制，提高了母国企业获取创新技术的可能性，增加母国资本密集型制造业的进口；二是"逆梯度"OFDI 不仅能够帮助投资企业获取东道国先进的创新技术和管理经验，还可以通过 OFDI 的技术溢出效应和传导效应，提升行业总体技术水平，提高行业产品的国际竞争力，进而促进母国在相关领域产品的出口。

综合上述的理论分析，可以得到投资于不同行业的 OFDI 对制造业产能合作的影响机理，具体如图 2-1 所示。

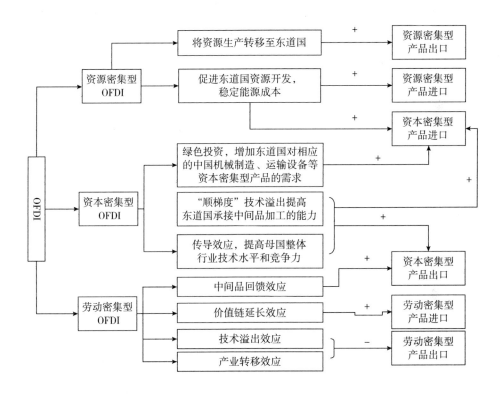

图 2-1　OFDI 对不同类型制造业产能合作的作用机理

2.2.2　OFDI 影响制造业升级的直接作用机理分析

资源密集型 OFDI 通过建立企业海外原材料供应基地，能够帮助母国企业有效规避进口原材料时可能遇到的汇率风险、价格风险，稳定原材料供应渠道，同时通过跨国企业内部化的方式可有效降低原材料的获取成本，进而提高母国企业的营业收入和利润，实现制造业升级。借助 OFDI，母国企业能够弥补国内资源禀赋不足的情况，获取足够的生产经营所需原材料和资源，缓解资源不足对母国企业的限制，帮助母国实现制造业升级。

基于产品生命周期和边际产业扩张理论可知，劳动密集型 OFDI 首先通过将对劳动力需求旺盛和能耗较大的劳动密集型制造业转移到成本更为低廉的东道国，可为母国的产业发展节约人力资本和能源储备，为发展具有潜在优势的其他产业提供发展空间，提高母国生产要素的配置效率和资源整合能力，促进制造业升级。通过劳动密集型 OFDI 母国企业能够以更低的成本生产，母国企业利润增加，此时母国企业面临两种选择，扩大再生产增强现有比较优势，或是进行科技创新挖掘潜在优势。如果选择前者，母国企业进一步扩大对外投资，将国内产能转移至东道国，此时，国内制造业投资和生产规模会被削弱，对劳动力和原材料的需求将会下降，导致工人工资水平和原材料价格下降，从而国内生产活动将被挤出，是不利于制造业升级的。但是如果母国企业选择将利润用于研发创新，则能够提高母国企业的技术水平和生产效率，挖掘并培育出新的比较优势，进而对制造业升级产生促进作用。

资本密集型 OFDI 会引发技术溢出，为母国企业带来先进的技术、管理理念等。如果国内的人才储备跟不上，无法满足企业对知识的再创造需求，那么高端的生产基地、研发中心等会逐渐转移至发达国家或地区，企业的人才储备、生产要素、设备等都会转移到海外。基于产业空心理论可知，人力、资本的持续减少，可能会影响国内制造业升级。国内的技术工人则会因为产业转移而无法获得足够的技能培训和实践锻炼，导致传统制造业升级与新兴制造业发展缺乏人力资本积累，从而给国内的制造业升级带来抑制作用。如果资本密集型 OFDI 的技术溢出能够与母国的人力资本储备相匹配，那么将提升母国企业的生产水平，满足下游企业的生产需求，进而促进制造业升级。资本密集型 OFDI 还能通过工资水平的上升，触发高素质人才回流现象，促进制造业整体的技术水平上升，带动制造业升级。

除上述直接影响制造业升级的作用机理外，OFDI 还会通过进出口贸易对消费市场需求产生影响，改变国内消费市场的规模、偏好和结构。随着经济的发展，人均收入的提高，消费者逐渐从低附加值商品偏好转向高附加值偏好，刺激国内企业通过制造业升级的方式适应需求的改变。OFDI 还能够通过物资资本积累，对国内的制造业升级产生影响。OFDI 流向海外国家，前期会因为海外投资的高回报增加国内的物资资本存量，制造业发展离不开资金的支持，固定资产投资的增加会在一定程度上促进制造业的转型升级；但同时较高的回报率可能会吸引国内投资纷纷流向海外，导致国内固定资产投资的减少，抑制制造业的研发投入并导致制造业空心化，抑制制造业升级。

综合上述的理论分析，可以得到 OFDI 对制造业升级的直接作用影响机理，具体如图 2-2 所示。

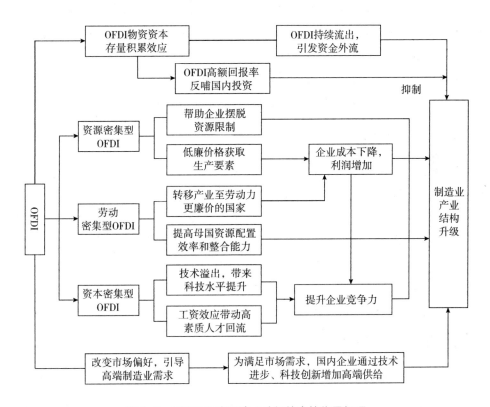

图 2-2　OFDI 影响制造业升级的直接作用机理

2.3　OFDI 通过制造业产能合作影响制造业升级的间接作用机理分析

长期以来，国际贸易和 OFDI 对技术扩散的影响作用得到了国内外学者的广泛关注[178-179]。学者们强调了国际贸易对技术在国家间扩散中的重要影响，合作双方国家可以通过中间品贸易互相交流和学习，进而提高劳动者知识技能水平，从而间接促进国内技术进步[180-183]。同时对于技术较为落后的发展中国家而言，国际贸易并不是获得技术扩散的唯一途径，借助技术领先国家的 OFDI 同样可以有效帮助发展中国家获取技术外溢[184-185]。

基于前文的文献梳理可知，技术进步是促进制造业升级的有效手段之一。那么 OFDI 能否借助制造业产能合作进一步放大技术溢出的效果，通过促进合作双方制造业产能合作，推进制造业升级？在前文的机理分析中本书讨论了 OFDI 对制造业升级的直接影响路径，在本部分将基于博弈理论对 OFDI 通过制造业产能合作促进制造业升级的可能性和相关机理进行验证与分析。

2.3.1 模型假设

假设在整个国际贸易市场中，存在着生产两种异质同类产品的三个国家，分别记为产品 1 和产品 2，国家 A、国家 B 和国家 C。产品 1 代表对生产技术要求较低的中低端产品，产品 2 代表对生产技术要求较高的高端产品。国家 B 代表中国，国家 A 代表"一带一路"沿线科技水平相对落后的发展中国家，国家 C 代表技术发达的欧美国家。由于国家 A、国家 B、国家 C 的技术水平存在一定的差异（国家 C 技术水平最高，国家 B 其次，国家 A 最差），因此国家 A 只能生产产品 1，国家 C 生产产品 2，而国家 B 因自身位于贸易网络的地位，起到了"中介"与"桥梁"的作用，可以同时生产产品 1 和产品 2，即国家 A、国家 C 生产的产品为单归属产品，国家 B 生产的产品则为多归属产品。

假设消费者均匀分布在衡量质量的 [0，1] 区间，1 代表最高质量，假设国家 A 的质量为 a，国家 B 的质量为 b，国家 C 的质量为 c。根据 Hotelling 模型的假设以及学者们的研究[186-187]，将消费者购买某个企业的产品所获得的消费者剩余设定为二次成本函数 $U_i = R - P_i - d_i^2$，i = A，B，C。其中，R 表示消费者在购买某个产品时所愿意支付的最高价格，P_i 表示商品的价格，并令 $R > P_i$，以保证消费者至少能买得起一单位的产品。d_i 为消费者到企业 i 的距离，并设消费者的运输成本为 d_i 的平方函数。在位置 x 处的消费者对产品 1 更为熟悉且对其具有一定的偏好，而位置 y 处的消费者则更偏向选择产品 2（见图 2-3）。

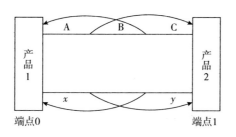

图 2-3　各国产品、消费者归属情况

国际贸易和外商投资都存在技术溢出效应，但是知识的溢出效应随两国市场之间距离的增加而下降。通过技术扩散，技术落后的国家产品在成本不变的情况下产品质量上升。为方便计算，假设各国的生产成本一样，但是各自产品的质量和价格不同。

2.3.2　模型推导

在国际产能合作中，分为传统商品贸易与通过投资带动产能转移的两种合作形式。x 位置的消费者选择购买产品 1，其效用函数为：

$$\mu_i(x) = R - \gamma P_{1i} - \tau(x - d_i)^2, \quad (i = A, B) \tag{2-1}$$

y 位置的消费者选择购买产品 2，其效用函数为：

$$\mu_i(y) = R - \gamma P_{2i} - \tau(y - d_i)^2, \quad (i = B, C) \tag{2-2}$$

其中，τ 代表单位距离成本。

以产品 1 为例，国家 A 和国家 B 的定价决策顺序为：

第一步，两个国家根据各自的技术水平，选择好各自的位置 a 和 b。

第二步，根据各自的位置，双方确定好各自产品的价格 P_{1A} 和 P_{1B}。由此双方根据 (a, P_{1A}) 和 (b, P_{1B}) 最大化各自的利益。如果位于 x 处的消费者无论从哪一家企业购买产品所获得的消费者净效益都应该是相同的，则有 x 满足：

$$R - \gamma P_{1A} - \tau(x-a)^2 = R - \gamma P_{1B} - \tau(b-x)^2 \tag{2-3}$$

而国家 A 和国家 B 的利润表达式则为：

$$\pi_{1A} = (P_{1A} - C_{1A})x \tag{2-4}$$

$$\pi_{1B} = (P_{1B} - C_{1B})(b-x) \tag{2-5}$$

在不进行国际贸易往来和外商直接投资的情况下，国家 A、国家 B、国家 C 各自依据自身的技术水平进行产品生产与销售。因此两阶段完全信息 Stackerlberg

博弈模型可以写成如下：

产品 1 的定价有：

$$R-\gamma P_{A1}-\tau(x-a)^2=R-\gamma P_{B1}-\tau(b-x)^2$$

$$\text{s. t. max}\begin{cases}\pi_{1A}=(P_{A1}-C_{1A})x\\\pi_{B1}=(P_{B1}-C_{B1})(b-x)\end{cases} \qquad (2-6)$$

产品 2 的定价有：

$$R-\gamma P_{B2}-\tau(y-b)^2=R-\gamma P_{c2}-\tau(C-y)^2$$

$$\text{s. t. max}\begin{cases}\pi_{B2}=(P_{B2}-C_{B2})(y-b)\\\pi_{C2}=(P_{c2}-C_{c2})(1-y)\end{cases} \qquad (2-7)$$

可以解出：产品 1 的消费者效用均相等的 $x^*=\dfrac{(a^2-b^2)\mu+(P_{A1}-P_{B1})\gamma}{2\mu(a-b)}$，产品 2

的消费者效用相等的 $y^*=\dfrac{(b^2-c^2)\mu+(P_{B2}-P_{C2})\gamma}{2\mu(b-c)}$。具体的结果如表 2-1 所示：

表 2-1　封闭情况下各国的均衡结果

指标	产品 1	
	国家 A	国家 B
质量	$\dfrac{a}{6}+\dfrac{b}{2}$	$\dfrac{b}{2}-\dfrac{a}{6}$
价格	$\dfrac{3\gamma C_{B1}-\mu(a+3b)(a-b)}{3\gamma}$	$\dfrac{3\gamma C_{B1}+\mu(a-b)(a-3b)}{3\gamma}$
利润	$\dfrac{\mu(a-b)(a+3b)^2}{18\gamma}$	$\dfrac{\mu(a-b)(a-3b)^2}{18\gamma}$
指标	产品 2	
	国家 B	国家 C
质量	$\dfrac{2}{3}-\dfrac{b}{2}-\dfrac{c}{6}$	$\dfrac{1}{3}-\dfrac{b}{2}+\dfrac{c}{6}$
价格	$\dfrac{3\gamma C_{C2}+\mu(b-c)(3b-c-2)}{3\gamma}$	$\dfrac{3\gamma C_{C2}+\mu(b-c)(3b-c-4)}{3\gamma}$
利润	$\dfrac{\mu(b-c)(3b-c-2)^2}{18\gamma}$	$\dfrac{\mu(b-c)(3b-c-4)^2}{18\gamma}$

在仅进行国际商品贸易的情形下，国家 B 不对国家 A 进行直接投资，自行

进行技术升级，由于国内经济发展制约、资源约束、环境规制等原因，技术升级空间有限，因此产品质量仅上升了 δ。得益于商品贸易往来获得知识的溢出，国家 A 的科技水平同样得到了上升，但是因为溢出效应受地理距离与技术差距的影响，国家 A 产品质量的上升程度将弱于国家 B，上升了 $\theta\delta$，其中 $0<\theta<1$。而国家 C 的科技因为远高于国家 B，因此并不会得到知识的溢出红利，产品质量保持不变。此时，两阶段完全信息 Stackerlberg 博弈模型可以写成如下：

产品 1 的定价有：

$$R-\gamma P_{A1}-\tau(x+\theta\delta-a)^2 = R-\gamma P_{B1}-\tau(b+\delta-x)^2$$

$$\mathrm{s.\,t.\,max}\begin{cases}\pi_{A1}=(P_{A1}-C_{A1})x\\\pi_{B1}=(P_{B1}-C_{B1})(b-x)\end{cases} \tag{2-8}$$

产品 2 的定价有：

$$R-\gamma P_{B2}-\tau(y-b-\delta)^2 = R-\gamma P_{C2}-\tau(C-y)^2$$

$$\mathrm{s.\,t.\,max}\begin{cases}\pi_{B2}=(P_{B2}-C_{B2})(y-b)\\\pi_{C2}=(P_{C2}-C_{C2})(1-y)\end{cases} \tag{2-9}$$

由式（2-8）和式（2-9）可以求出具体的结果，如表 2-2 所示：

表 2-2　仅进行商品国家贸易情况下各国的均衡结果

指标	产品 1	
	国家 A	国家 B
质量	$\dfrac{b}{2}+\dfrac{a+\delta(3+\theta)}{6}$	$\dfrac{b}{2}+\dfrac{\delta(3-\theta)-a}{6}$
价格	$\dfrac{3\gamma C_{B1}-\mu[a-b+\delta(\theta-1)][a+3b+\delta(3+\theta)]}{3\gamma}$	$\dfrac{3\gamma C_{B1}+\mu[a-b+\delta(\theta-1)][a-3b+\delta(\theta-3)]}{3\gamma}$
利润	$\dfrac{\mu[a-b+(\theta-1)\delta][a+3b+\delta(3+\theta)]^2}{18\gamma}$	$\dfrac{\mu[a-b+(\theta-1)\delta][a-3b+\delta(\theta-3)]^2}{18\gamma}$
指标	产品 2	
	国家 B	国家 C
质量	$\dfrac{1}{3}+\dfrac{c}{6}-\dfrac{b+\delta}{2}$	$\dfrac{2}{3}-\dfrac{c}{6}-\dfrac{b+\delta}{2}$
价格	$\dfrac{3\gamma C_{C2}+\mu(b-c+\delta)(3\delta-2-c+3b)}{3\gamma}$	$\dfrac{3\gamma C_{C2}+\mu(b-c+\delta)(3\delta-4+c+3b)}{3\gamma}$
利润	$\dfrac{\mu(b-c+\delta)(3\delta-2-c+3b)^2}{3\gamma}$	$\dfrac{\mu(b-c+\delta)(3\delta-4+c+3b)^2}{3\gamma}$

在"一带一路"倡议政策下，国家 B（中国）在与国家 A、国家 C 进行商品贸易的基础上，同时还对国家 A 通过直接投资的方式进行制造业产能合作。由于资本、自然资源等得到了合理使用，国家 B 的科技上升空间更大，由此带动了产品质量快速提升，上升了 $\pi\delta$（其中 $\pi>1$）。国家 A 的技术和产品质量除了通过商品贸易的自然扩散带来的提升 $\theta\delta$ 外，还通过直接投资额外获得了 λ。此时，两阶段完全信息 Stackerlberg 博弈模型可以写成如下形式：

产品 1 的定价有：

$$R-\gamma P_{A1}-\tau(a+\theta\delta+\lambda-x)^2=R-\gamma P_{B1}-\tau(b+\pi\delta-x)^2$$

$$\text{s. t. max}\begin{cases}\pi_{A1}=(P_{A1}-C_{A1})x\\\pi_{B1}=(P_{B1}-C_{B1})(b-x)\end{cases}\tag{2-10}$$

产品 2 的定价有：

$$R-\gamma P_{B2}-\tau(y-b-\pi\delta)^2=R-\gamma P_{C2}-\tau(C-y)^2$$

$$\text{s. t. max}\begin{cases}\pi_{B2}=(P_{B2}-C_{B2})(y-b)\\\pi_{C2}=(P_{C2}-C_{C2})(1-y)\end{cases}\tag{2-11}$$

具体的情况如表 2-3 所示：

表 2-3　产能合作情况下各国的均衡结果

指标	产品 1	
	国家 A	国家 B
质量	$\dfrac{b}{2}+\dfrac{a+\lambda+\delta(\theta+3\pi)}{6}$	$\dfrac{b}{2}-\dfrac{a+\lambda+\delta(\theta-3\pi)}{6}$
价格	$\dfrac{1}{3\gamma}\{3\gamma C_{B1}-\mu[a-b+\lambda-(\theta-\pi)\delta]\times$ $[a+3b+\lambda+\delta(\theta+3\pi)]\}$	$\dfrac{1}{3\gamma}\{3\gamma C_{B1}+\mu[a-b+\lambda+(\theta-\pi)\delta]\times$ $[a-3b+\lambda+\delta(\theta-3\pi)]\}$
利润	$\dfrac{\mu[a-b+\lambda+\delta(\theta-\pi)][a+3b+\lambda+\delta(\theta+3\pi)]^2}{-18\gamma}$	$\dfrac{\mu[a-b+\lambda+\delta(\theta-\pi)][a-3b+\lambda+\delta(\theta-3\pi)]^2}{-18\gamma}$
指标	产品 2	
	国家 B	国家 C
质量	$\dfrac{1}{3}+\dfrac{c}{6}-\dfrac{b+\delta\pi}{2}$	$\dfrac{2}{3}-\dfrac{c}{6}-\dfrac{b+\delta\pi}{2}$
价格	$\dfrac{3\gamma C_{C2}+(b-c+\delta\pi)(3b-c-2+3\delta\pi)}{3\gamma}$	$\dfrac{3\gamma C_{C2}+(b-c+\delta\pi)(3b+c-4+3\delta\pi)}{3\gamma}$
利润	$\dfrac{\mu(b-c+\delta\pi)(3b-c-2+3\delta\pi)^2}{18\gamma}$	$\dfrac{\mu(b-c+\delta\pi)(3b+c-4+3\delta\pi)^2}{18\gamma}$

2.3.3　模型结论分析

本部分我们讨论采取了商品贸易与外商直接投资两种不同方式对均衡结果的影响。

命题 1： 三种情形中，国家 A 和国家 B 的利润在对外直接投资模式的利润最大，国际商品贸易模式下次之，封闭环境下利润最低；国家 C 的利润情况正好相反。

证明：以国家 B 的利润函数为例，进行证明，其余的证明类似。

对于国家 B 而言，由表 2-1、表 2-2 以及表 2-3 中国家 B 产品 1 的利润函数可知：

商品贸易情形 2（表 2-2 对应的情形）与封闭环境情形 1（表 2-1 对应的情形）的利润之比为：

$$\frac{[a-b+\delta(\theta-1)][a+3b+\delta(3+\theta)]^2}{(a-b)(a+3b)^2} \tag{2-12}$$

对外直接投资情形 3（表 2-3 对应的情形）与商品贸易情形 2 利润之比为：

$$\frac{[(\theta-\pi)\delta+a-b+\lambda][(3\pi+\theta)\delta+3b+a+\lambda]^2}{[a-b+\delta(\theta-1)][a+3b+\delta(\theta+3)]^2} \tag{2-13}$$

因为 $0<a<b<c<1$，$0<\delta<b-c$，$\pi>1$，因此，可知有以下不等式成立：

$$\begin{cases} (\theta+3)\delta+a+3b>(a+3b)>0 \\ (3\pi+\theta)\delta+3b+a+\lambda>(3+\theta)\delta+a+3b>0 \\ [a-b+((\theta-1)\delta)]<(a-b)<0 \\ (\theta-\pi)\delta+a-b+\lambda<a-b+(\theta-1)\delta \end{cases} \tag{2-14}$$

由式（2-14）可知，式（2-12）和式（2-13）均大于 1。命题得证。

同样，对于国家 B 而言，产品 2 的情形 2 与情形 1 利润函数比值为：

$$\frac{(b-c+\delta)(3\delta+3b-c-2)^2}{(b-c)(3b-c-2)^2} \tag{2-15}$$

情形 3 与情形 2 的利润函数比值为：

$$\frac{(\pi\delta+b-c)(3\pi\delta+3b-c-2)^2}{(b-c+\delta)(3\delta+3b-c-2)^2} \tag{2-16}$$

由式（2-12）的分子与分母相减得到表达式：

$$27\left\{\frac{1}{3\delta^2}+\delta\left[b-\frac{5}{9c}-\frac{4}{9}\right]+\left(b-\frac{2+7c}{9}\right)\left(b-\frac{2+c}{3}\right)\right\} \tag{2-17}$$

因为 $0<a<b<c<1$，$0<\delta<b-c$，$\pi>1$，可以得到：

$$\begin{cases} b-\dfrac{5c+4}{9}<0 \\[2mm] b-\dfrac{7c+2}{9}<0 \\[2mm] b-\dfrac{c+2}{3}<0 \end{cases} \qquad (2-18)$$

δ 的临界取值是 $b-c$，将其代入式（2-17）中后计算可知式（2-17）大于 0，因此在 δ 的取值小于 $b-c$ 的情况下，式（2-17）可以保证是一直大于 0。因此式（2-15）大于 1，即国家 B 通过产品 2 在情形 2 下获得的利润大于情形 1 下。同理可以证明式（2-16）大于 1。

命题 2：OFDI 通过制造业产能合作，科技创新 δ 会增加低端商品的利润，降低高端商品的利润。

本部分讨论科技创新能力 δ 的变化对利润均衡结果的影响。通过对不同情境下产品 1 和产品 2 的利润函数求偏导，可得到：

$$\frac{\partial \pi_{A1}}{\partial \delta}>0,\ \frac{\partial^2 \pi_{A1}}{\partial \delta}>0,\ \frac{\partial \pi_{B1}}{\partial \delta}>0,\ \frac{\partial^2 \pi_{B1}}{\partial \delta}>0 \qquad (2-19)$$

$$\frac{\partial \pi_{B2}}{\partial \delta}=\frac{-\pi\mu(3\delta\pi+3b-c-2)(9\delta\pi+9b-7c-2)}{18\gamma}<0 \qquad (2-20)$$

$$\frac{\partial^2 \pi_{B2}}{\partial \delta}=-\frac{\pi^2\mu(9\delta\pi+9b-5c-4)}{3\gamma}>0 \qquad (2-21)$$

$$\frac{\partial \pi_{c2}}{\partial \delta}=\frac{-\pi\mu(3\delta\pi+3b+c-4)(9\delta\pi+9b-5c-4)}{18\gamma}<0 \qquad (2-22)$$

$$\frac{\partial^2 \pi_{c2}}{\partial \delta}=-\frac{\pi^2\mu(9\delta\pi+9b-c-8)}{3\gamma}>0 \qquad (2-23)$$

这说明随着科技的不断创新，δ 的上升，低端产品的利润会增加，并且增加的速度越来越快；而高端产品的利润会下降，并且下降的速度越来越快。出现这一现象的原因可能是当前"一带一路"沿线国家多是制造业不发达的国家，生产的产品以中低端产品为主，并且科技水平与中国具有较大的差距。此时与中国通过梯度转移等方式进行产能合作，多发生在中低端制造业，因而这部分行业容易获得知识溢出进而得到发展；而高端行业的合作相对较少，无法获得技术溢出的红利，因而利润会不断被压缩。

命题 3：OFDI 通过制造业产能合作，科技创新 δ 会降低高端商品的价格，降低 A 国低端商品的价格，但会促进 B 国低端商品的价格。

本部分讨论科技创新能力 δ 的变化对价格均衡结果的影响。可求得：

$$\frac{\partial P_{A1}}{\partial \delta} = \frac{2\mu\left[\delta\theta^2 + (2\delta\pi + a + b + \lambda)\theta + \pi(-3\delta\pi + a - 3b + \lambda)\right]}{3\gamma} < 0 \tag{2-24}$$

$$\frac{\partial^2 P_{A1}}{\partial \delta} = -\frac{2\mu(3\pi + \theta)(\pi - \theta)}{3\gamma} < 0 \tag{2-25}$$

$$\frac{\partial P_{B1}}{\partial \delta} > 0 \tag{2-26}$$

$$\frac{\partial^2 P_{B1}}{\partial \delta} = \frac{2\mu(3\pi - \theta)(\pi - \theta)}{3\gamma} > 0 \tag{2-27}$$

$$\frac{\partial P_{B2}}{\partial \delta} = \frac{2\pi\mu(3\delta\pi + 3b - 2c - 1)}{3\gamma} < 0 \tag{2-28}$$

$$\frac{\partial^2 P_{B2}}{\partial \delta} = \frac{2\mu\pi^2}{\gamma} > 0 \tag{2-29}$$

$$\frac{\partial P_{C2}}{\partial \delta} = \frac{2\pi\mu(3\delta\pi + 3b - c - 2)}{3\gamma} < 0 \tag{2-30}$$

$$\frac{\partial^2 P_{C2}}{\partial \delta} = \frac{2\mu\pi^2}{\gamma} > 0 \tag{2-31}$$

这说明随着国家 B 研发投入的不断增加，高端产品的价格会加速下降，国家 A 生产的中低端产品的价格也会下降，但是下降的速度会越来越慢，国家 B 生产的中低端产品价格则会加速增加。产生这种现象的原因可能是：①国家 B 的不断投入，推动了中低端产品质量的不断上升，对高端市场产生了挤出效应，进而抑制了高端市场的产品价格，同时对低端市场其他国家生产的产品也产生了替代效应，因此 A 国低端产品价格下降。②受技术溢出的影响，国家 A 的低端产品质量上升，因此对其价格下降产生了一定的缓冲作用。③同时，由于国家 B 进行技术升级，所生产的中低端产品质量不断上升，因而受到市场的追捧，价格上升。

命题 4：OFDI 通过制造业产能合作，科技创新 δ 会增加低端商品和高端商品的均衡质量。

本部分讨论科技创新能力 δ 的变化对市场产品质量均衡结果的影响。可通过之前的结果求出，仅进行国际贸易情况下的低端与高端产品的均衡质量为：

$$\begin{cases} Q_{低1} = \dfrac{\delta\theta+a+3m}{6} \\[2mm] Q_{高1} = \dfrac{\delta+b+c+2m+2}{6} \end{cases} \tag{2-32}$$

通过 OFDI 进行产能合作时的低端与高端产品的均衡质量为：

$$\begin{cases} Q_{低2} = \dfrac{\delta\theta+a+3m+\lambda}{6} \\[2mm] Q_{高2} = \dfrac{\delta\pi+b+c+2m+2}{6} \end{cases} \tag{2-33}$$

由上述结果可知，随着国际产能合作的开始，相较于国际贸易阶段，低端市场和高端市场产品的均衡质量均会得到提高，其中高端市场的质量上升幅度会高于低端市场。

通过上述 4 个命题的验证可知，通过 OFDI 的方式进行国际制造业产能合作，比传统的国际贸易方式的技术溢出效应更明显，可以更快提升合作双方的技术水平，进而提高双方利润、产品质量，实现制造业升级。具体如图 2-4 所示。

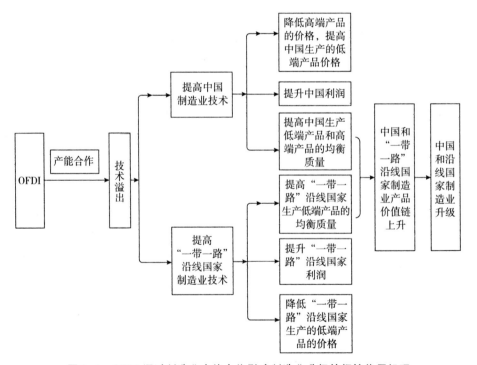

图 2-4　OFDI 通过制造业产能合作影响制造业升级的间接作用机理

2.4　本章小结

　　本章对 OFDI、制造业产能合作与制造业升级的相关理论进行梳理。结合理论与文献综述，首先对 OFDI 影响不同生产要素密集型制造业产能合作的作用机理进行了分析，其次对 OFDI 影响制造业升级的直接作用机理进行了分析，最后利用 Hotelling 模型验证了 OFDI 通过技术溢出促进制造业升级并为贸易双方都带来利润增加的假设，对 OFDI 通过产能合作影响制造业升级的作用机理进行了分析。

第3章　中国 OFDI、制造业产能 合作与制造业发展水平分析

  2008 年金融危机爆发以后，中国政府出台了一系列产业政策化解过剩产能，调整产业结构，促进中国制造业发展。同时，中国政府于 2013 年创新性地提出了"一带一路"倡议，通过产能合作等方式将中国制造业供给能力与"一带一路"沿线国家的发展需求紧密结合。为下文的实证分析提供相应的数据支持，本章将对中国 OFDI、制造业产能合作与制造业升级的发展现状进行测算和分析。首先，梳理中国 OFDI 的发展历程，尤其是"一带一路"倡议提出后中国与沿线国家的 OFDI 现状，分析中国 OFDI 的总体规模、区位偏好以及产业分布等；其次，将从产品贸易价值链的角度，开展中国与"一带一路"沿线国家制造业产能合作水平测算与分析；最后，从制造业合理化和高级化的视角对中国制造业发展水平进行测算和分析。

3.1　中国 OFDI 水平分析

3.1.1　中国 OFDI 发展历程

  新中国成立以来，特别是改革开放以来，中国顺应经济全球化的历史机遇，OFDI 发展迅猛，现已成为全球主要的资本输出国之一。梳理新中国发展的历史，可以将中国 OFDI 的发展分成六个不同阶段。

3.1.1.1　内部积累期（1949~1978 年）

新中国成立后的 30 年间，中国国内产业和工业体系刚刚建立，在国际市场上受到国际禁运与封锁，人才、技术、资本都严重缺乏，因此无法展开真正的 OFDI，对外援助是"走出去"的主要形式。秉承着平等互利的对外经济技术援助八项原则，从周边亚洲国家到非洲国家，再扩展到拉美和太平洋国家，中国通过对外援助同广大发展中国家建立了友好关系。这一阶段虽然尚未出现企业层面的对外投资，但是国民经济产业体系的构建和完善以及中国与发展中国家建立的深厚情谊，都为后来企业"走出去"奠定了坚实的基础。

3.1.1.2　初步探索期（1979~1985 年）

中国 OFDI 的序幕源自于 1979 年国务院提出的"出国办企业"思想。部分外贸公司和具有对外经济合作经验的企业利用自身有利条件，首先响应号召对外投资。这一时期 OFDI 的领域包括承包建筑工程、加工生产和资源开发等，投资领域相对较为狭窄，投资区域也集中在港澳地区。虽然总体投资规模很小，截至 1985 年，累计投资只有 1.6 亿美元，企业仅 113 家，但这一时期逐渐建立了对外投资审批管理制度。

3.1.1.3　探索起步期（1986~1992 年）

从这一时期开始，中国 OFDI 基本实现了从个案审批到规范性审批的标准化管理。邓小平南方谈话、党的十四大召开，各项支持政策的陆续出台，良好的国内环境促使更多有竞争力的企业开始"走出去"，OFDI 进入了起步发展阶段。截至 1992 年，中国 OFDI 累计投资 15.91 亿美元，投资领域逐渐扩大，并形成了以国有企业为主，民营企业积极参与的投资主体，投资企业增长到 1363 家。

3.1.1.4　调整发展期（1993~2000 年）

受中国经济结构调整和财政政策收紧等一系列政策变化影响，加之部分企业前期盲目投资导致亏损，这一时期的 OFDI 数量出现了较大幅度的波动，对外投资流量开始放缓。但是对外投资发展的思想却没有停滞不前，国家确定了要充分利用国内国外两个市场的发展方针，对外投资逐步上升为国家发展战略。截至 1999 年，中国 OFDI 累计投资 35 亿美元。

3.1.1.5　快速发展期（2001~2012 年）

得益于国内外经济环境的改变，中国 OFDI 迎来了发展高潮。2000 年国家提出的"走出去"开放战略和一系列支持引导政策，促使越来越多具有国际比较优势的企业开始跨出国门，加入海外投资的行列。2001 年中国成功加入世界贸易组织，国内对外经贸和部分相关领域开始进行经济体制改革，进一步扩大了对外市场的开放。这一时期中国 OFDI 发展迅猛，投资产业分布越来越广泛，开始以制造业为首向多元化发展，优质民营企业也开始崭露头角成为投资主体。截至 2012 年，中国 OFDI 存量达 4247.8 亿美元，较 1999 年增长近 126 倍，投资企业也增加至 1.8 万家。

3.1.1.6　跨越发展期（2013 年至今）

以 2012 年党的十八大召开为标志，中国的 OFDI 开始实现跨越式发展，不仅投资规模稳步上升，投资区域和行业更加多元化，投资角色更是从以往的适应国际投资环境逐步向营造提升国际投资环境转变。对内，国家大力推进"简政放权、放管结合、优化服务"，企业投资更加便利；对外，通过积极推进共建"一带一路"，消除投资和贸易壁垒，构建区域内和各国良好的营商环境，同沿线国家和地区共同商建自由贸易区，激发释放合作潜力。以"一带一路"建设为核心的 OFDI 不仅涵盖传统的能源资源勘探和农林牧渔业的合作，还包括了新一代信息技术、生物、新能源、新材料等新兴产业领域。2015 年中国的 OFDI 流量首次超过实际使用外资流量，2016 年中国 OFDI 流量达到历史性顶峰。随后由于中国政府开始优化对外投资结构以及国际市场单边主义、保护主义兴起，对外投资流量开始下滑。即便如此，中国依旧是世界第二大对外投资资本输出国。截至 2020 年，中国 OFDI 流量 1537 亿美元，首次居世界第一，存量累计 25806 亿美元，共有 2.8 万家投资企业。

3.1.2　中国对"一带一路"沿线国家直接投资水平分析

3.1.2.1　总体规模

自 2004 年以来，中国对"一带一路"沿线国家的直接投资规模大幅提高。从存量来看，从 2004 年的 19.4 亿美元增长到 2020 年的 2007.5 亿美元，增长了 103 倍，年平均增长幅度保持在 35% 以上。从 OFDI 的流量来看，2004～2012 年呈现高增长态势，2013 年出现轻微波动，但随着"一带一路"倡议的提出，中国对"一带一路"沿线国家的投资流量持续呈高速增长态势。从 2016 年开始，受单边主义和保护主义的影响，国际投资收益率普遍下滑，但中国对"一带一路"沿线国家的投资流量仍然保持在年平均 10% 的增长，如图 3-1 所示。

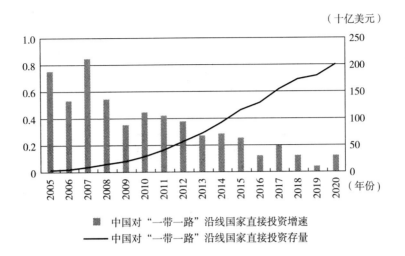

图 3-1　2005~2020 年中国对"一带一路"沿线国家直接投资存量和流量

资料来源：《2020 年度中国对外直接投资统计公报》。

3.1.2.2　区位分布

中国对"一带一路"沿线国家投资流量前十的国家占据了全部"一带一路"投资的近 80%，新加坡、越南、马来西亚始终是"一带一路"沿线国家中主要的资金流向地，俄罗斯、印度尼西亚、老挝、哈萨克斯坦、巴基斯坦、泰国、阿联酋和沙特阿拉伯等国家也是重要的流向地。如图 3-2 所示。

2004~2020 年，中国对这些国家的投资流量一直持续上升，其中以新加坡和印度尼西亚的增长最为稳定和明显。新加坡一直以来都是"一带一路"沿线国家中国投资的主要国家，每年接收来自中国的投资流量远超其他国家，这与新加坡的开放政策和较高水平的经济实力有关。中国对印度尼西亚的投资一直增长稳定，2018 年印度尼西亚取代了俄罗斯成为中国在"一带一路"沿线国家 OFDI 的第二大国（见图 3-3）。总体来说，2004~2007 年投资流量规模总体较小，2008 年开始出现明显增长，2013 年后增长幅度进一步扩大。目前中国对"一带一路"沿线国家的投资集中度较高，主要分布在中国的周边国家和部分经济较为发达的国家。

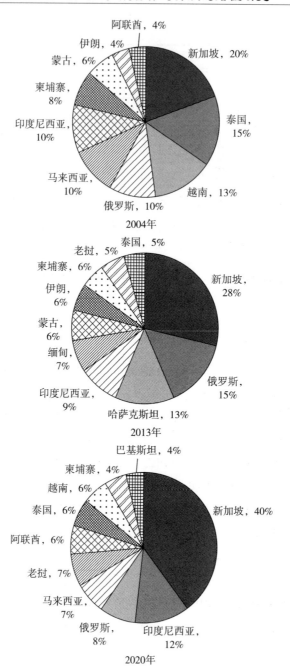

图 3-2   2004 年、2013 年与 2020 年中国直接投资流量前十"一带一路"沿线国家

资料来源:《2020 年度中国对外直接投资统计公报》。

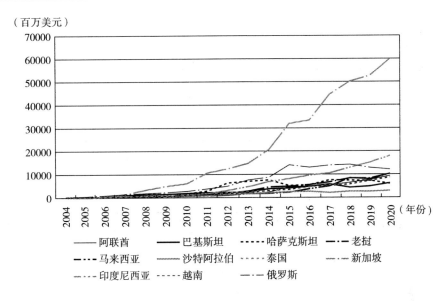

（百万美元）

——— 阿联酋　　━━ 巴基斯坦　　‥‥‥ 哈萨克斯坦　　━‐ 老挝
━‥━ 马来西亚　　——— 沙特阿拉伯　　‐‐‐ 泰国　　—‐— 新加坡
—‥— 印度尼西亚　　‐‐‐‐ 越南　　——— 俄罗斯

图 3-3　中国直接投资流量前十"一带一路"沿线国家

资料来源：《2020 年度中国对外直接投资统计公报》。

3.1.2.3　行业流向

从中国对全球 OFDI 的行业流向来分析，2012 年中国 OFDI 主要流向了租赁、采矿、批发零售、金融和制造业等行业；2020 年统计资料显示，中国 OFDI 则主要流向租赁、制造业、批发零售、金融、软件信息技术服务和交通运输业。其中制造业占比上升迅速，从 2012 年的 10% 增加到 2020 年的 15%；软件信息技术服务和交通运输业也有小幅上升，而采矿业占比下降严重，从 15% 下降到 6%，反映出我国 OFDI 的结构在逐年优化升级。从行业投资流量来看，最吸引投资的行业是租赁商务服务业，其次是制造业、批发零售和金融业，软件信息技术服务、建筑、采矿、交通运输、电力等行业的增长一般，农林、教育、住宿和餐饮业的投资则增长较缓，文化体育行业的资金则是呈现负向流出。具体如图 3-4 所示。

对比 2019~2020 年中国对"一带一路"沿线国家投资的行业流向发现，金融业、信息传输、科学研究和零售批发都出现了不同程度的下降，只有制造业、建筑业、电力供应和租赁服务业的投资资金持续增长，其中制造业是主要的投资产业，如图 3-5 所示。

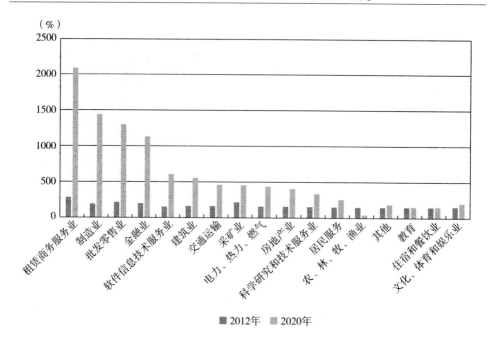

图 3-4　2012 年与 2020 年中国 OFDI 流向行业对比

资料来源：《2020 年度中国对外直接投资统计公报》。

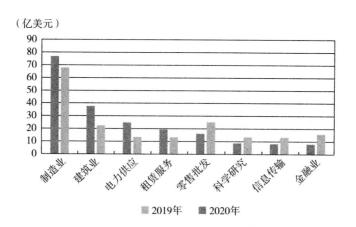

图 3-5　2019 年与 2020 年中国对"一带一路"沿线国家投资的行业

资料来源：《2020 年度中国对外直接投资统计公报》。

3.2 中国与"一带一路"沿线国家制造业产能合作水平分析

3.2.1 中国与"一带一路"沿线国家制造业产能合作概况

随着"一带一路"倡议的提出和开放进程的不断深化,中国与"一带一路"沿线国家的双边制造业产能合作规模不断加大。根据 UN Comtrade 数据库的相关数据,分析计算得到 2003~2021 年中国与"一带一路"沿线国家制造业产能合作总量和增速数据,如图 3-6 所示。

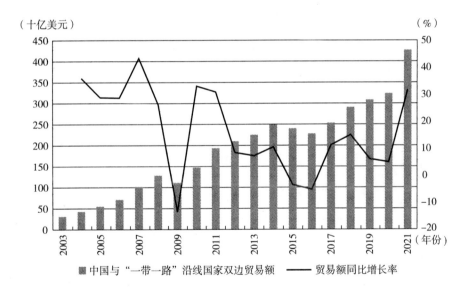

图 3-6 2003~2021 年中国与"一带一路"沿线国家制造业产能合作总量与增速

由图 3-6 可知,2003~2021 年中国与"一带一路"沿线国家的制造业产能合作总量双边贸易呈现出波浪上升的变化趋势。2003~2008 年持续保持在 20%以上的年增长率,2009 年受全球金融危机的影响,双边贸易出现了首次下滑,但很快便于次年重新开始增长。2013 年"一带一路"倡议提出后,双边贸易进一步扩大增长，以 2021 年为例，出口达 9700 多亿美元，进口达 4490 多亿美元，分别是 2003 年的 14.00 倍和 6.80 倍，2013 年的 1.78 倍和 1.75 倍。

与此同时，双边产能合作结构也在不断优化。一国在国际市场中的价值链定位通常由该国产品中所包含的技术水平决定。为了对中国和"一带一路"沿线国家贸易商品结构进行较为全面的分析，本书在联合国《国家贸易商品标准分类》第二版的基础上，结合 Lall 对商品的分类，按照商品所含技术水平高低将商品分成资源密集型（RB）、低技术含量（LT）、中等技术含量（MT）和高技术含量（HT）四种[187]。利用 UN Comtrade 数据库的相关数据，通过分析计算得到中国与"一带一路"沿线国家按贸易商品所含技术水平高低的进出口份额变化情况，如图 3-7、图 3-8 和图 3-9 所示。

从图 3-7 可以看出，中国出口的制成品中资源密集型商品的占比长期稳定在 10% 左右，低技术含量比重不断下降，高技术含量制成品的比重不断上升。总体呈现高技术、中等技术与低技术含量制成品"三分天下"的态势。"一带一路"沿线国家的出口长期以资源密集型和中等技术含量制成品为主，高等技术含量制成品次之，低技术含量制品较少。从结构变化来看，中等技术含量制成品的占比近年来不断增长，而资源密集型制成品占比连年下滑。

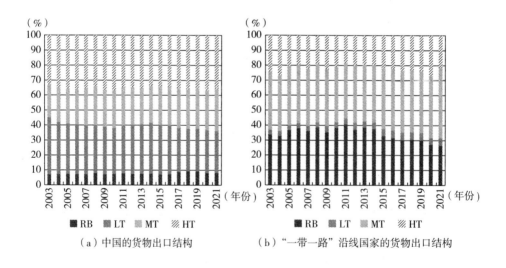

（a）中国的货物出口结构　　　　（b）"一带一路"沿线国家的货物出口结构

图 3-7　中国和"一带一路"沿线国家的货物出口结构

对比中国和"一带一路"沿线国家的出口结构发现两者有相似之处也有不

同之处。相似的是,两者中等技术含量制成品在出口中都占有一定的比重,不同的是在"一带一路"沿线国家中,以中等技术含量制成品的出口为主,而中国除了出口中等技术含量制成品外,还出口近乎同等占比的高技术含量和低技术含量制成品。因此,在国际贸易市场上,双方的中等技术含量制成品有可能形成竞争,而在其他三个分类的制成品市场上有可能存在互补空间,为中国与"一带一路"沿线国家制造业产能合作提供基础。

图 3-8 是中国对"一带一路"沿线国家和这些国家对中国的出口份额变化,可以看出中国对"一带一路"沿线国家的出口以工业制成品为主,低中技术含量的制成品占比较大;2013 年"一带一路"倡议提出以后,高技术含量制成品的占比不断增加。沿线国家对中国的出口则呈现出"两头大,中间小"的态势,对中国的出口以资源密集型制成品和高技术含量制成品为主,中高技术含量货物的占比从 2013 年后逐年上升,资源密集型制成品占比缓慢下降,双边贸易总体都呈现出优化升级态势。

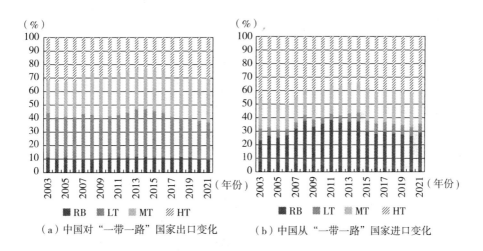

（a）中国对"一带一路"国家出口变化　　（b）中国从"一带一路"国家进口变化

图 3-8　中国与"一带一路"沿线国家进出口贸易结构变化

"一带一路"沿线国家众多,国情发展各有不同,为了进一步研究"一带一路"倡议提出后中国与这些国家进出口贸易状态的变化,本书选取了印度尼西亚、俄罗斯、新加坡和爱沙尼亚 4 个国家进行对比分析,具体如图 3-9 所示。

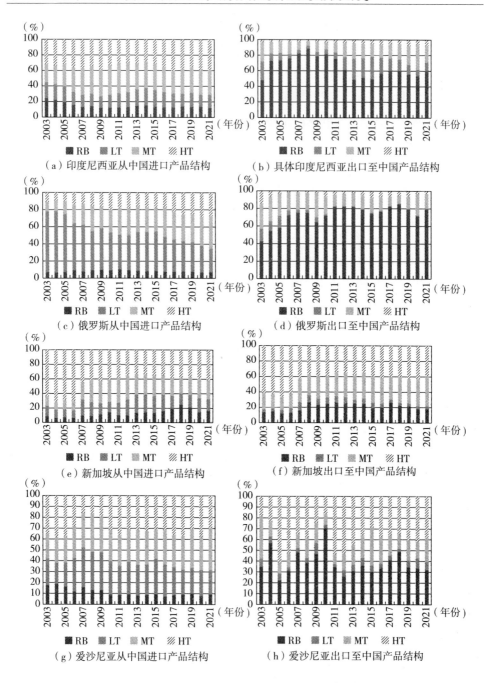

（a）印度尼西亚从中国进口产品结构　　　　（b）具体印度尼西亚出口至中国产品结构

（c）俄罗斯从中国进口产品结构　　　　　　（d）俄罗斯出口至中国产品结构

（e）新加坡从中国进口产品结构　　　　　　（f）新加坡出口至中国产品结构

（g）爱沙尼亚从中国进口产品结构　　　　　（h）爱沙尼亚出口至中国产品结构

图3-9　中国与部分"一带一路"沿线国家进出口结构

由图 3-9 可知，中国对印度尼西亚贸易出口以高技术含量制成品为主，进口制成品中则是资源密集型商品占绝大多数。中国与俄罗斯之间的出口商品虽然长期以低技术含量的制成品为主，但从结构变化来看，中等技术和高技术含量制成品的增长比较明显，进口制成品结构则和印度尼西亚类似，一直以资源密集型商品为主导，区别在于中国从印度尼西亚进口的第二大制成品以低技术含量为主，而中国从俄罗斯主要进口中等技术含量制成品。中国与新加坡的进出口贸易以高技术含量制成品为主，但近年来呈现出占比下降的结构变化。此外，资源密集型制成品在中新贸易中也扮演了比较重要的角色，结构占比稳步上升。中国与爱沙尼亚的出口结构则相对均衡，低中高技术含量占比几乎相同，但是进口制成品则呈现出"两头大，中间小"的结构特征。

由此可见，中国与"一带一路"沿线国家的产能合作具有较大的地区差异性，因此第 4 章我们将以不同国家作为研究样本分析 OFDI 促进中国与"一带一路"沿线国家制造业产能合作的路径。

3.2.2　中国与"一带一路"沿线国家制造业产能合作水平测算

3.2.2.1　贸易竞争优势指数

贸易竞争优势指数（Trade Competition Index）即 TC 指数，又称贸易竞争力指数，主要用以分析本国的某产品相对于世界市场上同类产品是否具有竞争优势。用一国进出口贸易的差额占其进出口贸易总额的比重来衡量一国某一产品部门在国际市场上的竞争优势程度。其计算公式如下：

$$TC_{ij} = \frac{X_{ij} - M_{ij}}{X_{ij} + M_{ij}} \tag{3-1}$$

其中，TC_{ij} 表示 i 国的 j 类商品的国际竞争力，X_{ij} 表示 i 国的 j 类商品的出口总额，M_{ij} 表示 i 国 j 类商品的进口总额。TC_{ij} 的取值在 -1~1，TC_{ij} 大于 0，表明该国 j 类商品的国际竞争力较强，数值越大，竞争力越强，反之，则说明该国 j 类商品的国际竞争力较弱。

根据国际贸易标准分类（Standard International Trade Classification，SITC），将国际贸易货物商品分为十大类，如表 3-1 所示。根据《国际贸易商品标准分类》的标准，SITC0、SITC1、SITC2、SITC3 和 SITC4 属于资源密集型的初级产品，SITC6 和 SITC8 属于劳动密集型加工制成品，SITC5 和 SITC7 属于资本密集型加工制成品。

表 3-1 货物商品分类

编码	货物名称
SITC0	食物和动物
SITC1	饮料和烟草
SITC2	除燃料外的非食用未加工材料
SITC3	矿物燃料、润滑剂和相关材料
SITC4	动植物油、油脂和蜡
SITC5	化学品及有关产品
SITC6	主要按原料分类的制成品
SITC7	机械和运输设备
SITC8	杂项制品
SITC9	分类商品

相关原始数据来自于 UN Comtrade 数据库，选取时间为 2003~2021 年。根据 UN Comtrade 数据库中 2003~2021 年的商品贸易数据，研究计算得到中国与"一带一路"沿线国家的 TC 指数，如表 3-2 所示。

表 3-2 2003~2021 年中国与"一带一路"沿线国家出口贸易竞争优势指数

地区	年份	SITC0	SITC1	SITC2	SITC3	SITC4	SITC5	SITC6	SITC7	SITC8	SITC9
中国	2003	0.49	0.35	-0.74	-0.45	-0.93	-0.43	0.04	-0.01	0.58	-0.14
	2004	0.35	0.38	-0.81	-0.54	-0.93	-0.43	0.16	0.03	0.51	-0.15
	2005	0.41	0.20	-0.81	-0.57	-0.85	-0.37	0.23	0.10	0.52	-0.10
	2006	0.44	0.07	-0.83	-0.67	-0.83	-0.32	0.34	0.12	0.53	0.07
	2007	0.46	0.00	-0.86	-0.67	-0.92	-0.28	0.37	0.17	0.54	-0.06
	2008	0.40	-0.11	-0.88	-0.68	-0.89	-0.20	0.42	0.21	0.54	-0.43
	2009	0.37	-0.09	-0.90	-0.72	-0.92	-0.11	0.27	0.18	0.55	-0.33
	2010	0.31	-0.12	-0.90	-0.75	-0.92	-0.26	0.31	0.17	0.53	-0.85
	2011	0.27	-0.24	-0.91	-0.79	-0.91	-0.22	0.37	0.18	0.56	-0.91
	2012	0.19	-0.26	-0.90	-0.82	-0.92	-0.22	0.40	0.19	0.59	-0.96
	2013	0.14	-0.27	-0.91	-0.81	-0.89	-0.19	0.42	0.19	0.61	-0.97
	2014	0.11	-0.29	-0.90	-0.80	-0.86	-0.18	0.40	0.19	0.63	-0.95
	2015	0.07	-0.27	-0.88	-0.75	-0.84	-0.14	0.49	0.22	0.62	-0.94
	2016	0.11	-0.27	-0.89	-0.74	-0.85	-0.14	0.49	0.20	0.61	-0.86

地区	年份	SITC0	SITC1	SITC2	SITC3	SITC4	SITC5	SITC6	SITC7	SITC8	SITC9
中国	2017	0.08	-0.34	-0.90	-0.75	-0.82	-0.15	0.44	0.20	0.59	-0.84
	2018	0.01	-0.35	-0.89	-0.76	-0.78	-0.14	0.43	0.19	0.58	-0.85
	2019	-0.10	-0.38	-0.90	-0.76	-0.80	-0.15	0.47	0.22	0.58	-0.53
	2020	-0.21	-0.42	-0.91	-0.79	-0.79	-0.12	0.42	0.22	0.58	0.12
	2021	-0.27	-0.47	-0.91	-0.81	-0.75	0.01	0.42	0.25	0.61	-0.20
"一带一路"沿线国家	2003	-0.06	-0.21	0.00	0.43	0.14	-0.19	-0.01	-0.12	0.23	0.09
	2004	-0.07	-0.20	-0.01	0.45	0.17	-0.17	0.00	-0.11	0.21	0.04
	2005	-0.04	-0.19	0.03	0.42	0.17	-0.17	-0.02	-0.14	0.19	0.09
	2006	-0.06	-0.17	0.06	0.45	0.23	-0.16	0.00	-0.15	0.15	-0.01
	2007	-0.08	-0.18	0.03	0.40	0.32	-0.16	-0.04	-0.15	0.11	0.01
	2008	-0.09	-0.15	-0.05	0.41	0.29	-0.19	-0.07	-0.18	0.08	-0.02
	2009	-0.06	-0.08	-0.01	0.37	0.24	-0.19	-0.04	-0.11	0.15	0.02
	2010	-0.08	-0.10	0.02	0.41	0.25	-0.15	-0.06	-0.14	0.11	-0.06
	2011	-0.06	-0.11	0.03	0.41	0.21	-0.11	-0.05	0.13	0.13	-0.07
	2012	-0.03	-0.07	-0.04	0.35	0.23	-0.05	-0.05	-0.16	0.11	-0.04
	2013	-0.04	-0.08	-0.01	0.41	0.22	-0.11	-0.05	-0.15	0.11	-0.10
	2014	-0.04	-0.04	-0.05	0.39	0.26	-0.12	-0.07	-0.13	0.11	-0.07
	2015	-0.04	-0.02	-0.08	0.35	0.18	-0.13	-0.07	-0.13	0.16	-0.07
	2016	-0.03	-0.04	-0.03	0.36	0.21	-0.13	-0.06	-0.13	0.13	0.07
	2017	-0.02	-0.03	-0.05	0.20	0.24	-0.14	-0.06	-0.13	0.12	0.37
	2018	0.00	0.02	-0.07	0.20	0.23	-0.12	-0.05	-0.10	0.11	0.46
	2019	0.00	0.03	-0.05	0.19	0.25	-0.13	-0.06	-0.10	0.12	0.34
	2020	0.02	0.05	-0.02	0.20	0.28	-0.13	-0.03	-0.08	0.13	0.27
	2021	0.07	0.09	-0.08	-0.25	0.30	-0.26	0.03	-0.06	0.19	-0.53

从表 3-2 中国和"一带一路"沿线国家出口商品的 TC 指数可以看出，中国在不同领域的竞争优势变化差异较大。

首先，中国在资源密集型产品（SITC0 到 SITC4）缺乏竞争优势，其中：①SITC0 与 SITC1 的竞争优势在 2003 年时均大于 0.3，表明中国在这两个领域具有竞争优势，然而 SITC1 的竞争优势在 2008 年消失，SITC0 的竞争优势也是逐渐下降，最终在 2019 年变成负数。②SITC2 与 SITC3 的竞争指数则一直为负，并且呈现出逐年下降的趋势,SITC4 的竞争指数虽然在缓慢上升,但是仍然长期为负。中国在 SITC6、SITC7 和 SITC8 上具有较强的竞争优势,TC 指数长年稳定为正;SITC5 的竞争指数一直在稳步上升,虽然 2021 年还不具备较强的竞争优势,但是已经由负转正。总体来说,中国在资源密集型产品的国际贸易出口中不具备竞争优势,在劳动密集型产品和资本密集型产品上则具有一定程度的竞争优势。

其次,"一带一路"沿线国家的竞争优势集中体现在资源密集型产品领域,且竞争优势相对较弱。资源密集型产品领域除了 SITC3 和 SITC4 的 TC 指数均值大于 0 以外,其他类别的 TC 指数整体小于 0。工业制成品中 SITC5 和 SITC7 的 TC 指数均小于 0,SITC6 和 SITC8 的 TC 指数大于 0,但数值也偏低,均值仅在 0.1 左右。从时空变化来看,"一带一路"沿线国家整体竞争优势变化缓慢,发展较为平稳。总体来说,沿线国家的出口贸易竞争优势体现在资源密集型产品;同时在劳动密集型产品上也具备一定的优势,但优势有限;在资本密集型产品的出口上"一带一路"沿线国家则不具备竞争优势。

通过上述的比较分析可以发现,中国与"一带一路"沿线国家在劳动密集型制造业上都具有竞争优势,但是因为中国的竞争优势高于沿线国家,因此借助梯度转移的思想,双方仍然存在产能合作的基础与可能;中国和"一带一路"沿线国家在资源密集型和资本密集型产品上则各有竞争优势,且互不冲突,因此在资源密集型产品和资本密集型产品上通过产能合作,双方可以取长补短,实现优势互补。

3.2.2.2 显示性比较优势

根据前文的国际贸易的理论可知,贸易双方合作的基础不仅仅是竞争优势,还应该考虑双方的比较优势。比较优势中常用的分析指标是显示性比较优势(Revealed Comparative Advantage Index,RCA),由美国经济学家巴拉萨在 1965 年提出,通过计算一国某类商品的进出口量在全球贸易中所占的比重大小,以此来衡量一个国家的产品或产业在国际市场中的竞争力。其计算公式如下:

$$RCA_{ij} = \frac{X_{ij}/X_{it}}{X_{wj}/X_{wt}} \tag{3-2}$$

其中,RCA_{ij} 表示 i 国出口的 j 类商品的国际竞争力,X_{ij} 表示 i 国的 j 类商品的出口额,X_{it} 表示 i 国所有商品的出口总额,X_{wj} 表示全世界所有国家 j 类商品的出口总额,X_{wt} 表示全世界所有国家的所有商品的出口总额。根据巴拉萨的计算，RCA_{ij} 的取值范围可以分为四个区间，对应的国际竞争力分别如表 3-3 所示。

表 3-3　RCA_{ij} 取值对应国际竞争力大小

取值范围	$RCA_{ij} < 0.8$	$0.8 \leqslant RCA_{ij} < 1.25$	$1.25 \leqslant RCA_{ij} < 2.5$	$RCA_{ij} \geqslant 2.5$
国际竞争力	较弱	中度	较强	极强

同样根据 UN Comtrade 数据库中 2003~2021 年的商品贸易数据，研究计算得到中国与"一带一路"沿线国家的 RCA 指数，如表 3-4 所示。

表 3-4　2003~2021 年中国与"一带一路"沿线国家出口商品显示性比较优势指数

地区	年份	SITC0	SITC1	SITC2	SITC3	SITC4	SITC5	SITC6	SITC7	SITC8	SITC9
中国	2003	0.72	0.25	0.38	0.26	0.06	0.43	1.16	1.10	2.35	0.04
	2004	0.60	0.24	0.31	0.23	0.06	0.42	1.21	1.17	2.23	0.04
	2005	0.58	0.19	0.30	0.19	0.10	0.44	1.22	1.25	2.21	0.04
	2006	0.55	0.16	0.24	0.13	0.11	0.45	1.28	1.28	2.23	0.05
	2007	0.50	0.15	0.20	0.13	0.06	0.47	1.26	1.28	2.22	0.04
	2008	0.43	0.14	0.22	0.13	0.08	0.54	1.33	1.38	2.24	0.03
	2009	0.44	0.16	0.19	0.13	0.05	0.45	1.22	1.44	2.13	0.02
	2010	0.46	0.16	0.17	0.11	0.05	0.52	1.23	1.44	2.18	0.02
	2011	0.47	0.16	0.17	0.10	0.05	0.58	1.31	1.47	2.29	0.02
	2012	0.44	0.16	0.16	0.09	0.05	0.53	1.33	1.44	2.36	0.01
	2013	0.43	0.15	0.16	0.09	0.05	0.53	1.36	1.46	2.37	0.01
	2014	0.41	0.16	0.17	0.10	0.06	0.55	1.39	1.36	2.28	0.02
	2015	0.40	0.18	0.17	0.12	0.04	0.52	1.37	1.28	2.04	0.02
	2016	0.44	0.19	0.17	0.14	0.05	0.52	1.36	1.26	2.01	0.05
	2017	0.43	0.18	0.16	0.16	0.07	0.55	1.32	1.29	1.94	0.05
	2018	0.43	0.18	0.18	0.17	0.09	0.59	1.33	1.33	1.89	0.04
	2019	0.41	0.16	0.17	0.18	0.10	0.56	1.37	1.31	1.84	0.13
	2020	0.35	0.11	0.14	0.16	0.09	0.52	1.38	1.31	1.79	0.20
	2021	0.31	0.10	0.13	0.17	0.10	0.63	1.24	1.31	1.71	0.28

续表

地区	年份	SITC0	SITC1	SITC2	SITC3	SITC4	SITC5	SITC6	SITC7	SITC8	SITC9
"一带一路"沿线国家	2003	0.81	0.49	0.99	2.68	2.28	0.59	1.05	0.65	0.85	1.75
	2004	0.78	0.50	0.98	2.73	2.17	0.60	1.03	0.72	0.82	0.96
	2005	0.81	0.53	0.97	2.55	2.09	0.59	1.00	0.62	0.75	1.59
	2006	0.80	0.51	0.95	2.46	2.03	0.59	0.97	0.60	0.72	1.71
	2007	0.83	0.56	0.94	2.41	2.27	0.61	1.00	0.70	0.74	1.07
	2008	0.82	0.56	0.86	2.21	2.11	0.61	0.96	0.65	0.69	1.19
	2009	0.86	0.64	0.84	2.19	2.30	0.60	1.01	0.74	0.78	1.15
	2010	0.86	0.63	0.85	2.18	2.33	0.67	0.99	0.68	0.72	1.17
	2011	0.83	0.60	0.80	2.15	2.19	0.70	0.94	0.63	0.71	1.12
	2012	0.89	0.71	0.77	2.07	2.24	0.75	0.96	0.67	0.73	0.95
	2013	0.89	0.69	0.78	2.15	2.12	0.73	0.96	0.65	0.70	0.93
	2014	0.92	0.75	0.75	2.20	2.29	0.74	0.95	0.67	0.71	1.07
	2015	0.99	0.82	0.83	2.29	2.36	0.78	1.02	0.72	0.83	1.12
	2016	0.99	0.81	0.85	2.27	2.35	0.77	1.05	0.74	0.86	1.25
	2017	1.00	0.81	0.86	1.87	2.36	0.76	1.07	0.74	0.88	1.82
	2018	0.98	0.88	0.82	1.86	2.24	0.75	1.05	0.74	0.85	1.76
	2019	1.00	0.92	0.82	1.96	2.30	0.75	1.06	0.76	0.89	1.54
	2020	1.04	0.98	0.81	2.05	2.43	0.74	1.07	0.81	0.91	1.42
	2021	1.25	1.00	0.94	1.29	3.82	0.77	1.41	0.85	1.01	0.39

通过对表3-4的数据分析，可以看出2003~2021年中国的SITC6、SITC7以及SITC8三类商品的RCA指数值均位于1.25~2.50，说明中国在这三种工业制成品上具有相对比较优势，且国际市场竞争力较强。而其余7类商品的RCA指数均小于0.8，说明中国在这7类商品上的国际市场竞争力较弱。这说明当前中国在资源密集型制造业竞争力较弱，但是在劳动密集型和资本密集型制造业竞争力较强。从变化幅度来看，SITC5、SITC6、SITC7和SITC8的增长较为明显，而资源密集型RCA指数变化则较为缓慢。改革开放40多年间，中国的出口贸易通过人口红利取得了丰硕的成果，劳动力资源在中国产品出口过程中扮演着重要的角色。与此同时，随着经济的腾飞和科技的发展，中国出口商品的结构也在不断优化，资源密集型制造业的出口份额不断扩大。但是中国人口老龄化的加重和劳动力成本的提高，劳动密集型制造业也受到了一定的冲击，SITC6和SITC8的

RCA 指数与往年相比出现了较大幅度的下滑。中国能源资源有限，常规能源资源仅占世界的 10.7%，人均能源资源占有量远低于世界平均水平。因此，资源密集型制造业也不是中国出口的优势所在。

与此相反，2003～2021 年"一带一路"沿线国家的 SITC0、SITC1、SITC3 和 SITC4 的 RCA 指数均大于 1，其中 SITC4 的 RCA 指数更是高达 3.82，说明"一带一路"沿线国家在资源密集型制造业的出口具有很强的竞争力。同时 SITC6 的 RCA 指数也大于 1，虽然总体均值比中国的均值小，但是 2021 年的 RCA 指数首次超过了中国，说明中国与这些国家在劳动密集型制造业的差距正在逐步缩小。SITC5 和 SITC7 的比较优势指数虽然在缓慢上升，但是尚未超过 1，且与中国在这两个产业的比较优势指数有较大差距，同时 SITC8 的 RCA 指数经过多年的增长，已经大于 1，但依旧小于中国的相应指数。

通过分析对比可知，中国和"一带一路"沿线国家的 RCA 指数在不同产品上差异较大，中国的出口比较优势主要体现在工业制成品上，且主要集中在资本密集型产品和劳动密集型产品，但劳动密集型产品的竞争优势正在被"一带一路"沿线国家逐年追赶。而"一带一路"沿线国家的出口比较优势则主要体现在资源密集型初级产品。从显示性比较优势的分析结果来看，中国与"一带一路"沿线国家制造业的比较优势分布差异较大，并且正好存在互补的现象，为中国与"一带一路"沿线国家的产能合作提供了坚实基础。

3.2.2.3 互补性指数

制造业产能合作的潜力不仅与一国的比较优势有关，还与两国之间的比较劣势有着重要的联系。因此，在基于出口的角度分析了中国与"一带一路"沿线国家的比较优势之后，研究还将从进口的角度综合考虑中国与"一带一路"沿线国家的双边贸易情况。

贸易互补性指数 C_{ikj} 衡量两国间贸易产品的互补性程度，其计算公式如下：

$$C_{ikj} = RCA_{ij} \times RCA_{kj} \tag{3-3}$$

其中，RCA_{ij} 表示 i 国（例如"一带一路"沿线国家）的 j 类商品的出口（进口）优势，RCA_{kj} 则表示贸易中 k 国（例如中国）的 j 类商品的进口（出口）优势，C_{ikj} 称为 i 国与 k 国在 j 类商品的出口（进口）互补指数。

C_{ikj} 的值越大，说明双边国家在该类商品上的贸易互补性越强，当 C_{ikj} 大于 1 时，说明市场互补性高于同其他国家。

表 3-5 和表 3-6 分别是根据 UN Comtrade 数据库相关数据计算的以中国出口

和"一带一路"沿线国家出口考量的贸易互补性指数。可以看出,以中国为出口国计算的贸易互补性指数中,SITC6、SITC7 和 SITC8 三类产品的贸易互补性指数均大于 1,说明中国与"一带一路"沿线国家在以劳动密集型和资本密集型制造业上具有较强的互补性。SITC0 至 SITC5 的贸易互补性指数均小于 1,且数值较小。

表 3-5 中国与"一带一路"沿线国家双边贸易互补性指数(以中国为出口国)

年份	SITC0	SITC1	SITC2	SITC3	SITC4	SITC5	SITC6	SITC7	SITC8	SITC9
2003	0.71	0.21	0.38	0.30	0.12	0.40	1.39	1.04	1.34	0.08
2004	0.60	0.20	0.31	0.26	0.11	0.39	1.45	1.19	1.31	0.05
2005	0.58	0.17	0.28	0.20	0.16	0.41	1.48	1.18	1.26	0.09
2006	0.56	0.13	0.21	0.14	0.15	0.41	1.49	1.21	1.34	0.11
2007	0.52	0.13	0.17	0.13	0.08	0.42	1.50	1.34	1.39	0.05
2008	0.45	0.12	0.18	0.13	0.10	0.49	1.60	1.43	1.42	0.04
2009	0.46	0.13	0.16	0.13	0.08	0.40	1.50	1.46	1.35	0.03
2010	0.51	0.13	0.14	0.11	0.07	0.49	1.51	1.39	1.39	0.03
2011	0.49	0.13	0.13	0.10	0.08	0.54	1.60	1.41	1.47	0.05
2012	0.46	0.15	0.13	0.09	0.07	0.50	1.62	1.43	1.62	0.02
2013	0.46	0.14	0.13	0.09	0.08	0.50	1.69	1.40	1.60	0.02
2014	0.45	0.14	0.14	0.10	0.08	0.53	1.70	1.28	1.56	0.03
2015	0.44	0.15	0.15	0.12	0.09	0.51	1.71	1.19	1.36	0.03
2016	0.47	0.17	0.14	0.15	0.08	0.50	1.73	1.21	1.41	0.06
2017	0.46	0.16	0.14	0.18	0.10	0.54	1.66	1.24	1.43	0.05
2018	0.45	0.16	0.16	0.19	0.13	0.57	1.69	1.28	1.42	0.04
2019	0.43	0.15	0.14	0.21	0.14	0.54	1.74	1.25	1.39	0.14
2020	0.37	0.10	0.11	0.19	0.14	0.50	1.68	1.28	1.34	0.20
2021	0.32	0.08	0.12	0.21	0.19	0.69	1.59	1.16	1.15	0.30

表 3-6 中国与"一带一路"沿线国家双边贸易互补性指数
(以"一带一路"为出口国)

年份	SITC0	SITC1	SITC2	SITC3	SITC4	SITC5	SITC6	SITC7	SITC8	SITC9
2003	0.20	0.06	2.45	1.87	4.00	0.64	1.20	0.80	0.54	0.13

续表

年份	SITC0	SITC1	SITC2	SITC3	SITC4	SITC5	SITC6	SITC7	SITC8	SITC9
2004	0.24	0.06	2.70	2.09	4.00	0.64	0.98	0.85	0.62	0.07
2005	0.22	0.08	2.90	1.80	2.88	0.64	0.91	0.74	0.60	0.13
2006	0.21	0.09	2.71	1.91	2.76	0.61	0.77	0.75	0.59	0.10
2007	0.19	0.11	2.93	1.90	4.26	0.63	0.76	0.84	0.62	0.07
2008	0.19	0.13	3.03	1.91	3.73	0.59	0.67	0.76	0.58	0.12
2009	0.21	0.14	3.10	1.91	3.41	0.56	0.88	0.88	0.58	0.08
2010	0.24	0.14	2.86	1.93	2.90	0.63	0.73	0.77	0.55	0.39
2011	0.24	0.17	2.71	1.93	2.42	0.65	0.64	0.70	0.52	0.79
2012	0.31	0.23	2.57	1.95	2.82	0.67	0.65	0.73	0.55	0.79
2013	0.33	0.21	2.61	2.01	2.22	0.64	0.62	0.71	0.49	0.94
2014	0.36	0.26	2.45	2.21	2.14	0.65	0.69	0.72	0.48	1.00
2015	0.47	0.34	2.66	2.42	2.13	0.68	0.66	0.79	0.57	1.19
2016	0.47	0.36	2.88	2.66	1.99	0.67	0.68	0.81	0.57	1.21
2017	0.46	0.37	2.94	2.26	1.98	0.67	0.70	0.78	0.53	1.60
2018	0.49	0.39	2.57	2.32	1.89	0.66	0.67	0.78	0.53	1.66
2019	0.62	0.41	2.76	2.66	2.38	0.65	0.66	0.76	0.55	1.09
2020	0.72	0.34	2.69	3.01	2.41	0.58	0.79	0.85	0.57	0.34
2021	0.94	0.36	2.93	1.72	3.59	0.58	0.97	0.88	0.59	0.20

从以"一带一路"沿线国家为出口国计算的贸易互补性指标可以看出，SITC2、SITC3 和 SITC4 的贸易互补性指标整体远远超过 1，与中国贸易互补性强，这与前文中显示性比较优势指标"一带一路"沿线国家具有相对竞争力的商品正好吻合，并且都正好是中国具有相对弱势的产品。SITC0 和 SITC6 的指数也接近 1，说明在这两个行业中中国与"一带一路"沿线国家的双边贸易互补性也很强，这样的分析结果与前文双边贸易技术结构的分析也相互呼应。

通过分析可以发现，中国与"一带一路"沿线国家产能合作具有互惠互利的良好基础，因为中国出口互补性强的产业正好是中国具有比较强的竞争优势的产业，并且同时也是"一带一路"沿线国家相对弱势的产业。而"一带一路"沿线国家出口至中国的产品恰恰是与中国具有很强互补性，并且沿线国家位于竞争优势而中国具有比较劣势的产业。

3.3 中国制造业发展水平分析

根据前文中关于制造业升级的理论与内涵，结合学者们已有的研究，本节将从合理化和高级化两个维度衡量制造业升级的效果，根据不同生产要素需求将制造业行业分成资源密集型、劳动密集型和资本密集型制造业，进行合理化和高级化的测算与分析。

3.3.1 制造业合理化的测算与分析

采用干春晖和王强、王定祥等的做法[188-189]，使用泰尔指数衡量省级层面制造业升级过程中的合理化水平，公式如下：

$$IR = \sum_{i=1}^{3} \left(\frac{Y_i}{Y}\right) \times \ln\left(\frac{Y_i}{L_i} \Big/ \frac{Y}{L}\right) \tag{3-4}$$

其中，IR 表示制造业合理化指数，Y_1、Y_2 和 Y_3 分别表示资源密集型、劳动密集型和资本密集型制造业的主营业务收入（因为部分年份没有统计产值，所以用主营业务收入指标代替），L_1、L_2 和 L_3 分别为三种制造业的就业人口，Y 表示三种制造业主营业务收入之和，L 表示就业人口总和。由于在最理想化的情况下，不同制造业的生产率是相同的。即

$$\frac{Y_1}{L_1} = \frac{Y_2}{L_2} = \frac{Y_3}{L_3} = \frac{Y}{L} \tag{3-5}$$

因此 $\ln\left(\frac{Y_i}{L_i} \Big/ \frac{Y}{L}\right)$ 的取值应该是 0，所以 IR 的取值越接近 0，说明制造业合理化水平越高，反之则说明该地区的产业结构不够合理。

借鉴 Lin 等、段永琴等的研究[190-191]，将医药制造业、橡胶和塑料制品、非金属矿物制品业、金属制品业、专用设备制造业、汽车制造业、其他运输设备制造业、电气机械及器材制造业、通信设备计算机及其他电子设备制造业、仪器仪表及文化、办公用机械制造业等划为资本密集型制造业，农副食品加工，食品制造业，饮料制造业，纺织业，纺织服装、鞋、帽制造业，造纸及纸制品业，制鞋业，木材加工业，家具制造业，印刷业，文教体育用品制造业等划分为劳动密集

型制造业，其余的记入资源密集型制造业。

通过对《中国工业统计年鉴》相关数据的整理分析，得到中国全国整体的制造业合理化指数，如图 3-10 所示，中国的制造业合理化指数在 2010 年为 0.001002 左右，在 2012 年、2016 年和 2019 年经历了三次不同幅度的上涨后，最终在 2020 年下降到 0.003668，表明中国制造业合理化仍处于调整状态。

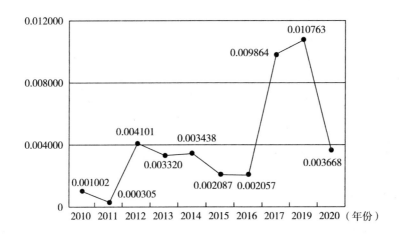

图 3-10　全国制造业合理化指数

注：由于《中国工业统计年鉴 2019》没有对外公布，故将 2018 年剔除。

从成因上来看，劳动密集型制造业和资源密集型制造业的营业收入大幅缩水是导致中国制造业合理化水平出现波动的原因之一，其次就业人口下滑也导致了制造业结构的不均衡。截至 2020 年，与顶峰 2014 年相比，资本密集型制造业的就业人口下降了 11.9%，营业收入上涨了 0.059%，资源密集型就业人数下降了 37.67%，营业收入下降了 16.79%，劳动密集型人口产业就业下滑了 29.33%，主营业务收入下滑了 10.37%。

从 2010 年、2015 年和 2020 年全国 31 个省份的合理化指数数据对比可以看出（见图 3-11），经过 10 余年的发展，大部分省份的制造业合理化指数都有了明显的下降，除黑龙江、吉林、上海、海南和甘肃这 5 个省份外，其余省份的制造业合理化水平均降至 0.005 以下；其中，北京、天津、河北、安徽、江西、河北、重庆和四川 2020 年的合理化水平比 2010 年水平更低，表明在这些省份产业间协调水平更高，聚合能力更强。

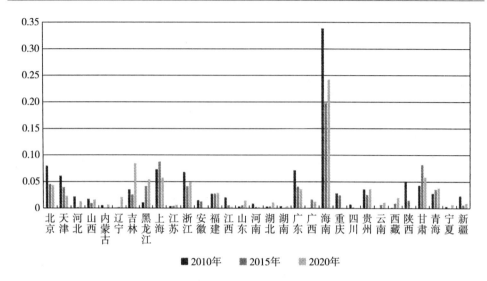

图 3-11　31 个省份制造业合理化指数对比

3.3.2　制造业高级化的测算与分析

根据前文的理论分析可知，产业高级化在宏观上主要表现为国家的经济重心逐渐由第一产业向第二产业转移，再由第二产业向第三产业转移，因此学者们经常用第三产业增加值与第二产业增加值的比重或者是第三产业在 GDP 中所占的比重来衡量产业高级化的水平。而从制造业中观层面来看，则主要表现为资源密集型制造业向劳动密集型制造业再向资本密集型制造业递进的过程，由于我国已经完成了资源密集型制造业向劳动密集型制造业转移的过程，本部分借鉴傅元海等、干春晖等使用资本密集型制造业与劳动密集型制造业的产值之比来衡量各个省份地区的制造业高级化水平[9,192]。具体公式为：

$$IH = \frac{Y_3}{Y_2} \qquad\qquad (3-6)$$

其中，Y_3 与 Y_2 的含义与上一小节的一样。IH 指数值越大，代表制造业高级化程度越高。

通过对《中国工业统计年鉴》相关数据的整理分析，得到中国全国整体的制造业高级化指数，如图 3-12 所示。中国的制造业高级化指数在 2010 年为 1.05 左右，2012 年下跌至 0.85 后开始缓慢上升，2019 年达到顶峰 1.13 后，2020 年下跌到 1.03，与 2010 年的水平基本持平。

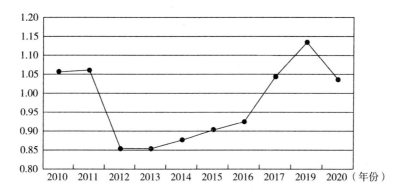

图 3-12　全国制造业高级化指数

注：由于《中国工业统计年鉴 2019》没有对外公布，故将 2018 年剔除。

进一步比较 2010~2020 年各省份的制造业高级化指数可以发现，制造业高级化进程在省级层面的表现存在较大差异。首先，目前仅有北京、天津、吉林、上海、浙江、江苏、广东、重庆和陕西 9 个省份的高级化指数大于 1，剩下大部分省份的高级化指数在 0.5~1.0；2/3 的省份的高级化指数在 10 余年间有所提高，从增长幅度来看，排名前五的省份依次是吉林、宁夏、北京、青海和河南，但还有 10 个省份的高级化指数和 2010 年相比是负增长，这些地区既包括西南西北较偏远地区，也有沿海发达地区（见图 3-13）。

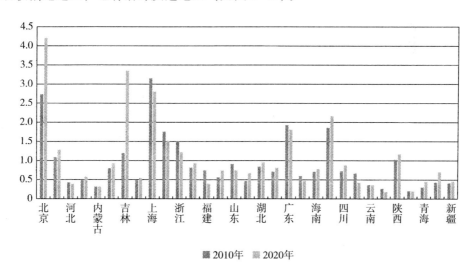

图 3-13　31 个省份制造业高级化指数对比

3.4 本章小结

　　本章分别从中国 OFDI 发展水平，与"一带一路"沿线国家的制造业产能合作水平以及我国制造业水平三个方面展开分析。通过计算可知，我国与"一带一路"沿线国家相比，从比较优势来看，出口比较优势体现在工业制成品，并且集中体现在资本密集型产品，而"一带一路"沿线国家的比较优势则集中在资源密集型产品，并且劳动密集型制造业正在不断缩小与中国的差距。从互补性视角来看，中国出口的互补性强的产业正好是中国具有比较强的竞争优势的产业，并且同时也是"一带一路"沿线国家相对弱势的产业；而"一带一路"沿线国家出口至中国的产品恰恰是与中国具有很强互补性，并且沿线国家位于竞争优势而中国具有比较劣势的产业。因此可以看出，我国与"一带一路"沿线国家在产能合作领域具有很好的贸易基础。通过对我国当前制造业合理化与高级化水平的分析可知，我国的制造业升级效果已初见成果，但省域之间还存在较大的差异。

第4章 OFDI 对"一带一路"沿线国家制造业产能合作的影响及路径研究

在区域经济一体化发展的背景下,中国与"一带一路"沿线国家的国际制造业产能合作逐渐深化,投资稳中有升。本章将在第2章 OFDI 对国际制造业产能合作的作用机理分析和第3章中国与"一带一路"沿线国家 OFDI 和制造业产能合作的发展水平测算的基础上,从国家层面针对 OFDI 的制造业产能合作促进效应展开实证研究。首先,根据第3章中已经测算得到的中国与"一带一路"沿线国家制造业产能合作数据,构建面板模型检验 OFDI 对制造业产能合作的影响,并考察这种影响是否存在地区异质性;其次,基于调节效应模型对"一带一路"倡议与 OFDI 的协同作用进行实证分析,检验 OFDI 在"一带一路"倡议提出后对"一带一路"沿线国家的制造业产能合作促进效应是否受到冲击;最后,讨论 OFDI 影响制造业产能合作的路径,为后面章节分析 OFDI 与国内制造业升级的相关关系奠定研究基础。

4.1 问题提出

基于前文的文献综述和理论分析可知,OFDI 对制造业产能合作存在显著影响,中国与"一带一路"沿线国家的投资属于"顺梯度"投资,有可能会通过产业转移、技术溢出等途径对出口贸易产生挤出效应,或通过降低贸易壁垒等方式创造进口;通过前文的分析发现,中国对"一带一路"沿线国家的投资正在逐年上升,而中国与"一带一路"沿线国家分别在不同的制造业产品领域具有竞争优势和比较优势，存在较强的互补关系。逐年增加的 OFDI 会如何影响中国与"一带一路"沿线国家的制造业产能合作，影响的路径是什么？"一带一路"倡议是否能够协同 OFDI 对制造业产能合作产生影响？为解答上述问题，将通过构建面板模型，从 OFDI 对中国与"一带一路"沿线国家制造业产能合作影响、"一带一路"倡议的有效性以及 OFDI 影响制造业产能合作的路径等方面进行分析。

4.2　模型构建与变量说明

4.2.1　模型构建

首先，按照田晖和王静的分类，将国际贸易标准分类（Standard International Trade Classification，SITC）中 SITC REV.3 分类的商品按生产要素分成资源密集型、资本密集型和劳动密集型三类[193]，具体分类如表 4-1 所示。

表 4-1　货物商品分类

编码	名称	生产要素
SITC0	食物和动物	资源密集型
SITC1	饮料和烟草	
SITC2	除燃料外的非食用未加工材料	
SITC3	矿物燃料、润滑剂和相关材料	
SITC4	动植物油、油脂和蜡	
SITC5	其他化工产品和相关产品	资本密集型
SITC7	机械和运输设备	
SITC6	主要按原料分类的制成品	劳动密集型
SITC8	杂项制品	

其次，采用面板模型对 2010~2020 年中国对"一带一路"沿线国家的 OFDI 对国际制造业产能合作的影响进行实证检验，并构建如下模型：

$$IC_{nit} = \alpha_0 + \alpha_1 \times LN(OFDI_{it}) + \sum_k \alpha_k \times CONTROL_{it} + \varepsilon_{it}, \quad n = 1, 2, 3 \quad (4-1)$$

$$EC_{nit} = \theta_0 + \theta_1 \times LN(OFDI_{it}) + \sum_k \theta_k \times CONTROL_{it} + \varepsilon_{it}, \quad n = 1, 2, 3 \quad (4-2)$$

其中，IC_n 和 EC_n 是被解释变量，分别是中国与 "一带一路" 沿线国家在第 n 类商品上的制造业产能合作水平，用中国与 "一带一路" 沿线国家第 n 类商品进口贸易互补指数和出口贸易互补指数衡量。IC_1 表示资源密集型产品进口贸易互补指数，IC_2 表示资本密集型产品的进口互补指数，IC_3 表示劳动密集型产品的进口互补指数；EC_1 表示资源密集型产品出口贸易互补指数，EC_2 表示资本密集型产品的出口互补指数，EC_3 表示劳动密集型产品的出口互补指数。OFDI 作为核心解释变量，为中国 2010～2020 年对 "一带一路" 沿线国家 OFDI 存量，CONTROL 是控制变量，i 和 t 分别表示 "一带一路" 沿线的第 i 个国家和第 t 年，ε_{it} 为随机干扰项。

4.2.2 变量说明

4.2.2.1 被解释变量

研究将按照毛海鸥和刘海云、彭虹的方法构建贸易互补指数[194-195]，具体公式如下：

$$C_{ikj} = RCA_{ij} \times RCA_{kj} \quad (4-3)$$

其中，RCA_{ij} 表示 i 国，如 "一带一路" 沿线国家的 j 类商品的出口（进口）优势；RCA_{kj} 则表示贸易中 k 国，如中国 j 类商品的进口（出口）优势；C_{ikj} 称为 i 国与 k 国 j 类食品的出口（进口）互补指数。

RCA 的计算公式具体如下：

$$RCA_{ij} = \frac{X_{ij}/X_{it}}{X_{wj}/X_{wt}} \quad (4-4)$$

其中，RCA_{ij} 表示 i 国出口的 j 类商品的国际竞争力；X_{ij} 表示 i 国的 j 类商品的出口额；X_{it} 表示 i 国所有商品的出口总额；X_{wj} 表示全世界所有国家 j 类商品的出口总额；X_{wt} 表示全世界所有国家的所有商品的出口总额。

C_{ikj} 的值越大，说明双边国家在该类商品上的贸易互补性越强，当 C_{ikj} 大于 1 时，说明互补性高于同市场其他国家。

通过对 UN Comtrade 数据库相关数据的整理分析，选取时间段为 2010～2020

年，包含"一带一路"沿线 57 个国家①。以劳动密集型产品为例，测算得到的"一带一路"沿线国家进口贸易互补指数和出口贸易互补指数分别如图 4-1 和图 4-2 所示。

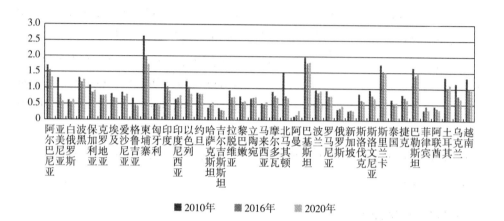

图 4-1　中国与"一带一路"沿线国家劳动密集型出口制造业产能合作水平

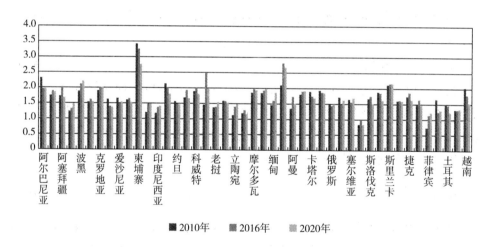

图 4-2　"一带一路"沿线国家与中国劳动密集型进口制造业产能合作水平

① 57 个国家包括阿尔巴尼亚、阿联酋、亚美尼亚、阿塞拜疆、孟加拉国、保加利亚、巴林、波黑、白俄罗斯、捷克、埃及、爱沙尼亚、克罗地亚、匈牙利、印度尼西亚、印度、伊朗、以色列、约旦、哈萨克斯坦、吉尔吉斯斯坦、柬埔寨、科威特、老挝、黎巴嫩、斯里兰卡、立陶宛、拉脱维亚、摩尔多瓦、缅甸、蒙古、马来西亚、尼泊尔、阿曼、巴基斯坦、菲律宾、波兰、卡塔尔、罗马尼亚、俄罗斯、沙特阿拉伯、新加坡、塞尔维亚、斯洛伐克、斯洛文尼亚、泰国、塔吉克斯坦、土库曼斯坦、东帝汶、土耳其、乌克兰、乌兹别克斯坦、越南、文莱、巴勒斯坦、马尔代夫、不丹。

通过对图4-1和图4-2的相关分析可以发现，中国与"一带一路"沿线国家在劳动密集型产品上的进口制造业产能合作水平要显著优于出口制造业产能合作水平。中国与"一带一路"沿线大部分国家在劳动密集型产品上的出口制造业产能合作水平位于0.5~1.0，且呈现出逐渐下降的趋势；而几乎沿线所有国家与中国在劳动密集型产品上的进口产能水平都大于1，并有部分国家的进口互补指数在逐年递减，如立陶宛、波兰和波黑等国。这说明中国与"一带一路"沿线国家近年来在劳动密集型制造业上的进口制造业产能合作越发紧密，而在劳动密集型制造业上的出口合作则受到一定弱化影响。

4.2.2.2　核心解释变量

模型中的核心解释变量是对外直接投资（OFDI），为中国2010~2020年对"一带一路"沿线国家投资存量，该指标数据来源于《2020年度中国对外直接投资统计公报》。

4.2.2.3　控制变量

已有文献研究表明[196-200]，贸易双边国家的资源要素禀赋对制造业产能合作的影响至关重要，因此本书的控制变量主要包括：①人均GDP（PGDP），是国内生产总值除以年中人口数。数据以不变价美元计。②固定资本形成额占比（CAP），即国内投资总额与同年GDP的比值。③人口密度，用总人口与国土面积的比值。④自然资源租金（RES），自然资源租金总额是石油租金、天然气租金、煤炭（硬煤和软煤）租金、矿产租金和森林租金之和与GDP的比重。⑤平均关税（TAX），用所有需要征收贸易货品关税的产品有效适用税率的非加权平均值衡量，以上数据均来自世界银行数据库。⑥"一带一路"沿线国家是否与中国接壤（NEB），与中国接壤取1，不接壤取0。⑦语言系统中口语与中国的相近程度（LAG），由于中国与"一带一路"沿线国家的官方语言和母语绝大部分存在较大差异，选择口语作为衡量指标，以上两组数据来源于法国国际信息与前景研究中心官网（Centre Détudes Prospectives et d'Informations Internationals，CEPII）。上述所有变量均选择年度数据进行回归分析，变量的描述性统计如表4-2所示。

表4-2　描述性统计

Variable	Mean	Std.	min	max
IC_1	0.205	0.106	0.001	0.504

Variable	Mean	Std.	min	max
IC_2	0.837	0.334	0.001	1.513
IC_3	1.559	0.639	0.001	4.245
EC_1	1.925	1.478	0.001	6.655
EC_2	0.482	0.423	0.001	1.497
EC_3	0.694	0.534	0.001	2.638
对外直接投资	162175.200	446431.300	0.000	5300000.000
关税	5.953	9.250	0.000	70.000
口语相近程度	0.009	0.054	0.000	0.387
是否接壤	0.205	0.404	0.000	1.000
人均GDP	8.710	1.072	6.593	11.084
自然租金	8.018	12.509	0.000	81.913
固定资产占比	0.226	0.085	0.000	0.701
人口密度	280.873	955.689	0.000	8044.526

4.3 OFDI 促进中国与"一带一路"沿线国家制造业产能合作的实证分析

4.3.1 OFDI 促进制造业产能合作的基准回归

在回归分析之前，进行了共线性和协整检验，结果显示 VIF 平均值为 3.84，最大值为 7.99，均低于临界值 10，模型中不存在多重共线性问题。各变量之间相关性较弱，相关系数多数处于 0.3 以下，回归方程基本不存在多重共线性问题。此外面板协整 Kao 检验的 5 种不同检验统计量均在 1% 显著性水平强烈拒绝"不存在协整关系"的原假设，认为变量之间存在稳定的因果关系（具体见附录）。

通过使用系统 GMM 模型对模型（4-1）和模型（4-2）进行回归，得到表 4-3 的全样本基准回归的实证结果。

表 4-3 OFDI 影响产能合作基准回归

变量	(1) IC$_1$	(2) IC$_2$	(3) IC$_3$	(4) EC$_1$	(5) EC$_2$	(6) EC$_3$
对外直接投资	0.0211*** (0.00758)	0.0128*** (0.00287)	0.0115*** (0.00281)	0.0108* (0.00597)	0.0112*** (0.00403)	-0.0456* (0.0249)
关税	0.0135 (0.0178)	0.0129 (0.0117)	0.0343*** (0.00830)	-0.0444 (0.0411)	-0.601*** (0.147)	-0.796*** (0.210)
人均 GDP	-0.0804*** (0.0266)	0.134*** (0.00645)	-0.0558*** (0.00490)	-0.145*** (0.0334)	0.243*** (0.0312)	-0.442*** (0.0613)
口语相近程度	-0.0469 (0.236)	1.425*** (0.159)	-1.614*** (0.0861)	1.040*** (0.212)	7.319*** (0.479)	2.744*** (0.819)
固定资产占比	0.0596*** (0.00828)	-0.00447 (0.00630)	-0.0291*** (0.00647)	-0.115*** (0.0351)	0.324*** (0.0368)	0.424*** (0.0214)
人口密度	0.0943*** (0.00674)	-0.0198** (0.00796)	-0.0296*** (0.00718)	-0.107*** (0.0290)	0.250*** (0.0286)	0.299*** (0.0145)
自然租金	-0.00590*** (0.00180)	—	—	0.0289*** (0.00130)	—	—
常数项	-0.144 (0.361)	-1.356*** (0.119)	1.918*** (0.0349)	3.857*** (0.532)	-4.708*** (0.485)	-0.876* (0.438)
R^2	0.221	0.338	0.181	0.334	0.284	0.368

注: *、**和***分别表示在 10%、5%和 1%的水平上显著;括号内为 t 统计值。

表 4-3 中(1)列至(3)列分别检验了 OFDI 对资源密集型、资本密集型和劳动密集型商品的进口制造业产能合作的影响。从结果可知,OFDI 每提高 1%,IC$_1$ 平均提高 0.0211%,IC$_2$ 平均提高 0.0128%,IC$_3$ 平均提高 0.0115%,并且结果均通过了 1%的显著性检验。该实证结果表明,扩大对"一带一路"沿线国家的直接投资可以显著促进中国对这些国家的进口制造业产能合作,加强双边贸易互补性,有利于两国优势互补。

表 4-3 中(4)列至(6)列分别检验了 OFDI 对资源密集型、资本密集型和劳动密集型商品的出口制造业产能合作的影响。从结果可知,OFDI 每提高 1%,EC$_1$ 平均提高 0.0108%,EC$_2$ 平均提高 0.0112%,EC$_3$ 则会平均下降 0.0456%,结果均至少通过了 10%的显著性检验。

从上述结果来看,扩大对"一带一路"沿线国家的直接投资可以显著促进中国与这些国家在资源密集型制造业和资本密集型制造业的进口,加强双边出口贸易互补；但同时也会对劳动密集型制造业的出口互补产生一定的抑制作用。出现上述结果的可能原因有：

第一，中国对"一带一路"沿线国家的 OFDI 存量中约有 35% 是投资于资源能源领域，通过对沿线国家资源密集型行业进行投资，既有利于提升这些国家的资源开采能力，又能提升当地的基础设施建设水平。前者有利于促进我国资源密集型产品的进口，后者能够有效带动东道国在钢铁、水泥、大型机械设备等产品上的需求，促进中国在这些产品上的出口，增强中国与"一带一路"沿线国家在资源密集型以及资本密集型产品上的制造业产能合作。

第二，针对劳动密集型制造业而言，"一带一路"沿线国家的劳动成本相对较低，同时人口基数也众多，具备了从中国承接相对成熟产业的能力。中国企业借助 OFDI 进行产业转移，在一定程度上减少了劳动密集型制造业的出口，同时借助于中国 OFDI 的技术溢出效应，东道国的其他企业能够模仿、学习并吸收相应的技术，提升自己产品的质量，在一定程度上对中国生产的商品产生挤出效应。因此，OFDI 对劳动密集型制造业的出口会产生抑制作用，对进口产生促进作用。

第三，针对资本密集型制造业而言，中国的 OFDI 通过技术溢出提高了东道国整体的技术水平，为东道国企业承接部分资本密集型产品中间品的组装环节提供了技术基础，因此促进了资本密集型制造业的出口和进口。

对比表 4-3 中（1）列至（3）列的估计系数可以发现，OFDI 对资源密集型制造业的进口产能合作影响最大，资本密集型次之，对劳动密集型制造业的促进作用效果最小。对比表 4-3 中（4）列至（6）列的估计系数可以发现，OFDI 对劳动密集型制造业的出口产能合作影响最大，资本密集型次之，资源密集型制造业影响效果最小。总体来说，OFDI 的增加能够有效促进中国与"一带一路"沿线国家在资源密集型制造业和资本密集型制造业开展双边产能合作，而对于劳动资本密集型的产业而言，投资越多，中国同沿线国家的进口制造业产能合作将越紧密，但出口制造业产能合作会受到一定程度的抑制。

从控制变量来看，自然资源租金越高的国家同中国在资源密集型制造业的出口合作越紧密，但进口合作会相对减少。因为国家拥有的资源越多，从中国进口资源的需求将会越弱，但出口至中国的供给将越多。人口密度越大、劳动力总数越多、国内固定投资占比越大的国家与中国在劳动密集型制造业和资本密集型制造业上出口的产能合作将得到加强。但由于这些国家的劳动力丰富以及国内资本充盈，所以同中国在这些产业的进口合作会受到约束。而由于众多人口带来了大量对资源的需求，所以在资源密集型制造业，这些国家同中国的资源出口产能合作会加深，但资源进口产能合作会受到制约。从文化差异角度来看，基本上中国与"一带一路"中某一国家的口语越相似，越有利于中国与该国家进行产能合作，并且促进作用远高于其他控制变量。关税对沿线国家向中国的进口产能合作影响不大且并不显著，但是会显著抑制沿线国家向中国的出口合作。人均 GDP越高的国家，将会有效促进双方在资本密集型制造业的产能合作，但是对资源密集型制造业和劳动密集型制造业而言，无论是出口还是进口，都会产生显著的抑制作用。

4.3.2　"一带一路"倡议的有效性分析

基准回归分析了中国与"一带一路"沿线国家 OFDI 与制造业产能合作的关系，但是并没有对"一带一路"倡议在其中的影响作用进行分析。接下来，将从两个方面分析"一带一路"倡议与中国 OFDI 制造业产能合作促进效应的关系：一方面，比较"一带一路"倡议提出前后，中国 OFDI 对双边制造业产能合作水平是否存在差异化的影响；另一方面，构建"一带一路"倡议与 OFDI 的交互项，检验交互项对双边制造业产能合作水平的影响。

"一带一路"倡议提出前后，中国对沿线国家 OFDI 与双边制造业产能合作水平的回归结果如表 4-4 和表 4-5 所示。

表 4-4　"一带一路"倡议提出前相关回归结果

倡议提出前	(1) IC_1	(2) IC_2	(3) IC_3	(4) EC_1	(5) EC_2	(6) EC_3
对外直接投资	-0.0298*** (0.00555)	0.0324*** (0.00392)	0.0219*** (0.00407)	-0.0568*** (0.0157)	0.0176* (0.0103)	-0.115*** (0.0217)
常数项	-0.785*** (0.0591)	-1.189*** (0.0800)	1.955*** (0.0576)	2.865*** (0.303)	-4.025*** (0.789)	-0.281 (0.365)
R^2	0.311	0.468	0.167	0.490	0.357	0.459

注：*、***分别表示在 10%、1%的水平上显著；括号内为 t 统计值。

表 4-5 "一带一路"倡议提出后相关回归结果

倡议提出后	(1) IC_1	(2) IC_2	(3) IC_3	(4) EC_1	(5) EC_2	(6) EC_3
对外直接投资	0.00667*** (0.00248)	0.0147*** (0.00160)	0.0122*** (0.00189)	0.0126*** (0.00368)	0.0176*** (0.00481)	-0.0132 (0.0104)
常数项	-4.701*** (0.0568)	-1.594*** (0.0736)	1.893*** (0.0439)	-2.019*** (0.526)	-5.186*** (0.659)	-1.476*** (0.507)
R^2	0.266	0.366	0.202	0.329	0.258	0.324

注：*** 表示在 1% 的水平上显著；括号内为 t 统计值。

表 4-4 中（1）列至（3）列为"一带一路"倡议提出前 OFDI 对进口制造业产能合作水平的回归结果，（1）列中 OFDI 的系数显著为负，（2）列、（3）列的 OFDI 系数显著为正。（4）列至（6）列为"一带一路"倡议提出前 OFDI 与"一带一路"沿线国家的出口制造业产能合作水平的回归结果，（4）列、（6）列显著为负，（5）列显著为正。回归结果表明，在"一带一路"倡议提出前，对外投资的增加能够促进资本密集型制造业的进出口双边产能合作，但是会制约资源密集型制造业的双边产能合作；对于劳动密集型制造业而言，中国与沿线国家的出口产能合作可以得到有力加强，但进口产能合作会受到一定抑制。

"一带一路"倡议提出后，中国 OFDI 与双边制造业产能合作水平的回归结果如表 4-5 所示。表 4-5 中（1）列至（3）列分别为倡议提出后的 OFDI 与进口制造业产能合作水平的回归结果，（4）列至（6）列为 OFDI 与出口制造业产能合作水平的回归结果。其中，（1）列至（5）列的 OFDI 的系数均显著为正，（6）列的系数为负但不显著。从回归结果可知，"一带一路"倡议提出后，扩大对沿线国家的直接投资能够有效促进资源密集型制造业和资本密集型制造业的双边产能合作。同时对劳动密集型制造业的进口产能合作也能产生显著作用。

比较发现，"一带一路"倡议提出前后，OFDI 影响中国与沿线国家制造业产能合作的效果和范围发生了变化。倡议提出后 OFDI 对资本密集型制造业产能合作的正向促进作用效果比倡议提出前有所下降，但是资源密集型产能合作的估计系数大幅提升，且由负转正；同时，OFDI 劳动资源密集型制造业出口产能合作的负面抑制作用也在下降。可能的原因是：自从"一带一路"倡议提出以来，中国与沿线国家通过"五通举措"签订自贸区协议等方法加强了双边关系合作，增进了彼此的信任，有效降低了贸易的成本和壁垒；同时，海外工业园区的建立加速了知识的溢出效应和沿线国家的工业化进程，为产业转移奠定了基础，导致中国对沿线国家的 OFDI 由水平型向垂直型转变，增进了中国与沿线国家的跨国贸易联系与制造业产能合作。

"一带一路"倡议与 OFDI 对中国与沿线国家制造业产能合作交互影响的回归结果如表 4-6 所示。结果显示，在"一带一路"倡议与扩大对外投资的双重影响下，沿线国家与中国的制造业产能合作程度在资本密集型制造业和劳动力密集型制造业将进一步加强深化，同时，沿线国家也将在进口环节扩大资源密集型制造业同中国的产能合作，资源的出口合作受到的抑制作用也将大幅缓解。可能的原因是：在"一带一路"倡议和中国持续对外投资的双重影响下，沿线国家的工业进程有了显著进步，能够通过自己生产满足国内对工业品的部分需求，因此对中国最终商品的依赖逐渐减少；同时，由于技术进步和资金设备到位等原因，沿线国家具备了承接中国部分中间品加工的能力，中国将部分工业品的最终组装环节通过投资等方式转移到"一带一路"沿线国家，这些国家从中国进口已经生产好的中间品，进而促进了进口；成品在沿线国家生产好后同时满足两国市场需求，因此对中国的出口会增加。

表 4-6　"一带一路"倡议与 OFDI 对制造业产能合作的交互影响

变量	(1) IC_1	(2) IC_2	(3) IC_3	(4) EC_1	(5) EC_2	(6) EC_3
对外直接投资	0.0310 *** (0.01208)	−0.0373 *** (0.00989)	0.0351 *** (0.00100)	0.0149 ** (0.00630)	0.0167 *** (0.00215)	−0.102 *** (0.0158)
"一带一路"倡议	−0.0684 (0.07204)	0.105 (0.108)	0.0589 ** (0.0283)	−0.0907 (0.0755)	0.0102 (0.0205)	−0.749 *** (0.0790)
交互项	0.0231 *** (0.00778)	0.0297 *** (0.00582)	−0.0211 *** (0.00192)	0.000612 (0.00794)	−0.00436 ** (0.00191)	0.0763 *** (0.0114)
常数项	−0.116 (0.325)	3.781 *** (0.459)	−1.466 *** (0.0974)	−4.677 *** (0.454)	1.915 *** (0.0449)	−0.370 (0.340)
R^2	0.272	0.376	0.397	0.285	0.184	0.372

注：**、***分别表示在 5%、1%的水平上显著；括号内为 t 统计值。

"一带一路"倡议前后 OFDI 对制造业产能合作的边际效应如表 4-7 所示，表 4-7 中_at＝1 表示"一带一路"倡议前，_at＝2 表示"一带一路"倡议后。

可以发现相较于倡议提出前，对于任何一种类型的工业品，OFDI 对其进出口制造业产能合作的边际影响效应都有显著的提升。对于资源密集型和劳动密集型制造业而言，"一带一路"倡议提出前，$\frac{d_y}{d_x}<0$，即随着 OFDI 的持续流入，OFDI 对这两种产业的制造业产能合作的边际影响将持续下降，而倡议提出后，$\frac{d_y}{d_x}>0$，这意味着中国对沿线国家投资的越多，越能促进双方的制造业产能合作。对于资源密集型制造业而言，倡议提出前的 $\frac{d_y}{d_x}=0.03$，倡议提出后的 $\frac{d_y}{d_x}=0.05$，说明 OFDI 对进口制造业产能合作的边际效应会随着 OFDI 的增加而增加，而这种加速效应在倡议提出后被进一步放大。

表4-7 "一带一路"倡议前后 OFDI 对制造业产能合作的边际效应

变量			dy/dx	Std. Err.	z	P>z
IC$_1$	_at					
		1	0.0316618	0.0117099	2.7	0.007
		2	0.0513437	0.0105645	4.86	0
EC$_1$	_at					
		1	−0.0885512	0.0746784	−1.19	0.236
		2	0.1452693	0.062637	2.32	0.02
IC$_2$	_at					
		1	−0.1136079	0.0640335	−1.77	0.077
		2	0.1247182	0.0385148	3.24	0.001
EC$_2$	_at					
		1	−0.1227529	0.0570193	−2.15	0.032
		2	0.0600101	0.0338147	1.77	0.076
IC$_3$	_at					
		1	−0.1373932	0.0686336	−2.00	0.046
		2	0.1152449	0.0412816	2.79	0.005
EC$_3$	_at					
		1	−0.1521177	0.0656699	−2.32	0.021
		2	0.0846744	0.039499	2.14	0.032

4.3.3 异质性检验

考虑到"一带一路"沿线国家数量众多,地域广阔的现状,可能会影响到OFDI 对制造业产能合作的影响效果,故按照沿线国家的地理位置对全样本进行分类并进行回归分析,结果如表 4-8 和表 4-9 所示。

表 4-8 与中国接壤的"一带一路"沿线国家估计结果

变量	(1) IC_1	(2) IC_2	(3) IC_3	(4) EC_1	(5) EC_2	(6) EC_3
对外直接投资	0.0454** (0.0201)	0.123*** (0.0122)	0.0278* (0.0151)	-0.0165 (0.0604)	-0.0253*** (0.00800)	-0.0798*** (0.0171)
常数项	-3.627* (2.017)	-3.814* (1.846)	1.312 (1.359)	25.09*** (6.452)	0.464 (1.525)	6.840** (2.541)
N	115	115	115	115	115	115
R^2	0.309	0.645	0.396	0.456	0.392	0.773

注:*、**和***分别表示在 10%、5% 和 1% 的水平上显著;括号内为 t 统计值。

表 4-9 不与中国接壤的"一带一路"沿线国家估计结果

变量	(1) IC_1	(2) IC_2	(3) IC_3	(4) EC_1	(5) EC_2	(6) EC_3
对外直接投资	0.0123** (0.00559)	0.0224*** (0.00511)	-0.0086*** (0.00208)	-0.0718** (0.0309)	0.00941** (0.00462)	-0.0601* (0.0336)
常数项	-4.774*** (0.124)	1.105 (1.064)	1.866*** (0.0674)	3.687*** (0.714)	-0.102 (0.136)	-12.76*** (1.275)
N	470	477	470	477	470	477
R^2	0.292	0.172	0.460	0.112	0.277	0.238

注:*、**和***分别表示在 10%、5% 和 1% 的水平上显著;括号内为 t 统计值。

由表 4-8 和表 4-9 可知,在与中国接壤的国家中 OFDI 对 IC_1 和 EC_1 的估计系数分别是 0.0454 和 -0.0165,而与非接壤国家的估计系数是 0.0123 和 -0.0718,均至少通过了 5% 的显著性检验。这说明 OFDI 对资源密集型制造业的产能合作均有强烈的正向促进作用,并且这种正面作用会受到东道国地理位置的影响,离中国越近,正面作用越强烈。

OFDI 对 IC_2 估计系数是 0.123，在 1% 的水平上显著，对 EC_2 的估计系数是 -0.0253，并不显著，同时非接壤国家的估计系数是 0.0224 和 0.00941，通过了 1% 和 5% 的显著性检验。意味着随地理位置的改变，离中国越近，OFDI 对资本密集型制造业进口产能合作的影响将由负面抑制作用转为正向促进作用，对出口产能的抑制作用也将逐渐减弱为不显著。

OFDI 对 IC_3 和 EC_3 估计系数分别是 0.0278 和 -0.0798，同时对非接壤国家的估计系数是 -0.0086 和 -0.0601，通过了 10% 和 1% 的显著性检验。意味着离中国越近的"一带一路"沿线国家，OFDI 对其与中国在劳动密集型制造业进行的产能合作活动越抑制，相反，离中国越远，OFDI 对进口产能合作的促进作用越明显。可能的原因是中国的人口红利正在逐渐下降，而与我国接壤的这些国家，如越南、缅甸、巴基斯坦、老挝、柬埔寨、尼泊尔等国，劳动力资源相对丰富，虽然受教育程度和技能水平普遍较低，但是整体平均工资较低，其劳动力在"一带一路"沿线国家劳动密集型制造业中具有较强的竞争力。国内的劳动密集型企业考虑到与接壤国家的距离、贸易运输和投资成本等因素，选择在这些国家投资生产，进行产业转移，从而这些国家的工业品需求可以直接由本国生产满足，无须向中国进口，因此劳动密集型进口产能合作会受到一定程度的抑制。

综上所述，虽然 OFDI 对产能合作的促进作用在两个样本回归中都显著，但是在与中国接壤的沿线国家中，OFDI 影响制造业产能合作的效用更明显。

4.4 OFDI 影响制造业产能合作的路径分析

4.4.1 中介效应及模型设定

结合前文的机理分析，研究将进一步借助中介效应模型来分析在 OFDI 影响制造业产能合作过程的路径。中介效应模型离不开对中介变量的定义，一般来说，考虑自变量 X 对因变量 Y 的影响，如果 X 是通过影响变量 M 来达到影响 Y 的话，则称变量 M 是中介变量，变量之间的关系如下列模型所示：

$$Y = c \times X + \varepsilon_1 \tag{4-5}$$

$$M = a \times X + \varepsilon_2 \tag{4-6}$$

$$Y = c' \times X + b \times M + \varepsilon_3 \tag{4-7}$$

针对判定 M 是否起到了真正的中介作用，传统的做法是依次检验回归系数 c 和 a 的显著性，在两者都显著的情况下，如果 b 也显著，那么说明存在变量 M 的中介效应；在此基础上，c' 不显著，则说明模型存在完全中介效应。第二种做法是检验中介路径上的回归系数的乘积，即 a×b 的显著性，如果显著，说明存在中介效应。第三种做法是检验 c' 与 c 之前的差异是否显著，如果显著也说明存在中介效应。实际运用中，一般按照温忠麟等的程序采用第一种做法，通过三个步骤检验中介效应[201]：第一步，判断模型（4-5）中回归系数 c 是否显著，若显著，则进入下一步；若 c 不显著，则说明不存在中介效应。第二步，依次对模型（4-6）中的系数 a 和模型（4-7）中的系数 b 进行检验，若这两个系数均通过了显著性检验，则模型一定存在中介效应；如至少存在一个系数不显著，则需要对这两个系数进行 Sobel 检验，5% 水平下 Sobel 检验统计量的临界值为 0.97，本书也以此作为临界值。第三步，根据上述临界值进行检验，若发现 c' 不显著，说明存在完全中介效应，即自变量要影响因变量，必然要经过中介变量才能起作用；如果 c' 显著，说明存在部分中介效应，即自变量对被解释变量的影响，只有部分是通过中介变量发挥的作用，其中中介效应的大小等于核心解释变量（X）对中介变量（M）的直接效应乘以中介变量（M）对被解释变量（Y）的直接效应，即 a×b。研究将借鉴上述步骤来检验 OFDI 促进国际产能合作的过程中是否存在中介作用。

根据前文的机理分析，中国的 OFDI 不仅带来了资金和设备，还为东道国带来了先进的技术和管理理念，通过 OFDI 的知识溢出效应，有效提高了东道国技术属性，对制造业产能合作的帮助尤为重要。因此，构建如下方程，以资源密集型制造业进口互补指数为例：

$$IC_{1it} = \alpha_0 + \alpha_1 \times LN(OFDI_{it}) + \sum_k \alpha_k \times CONTROL_{it} + \varepsilon_{it} \tag{4-8}$$

$$TECH_{it} = \beta_0 + \beta_1 \times LN(OFDI_{it}) + \sum_k \beta_k \times CONTROL_{it} + \varepsilon_{it} \tag{4-9}$$

$$IC_{1it} = \gamma_0 + \gamma_1 \times LN(OFDI_{it}) + \gamma_2 \times LN(TECH_{it}) + \sum_k \gamma_k \times CONTROL_{it} + \varepsilon_{it} \tag{4-10}$$

其中，γ_1 为直接效应，而系数 $\gamma_2 \times \beta_1$ 为中介效应，因此中介效应在总效应

中所占的比重为 $\dfrac{\gamma_2 \times \beta_1}{\gamma_2 \times \beta_1 + \gamma_1}$，直接效应在总效应中所占的比重为 $\dfrac{\gamma_1}{\gamma_2 \times \beta_1 + \gamma_1}$，资本密集型和劳动密集型制造业有关直接效应、中介效应及其占比的计算方式与此相似。

此外，对于资本密集型制造业而言，根据前文的机理分析，研究还认为 OF-DI 作为国外资本持续流入东道国市场，充盈了东道国的资金流，有效缓解了资本密集型制造业对资金的紧张需求。构建如下方程：

$$IC_{2it} = \alpha_0 + \alpha_1 \times LN(OFDI_{it}) + \sum_k \alpha_k \times CONTROL_{it} + \varepsilon_{it} \tag{4-11}$$

$$LN(FINANCE_{it}) = \beta_0 + \beta_1 \times LN(OFDI_{it}) + \sum_k \beta_k \times CONTROL_{it} + \varepsilon_{it} \tag{4-12}$$

$$IC_{2it} = \gamma_0 + \gamma_1 \times LN(OFDI_{it}) + \gamma_2 \times LN(FINANCE_{it}) + \sum_k \gamma_k \times CONTROL_{it} + \varepsilon_{it} \tag{4-13}$$

对于劳动密集型企业而言，还存在就业促进路径。OFDI 的持续流入促进了东道国劳动密集型制造业的发展与集聚，吸引了大量的就业人口，从而提高了东道国在劳动密集型制造业上的产量，影响中国与沿线国家在劳动密集型制造业上的产能合作。构建如下方程：

$$IC_{3it} = \alpha_0 + \alpha_1 \times LN(OFDI_{it}) + \sum_k \alpha_k \times CONTROL_{it} + \varepsilon_{it} \tag{4-14}$$

$$LN(EMPLOY_{it}) = \beta_0 + \beta_1 \times LN(OFDI_{it}) + \sum_k \beta_k \times CONTROL_{it} + \varepsilon_{it} \tag{4-15}$$

$$IC_{3it} = \gamma_0 + \gamma_1 \times LN(OFDI_{it}) + \gamma_2 \times LN(EMPLOY_{it}) + \sum_k \gamma_k \times CONTROL_{it} + \varepsilon_{it} \tag{4-16}$$

方程（4-8）至方程（4-16）中，变量 TECH 表示技术进步，用东道国人均产出衡量，数据来源于联合国统计司；FINANCE 表示东道国资金融资约束程度，用东道国国内信贷水平衡量，数据来源于世界银行；EMPOLY 代表就业促进情况，用东道国工业就业人数占比衡量，数据来源于世界银行，CONTROL 表示控制变量，与式（4-2）的基准回归模型中控制变量一致。

4.4.2 中介效应结果分析

4.4.2.1 OFDI 对资源密集型制造业产能合作的中介效应分析

前面的研究已经证实，OFDI 显著促进资源密集型制造业的进出口产能合作，表 4-10 显示的是 OFDI 对资源密集型制造业产能合作影响路径的检验结果。由

表4-10 中（3）列可知，OFDI 同样能够对东道国的技术进步起积极正面且显著的影响。将 OFDI、技术进步以及控制变量同时加入模型得到了表4-10 中（4）列和（5）列。可以看出，OFDI 和技术进步的估计系数均显著为正，模型存在部分中介效应，说明中国对"一带一路"沿线国家的直接投资通过溢出效益促进了当地生产技术的进步，提高了当地工人的人均产出而间接促进双方在资源密集型制造业的产能合作。其中，OFDI 对进口制造业产能合作的直接效应为 0.0363，技术进步的部分中介效应为 0.0266×0.396＝0.011，OFDI 对出口制造业产能合作的直接效应为 0.0250，技术进步的部分中介效应为 0.0266×0.377＝0.01，均在1%的水平上显著。通过中介效应占比的计算可知，技术进步路径在进口制造业产能合作的中介效应占总效应的 23.25%，在出口制造业产能合作中的中介效应占总效应的 28.57%。

表4-10 OFDI 对资源密集型制造业产能合作的技术进步影响路径

变量	（1）IC_1	（2）EC_1	（3）技术进步	（4）IC_1	（5）EC_1
对外直接投资	0.0211*** (0.008)	0.0108* (0.006)	0.0266* (0.014)	0.0363*** (0.007)	0.0250*** (0.005)
技术进步	—	—	—	0.396*** (0.023)	0.377*** (0.045)
常数项	−0.144 (0.361)	3.857*** (0.532)	27.87*** (0.184)	−0.683** (0.288)	3.353*** (0.521)
R^2	0.221	0.334	0.808	0.275	0.350
直接效应	—	—	—	0.0363	0.0250
中介效应	—	—	—	0.011	0.01
总效应	—	—	—	0.0473	0.035
中介效应占比（%）	—	—	—	23.25	28.57

注：*、**和***分别表示在10%、5%和1%的水平上显著；括号内为 t 统计值。

4.4.2.2 OFDI 对资本密集型制造业产能合作的中介效应分析

与资源密集型一样，资本密集型制造业同样受到技术进步的影响，表4-11 为 OFDI 对资本密集型制造业产能合作的中介效应回归结果。由表4-11 中（1）列和（2）列的估计系数可知，OFDI 对进口制造业产能合作的直接效应为

0.00931，技术进步的部分中介效应为 0.0266×（-0.0272）= -0.00072，OFDI
对出口制造业产能合作的直接效应为 0.0001，但不显著，技术进步的部分中介效
应为 0.0266×0.382=0.01，显著，因此存在完全中介效应。由此可知，OFDI 对
资本密集型制造业产能合作的影响同样有部分通过技术进步发挥作用。沿线国家
从中国进口产能合作会受到来自 OFDI 的正向激励，但是东道国技术进步会削弱
这种正面的影响，不过由于主效应大于间接效应，总体而言，OFDI 还是能够促
进双方在进口方面的产能合作。而出口制造业产能合作过程中，OFDI 对出口制
造业产能合作的促进作用将全部通过技术进步渠道来完成。正如前文机理分析中
提到的，资本密集型 OFDI 促进了 "一带一路" 沿线国家的技术进步，因此沿线
国家提高了工业化水平，逐渐具备了从中国承接中间品加工业务的技术能力，从
而促进了沿线国家与中国在资本密集型产品中间品的进出口制造业产能合作。

表 4-11　OFDI 对资本密集型制造业产能合作的技术进步和资金效应路径

变量	(1) IC$_2$	(2) EC$_2$	(3) 资金效应	(4) IC$_2$	(5) EC$_2$
对外直接投资	0.00931 *** (0.00293)	0.0001 (0.0198)	0.0380 *** (0.0130)	0.00995 *** (0.00298)	0.0103 ** (0.00502)
技术进步	-0.0272 * (0.0154)	0.382 ** (0.224)	—	—	—
资金效应	—	—	—	0.0238 *** (0.00656)	-0.102 *** (0.0349)
常数项	-1.376 *** (0.132)	-3.300 *** (0.805)	—	—	—
N	560	560	560	560	560
R^2	0.341	0.308	0.022	0.340	0.297
直接效应	0.00931	0.0001	—	0.00931	0.0103
中介效应	-0.00072	0.01	—	0.0009	-0.0039
中介效应占比	7.73%	完全中介	—	9%	27.46%

注：* 、** 和 *** 分别表示在10%、5%和1%的水平上显著；括号内为 t 统计值。

根据前文机理分析，研究认为 OFDI 对资本密集型制造业产能合作的影响不
仅通过技术进步渠道，还能够通过缓解东道国对资金需求的生产要素渠道产生深
远影响，表 4-11 中（3）列、（4）列和（5）列为对应此影响路径的回归结果。

由（3）列可知，OFDI 显著提高了东道国的资金水平，缓解了东道国资金不足的困境，为产业发展提供了资金要素。（4）列、（5）列中，OFDI 对产能合作的主效应在至少 5% 水平上显著为正，分别为 0.00995 和 0.0103，而金融发展水平在进口制造业产能合作中的间接效应为 0.038×0.0238＝0.0009，在出口制造业产能合作中的间接效应为 0.038×（－0.102）≈0.0039。这说明，OFDI 对资本密集型制造业产能合作的影响确实有部分是通过缓解东道国融资约束，满足东道国资金需求实现的。进口制造业产能合作过程中，中国通过对"一带一路"沿线国家的直接投资缓解了东道国的资金紧张需求，充实了其金融市场的发展，而间接促进双方在资本密集型制造业的进口产能合作；沿线国家从中国出口的产能合作会受到来自 OFDI 的正向激励，但东道国金融市场发展水平会从中削弱这种正面的影响，不过由于主效应大于间接效应，总体而言，OFDI 还是能够促进双方在出口方面的制造业产能合作。

通过中介效应占比的计算可知，技术进步路径在资本密集型进口产能合作的中介效应占总效应的 7.73%，在出口产能合作中的中介效应是完全中介效应。OFDI 的融资渠道路径在资本密集型进口产能合作的中介效应占总效应的 9%，在出口产能合作中的中介效应占总效应的 27.46%。

4.4.2.3　OFDI 对劳动密集型制造业产能合作的中介效应分析

表 4-12 显示的是 OFDI 对劳动密集型制造业产能合作影响的路径检验结果。由 4-12 的全样本回归结果和前文的中介效应检验可知，OFDI 能够显著地影响劳动密集型制造业的产能合作，还可以对东道国的技术进步产生显著促进作用。将 OFDI、技术进步以及控制变量同时加入模型得到了表 4-12 中（3）列、（4）列。OFDI 对劳动密集型制造业的进口产能合作的主效应为正，但是通过技术进步的间接效应为负，说明在中国与"一带一路"沿线国家深化双方产能合作的过程中，OFDI 能够对其产生正面促进作用，但东道国的技术进步会削弱 OFDI 的促进作用，抑制产能合作。OFDI 对出口产能合作的主效应为负，同时技术进步的间接效应为负，说明在沿线国家将劳动密集型工业品出口至中国的过程中，不仅 OFDI 会抑制双方的出口合作，沿线国家的技术进步还会加剧抑制的程度，进一步制约双方的合作关系。OFDI 对进口产能合作的直接影响系数为 0.009，技术进步的部分中介效应为 0.0266×（－0.048）＝－0.0013，OFDI 对出口产能合作的直接影响系数为 －0.0641，技术进步的部分中介效应为 0.0266×（－0.462）＝－0.0122，均在 1% 的水平上显著。

表 4-12　OFDI 对劳动密集型制造业产能合作的技术进步和就业促进路径

变量	(1) IC_3	(2) EC_3	(3) IC_3	(4) EC_3	(5) 工业就业 人数占比	(6) IC_3	(7) EC_3
对外直接 投资	0.008 ** (0.003)	-0.072 ** (0.029)	0.001 (0.007)	-0.064 ** (0.029)	0.252 *** (0.058)	0.001 (0.007)	-0.022 *** (0.005)
技术进步	—	—	0.048 * (0.028)	-0.462 *** (0.138)	—	—	—
工业就业 人数占比	—	—	—	—	—	0.002 (0.003)	-0.010 *** (0.003)
常数项	0.188 * (0.109)	-14.16 *** (1.092)	1.812 *** (0.428)	-2.157 (2.893)	22.225 *** (1.149)	3.678 ** (0.429)	2.641 * (0.265)
R^2	0.203	0.188	0.374	0.394	0.305	0.246	0.200
直接效应	—	—	0.001	-0.064	—	0.001	-0.022
中介效应	—	—	-0.0017	-0.0122	—	0.000504	-0.00252
中介效应 占比	—	—	完全中介 效应	16.01%	—	没有中介 效应	10.27%

注：*、**和***分别表示在 10%、5% 和 1% 的水平上显著；括号内为 t 统计值。

　　正如机理分析中提到的，劳动密集型制造业在中国虽然因为人口红利下降、工资上涨、能源制约等原因导致比较优势逐渐下降，但是与"一带一路"沿线国家相比，在生产技术与管理理念方面仍保持较大领先优势，因此，当中国企业在成本最低原则的驱使下将产业通过 OFDI 的方式转移至沿线国家时，中国企业的先进技术将会传授给东道国的合作企业，进而促进这些企业的生产技术。除此之外，技术溢出效应还将促进东道国的其他企业在模仿、吸收和学习中国的生产技术，这些企业将对中国劳动密集型产品形成竞争，因此会进一步减少中国的商品出口。

　　根据前文的机理分析，OFDI 除了会通过技术进步这一条路径对劳动密集型的产能合作产生影响外，还会通过资金的集聚效应增加东道国在相关产业的就业人数，提高东道国的劳动密集型制造业产出，进而影响中国与东道国之间在劳动密集型制造业之间的产能合作。基于以上分析，研究引入东道国工业就业人数占比这一变量，将它与 OFDI 同时解释劳动密集型的产能合作，得到表 4-12 中（5）列、（6）列和（7）列。

表 4-12 中(5)列是 OFDI 对东道国工业就业人数占比的影响,(6)列和(7)列分别是 OFDI 和工业就业人数占比共同对劳动密集型进口和出口产能合作的影响。通过其估计系数可知,OFDI 对"一带一路"沿线国家的工业就业人数占比有着显著的促进作用,同时 OFID 和东道国工业就业人数占比对劳动密集型的出口产能合作均有着显著的抑制作用,对进口产能合作的影响虽然是正向的,但是并不显著。这说明中国对"一带一路"沿线国家的直接投资将劳动密集型制造业的生产转移至东道国国家,相对较高的工资和更先进的管理理念将会吸引东道国的劳动力就业,提高这些国家的劳动密集型产品的产出,满足东道国国内市场需求,减少对进口的依赖,因此会对中国与这些国家在劳动密集型产品的进口合作产生负面效果。

通过中介效应占比的计算可知,技术进步路径在劳动密集型进口产能合作存在完全中介效应,在出口产能合作中的中介效应占总效应的 16.01%。OFDI 的就业促进路径在资本密集型进口产能合作中不存在中介效应,在出口产能合作中的中介效应占总效应的 10.27%。

综上所述,中国与"一带一路"沿线国家在不同密集型制造业进行产能合作时,OFDI 对产能合作的影响作用既会通过相同的路径技术进步发挥作用,也会通过各自不同的路径发挥作用,具体如图 4-3 所示。

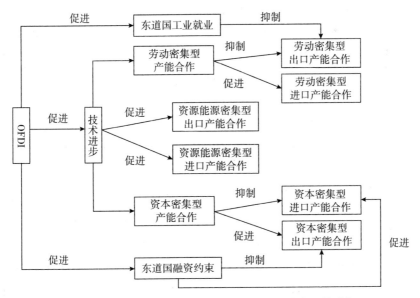

图 4-3 不同生产要素密集型 OFDI 影响产能合作的路径

相同之处在于，在所有产业，OFDI 都会通过技术进步的途径影响产能合作，其中，在资源密集型制造业和资本密集型制造业的双边合作中，技术进步可以配合 OFDI 的产能合作促进效果，加深中国与"一带一路"沿线国家在上述产业的合作；但是在劳动密集型制造业的合作过程中，技术进步会对产能合作产生阻碍作用，尤其是劳动密集型制造业的出口产能合作，OFDI 会通过促进东道国技术进步加剧对出口合作的抑制效果。

不同之处在于，OFDI 对劳动密集型制造业的产能合作还存在就业促进路径，OFDI 提高了东道国相关产业的就业人数，对中国的出口带来了负面影响；OFDI 对资本密集型制造业的产能合作则存在融资渠道路径，OFDI 的持续注入为东道国提供了资金，缓解了东道国的资金紧张状况，从而提高东道国在资本密集型制造业上的生产能力，促进双方产能合作。

4.5　本章小结

本章实证检验了 OFDI 对中国与"一带一路"沿线国家制造业产能合作的影响并对其中的中介机制进行了讨论分析。得到了以下结论：

第一，通过面板模型得到的回归结果表明，OFDI 可以显著促进资源密集型和资本密集型制造业的双向产能合作，对劳动密集型制造业的进口产能合作 OFDI 也能发挥积极有效的推动作用，但 OFDI 会对出口制造业产能合作产生抑制作用。

第二，在全样本分析的基础上，按照沿线国家的地理位置划分进行了异质性分析，结果表明，与中国接壤的国家能够更好地发挥 OFDI 对制造业产能合作的促进作用。

第三，通过使用分样本回归、调节效应检验和边际效应检验等方法，均证实了"一带一路"倡议的有效性，倡议提出后，OFDI 对中国与沿线国家双向制造业产能合作的促进作用更加明显。

第四，在 OFDI 对制造业产能合作的影响路径分析中发现，OFDI 对制造业产能合作的路径存在以下三种：首先，在所有产业中，技术进步是 OFDI 对制造业产能合作产生影响的有效途径；其次，就业增加是 OFDI 对劳动密集型制造业产能合作产生影响的有效途径；最后，增加融资渠道是 OFDI 对资本密集型制造业产能合作产生影响的有效途径。

　　通过本章的研究发现，OFDI 对国际制造业产能合作的影响具有一定的行业异质性，这或许会对国内制造业升级带来不一样的影响。本书将在第 5 章进一步讨论中国制造业产能合作对制造业升级的影响。

第5章　中国制造业产能合作对制造业升级的影响及路径研究

第4章针对OFDI对中国与"一带一路"沿线国家制造业产能合作的影响展开实证分析,验证了OFDI在国家层面能够有效促进制造业产能合作,通过提高东道国资金存量和生产效率两条中介途径促进中国与"一带一路"沿线国家在资源密集型、劳动密集型以及资本密集型制造业开展产能合作的路径。本章将继续从国家层面针对制造业产能合作的制造业升级效应展开实证研究,探讨中国与不同类型国家开展制造业产能合作对国内制造业升级的影响研究。首先,根据第3章中制造业产能合作水平的测算指标,对中国与"一带一路"沿线国家和部分发达国家的制造业产能合作水平进行测算分析;其次,应用误差修正模型与协整分析模型分析制造业产能合作对中国制造业高级化和合理化的长期和短期影响;最后,运用格兰杰因果检验对制造业产能合作影响制造业升级的路径进行深入分析。

5.1　中国制造业产能合作测度与分析

本章把"一带一路"沿线国家和部分发达国家①分别视作一个整体,分别研究中国与它们之间的制造业产能合作对中国制造业的影响效果以及影响路径。在

---

① 根据世界银行的高收入国家划分标准,部分发达国家包括爱尔兰、奥地利、澳大利亚、比利时、冰岛、丹麦、德国、法国、芬兰、荷兰、加拿大、列支敦士登、美国、挪威、葡萄牙、日本、瑞典、瑞士、塞浦路斯、塞舌尔、西班牙、希腊、新西兰、意大利、英国。

制造业产能合作指标的选取上，沿用第 4 章的制造业产能合作测度指标贸易互补指数来衡量。中国与"一带一路"沿线国家的进口制造业产能合作指标和出口制造业产能合作指标分别表示为 YIC_i 和 YEC_i，中国和发达国家的进口制造业产能合作指标和出口制造业产能合作指标分别表示为 HIC_i 和 HEC_i，i 取 1、2、3，分别表示资源密集型制造业、资本密集型制造业与劳动密集型制造业，计算公式见式（4-3）和式（4-4）。根据 UN Comtrade 数据库相关数据进行整理计算，分别计算中国与不同国家的制造业产能合作指标，如表 5-1 和表 5-2 所示。

表 5-1　中国与"一带一路"沿线国家制造业产能合作水平现状

年份	YIC_1	YIC_2	YIC_3	YEC_1	YEC_2	YEC_3
2003	0.428	0.876	1.609	1.611	0.675	0.914
2004	0.334	0.966	1.537	1.692	0.762	0.801
2005	0.284	1.008	1.581	1.639	0.723	0.794
2006	0.226	1.048	1.609	1.684	0.717	0.717
2007	0.209	1.080	1.565	1.738	0.765	0.703
2008	0.182	1.176	1.656	1.821	0.706	0.647
2009	0.199	1.149	1.523	1.683	0.777	0.713
2010	0.179	1.194	1.583	1.765	0.748	0.647
2011	0.165	1.226	1.681	1.809	0.708	0.592
2012	0.155	1.194	1.741	1.765	0.726	0.617
2013	0.150	1.199	1.779	1.780	0.728	0.578
2014	0.161	1.126	1.792	1.814	0.736	0.612
2015	0.191	1.052	1.633	1.853	0.801	0.645
2016	0.224	1.030	1.601	1.965	0.804	0.642
2017	0.228	1.086	1.492	1.876	0.822	0.638
2018	0.229	1.117	1.461	1.871	0.828	0.592
2019	0.234	1.094	1.484	2.053	0.785	0.585
2020	0.208	1.104	1.427	1.991	0.816	0.641

表 5-2　中国与发达国家制造业产能合作水平现状

年份	HIC_1	HIC_2	HIC_3	HEC_1	HEC_2	HEC_3
2003	0.375	0.892	1.741	0.586	1.299	0.837

续表

年份	HIC_1	HIC_2	HIC_3	HEC_1	HEC_2	HEC_3
2004	0.311	0.938	1.730	0.664	1.261	0.821
2005	0.266	1.003	1.706	0.629	1.315	0.818
2006	0.214	1.032	1.758	0.619	1.365	0.769
2007	0.205	1.031	1.740	0.702	1.298	0.762
2008	0.189	1.104	1.781	0.763	1.283	0.741
2009	0.193	1.108	1.691	0.787	1.249	0.762
2010	0.174	1.164	1.714	0.801	1.266	0.724
2011	0.160	1.202	1.813	0.817	1.282	0.694
2012	0.150	1.160	1.905	0.846	1.247	0.695
2013	0.144	1.180	1.934	0.837	1.281	0.669
2014	0.147	1.137	1.955	0.874	1.234	0.691
2015	0.164	1.069	1.816	0.969	1.208	0.629
2016	0.193	1.045	1.759	1.056	1.173	0.603
2017	0.195	1.110	1.644	1.154	1.131	0.580
2018	0.195	1.152	1.609	1.130	1.145	0.559
2019	0.193	1.140	1.641	1.245	1.085	0.546
2020	0.169	1.117	1.662	1.337	1.055	0.577

由表5-1和表5-2可知，2003~2020年"一带一路"沿线国家和发达国家与中国的制造业产能合作水平的变化主要表现为：

第一，这些国家与中国的资源密集型进口制造业产能合作与劳动密集型出口制造业产能合作均出现了较大幅度的下降；资本密集型进口制造业产能合作和资源密集型出口制造业产能合作水平呈现出不断上升的扩大趋势；劳动密集型进口制造业产能合作则呈现出波动变化，2020年水平几乎与2003年发展水平持平。

第二，"一带一路"沿线国家和发达国家均在资本密集型和劳动密集型的进口以及资源密集型的出口上与中国具有较强的互补优势，其中发达国家在资本密集型和劳动密集型进口上的互补优势更强，而"一带一路"沿线国家在资源密集型出口上的互补优势更强。

第三，相较于双方的制造业进口产能合作水平，"一带一路"沿线国家与中国在制造业出口方面的产能合作关系更为紧密。而发达国家正好与之相反，与中国在制造业进口方面的产能合作关系比出口更为紧密。

5.2　模型设定与数据来源

5.2.1　模型设定

借鉴孙晓华和王昀、卜伟等研究中使用的时间序列发展模型，略去时间变量[202-203]，结合制造业产能合作指标，构建制造业产能合作对制造业升级作用的自回归基准模型：

$$IH_t = \alpha + \beta_1 \times IH_{t-1} + \gamma_1 \times YIC_{it} + \theta_1 \times X_t + \varepsilon_t \tag{5-1}$$

$$IH_t = \alpha + \beta_1 \times IH_{t-1} + \gamma_1 \times YEC_{it} + \theta_1 \times X_t + \varepsilon_t \tag{5-2}$$

$$IH_t = \alpha + \beta_1 \times IH_{t-1} + \gamma_1 \times HIC_{it} + \theta_1 \times X_t + \varepsilon_t \tag{5-3}$$

$$IH_t = \alpha + \beta_1 \times IH_{t-1} + \gamma_1 \times HEC_{it} + \theta_1 \times X_t + \varepsilon_t \tag{5-4}$$

$$IR_t = \alpha + \beta_1 \times IR_{t-1} + \gamma_1 \times YIC_{it} + \theta_1 \times X_t + \varepsilon_t \tag{5-5}$$

$$IR_t = \alpha + \beta_1 \times IR_{t-1} + \gamma_1 \times YEC_{it} + \theta_1 \times X_t + \varepsilon_t \tag{5-6}$$

$$IR_t = \alpha + \beta_1 \times IR_{t-1} + \gamma_1 \times HIC_{it} + \theta_1 \times X_t + \varepsilon_t \tag{5-7}$$

$$IR_t = \alpha + \beta_1 \times IR_{t-1} + \gamma_1 \times HEC_{it} + \theta_1 \times X_t + \varepsilon_t \tag{5-8}$$

其中，被解释变量 IH 表示制造业高级化指标，IR 表示制造业合理化指标，其计算见式（3-4）和式（3-5）；X 表示控制变量 CONSUM、CAP 和 TECH，其中 CONSUM 表示国内消费水平，用人均社会消费品零售总额衡量；CAP 表示国内物资资本存量水平，用国内固定资产投资衡量；TECH 表示国内技术进步程度，用人均专利申请授权量衡量，以上数据均来自《中国统计年鉴》。t 表示第 t 年，ε_t 表示随机干扰项。

由于式（5-1）至式（5-8）是自回归模型，直接回归容易导致残差的序列相关问题，因此，时间序列数据一般采用变量的差分形式进行回归，但是这样又容易将变量水平值所包含的重要信息忽略，只能体现短期关系，无法反解变量之间的长期关系，为此一般采用误差修正模型对时间序列进行回归，避免上述两个问题的出现。误差修正模型的一般表达式为：

$$\Delta y_t = \alpha_0 + \alpha_1 \times \Delta x_t + \gamma \times ecm_{t-1} + \mu_t \tag{5-9}$$

其中，Δy_t 和 Δx_t 分别是被解释变量与各解释变量的一阶差分结果，$\gamma < 0$，ecm_{t-1} 表示误差修正项。

5.2.2　数据来源及处理

数据选取 2003~2020 年的时间序列数据进行回归，其中对外贸易数据来自于 UN Comtrade 数据库、中国制造业数据来自《中国统计年鉴》《中国工业统计年鉴》和各省统计年鉴。主要变量的描述性统计如表 5-3 所示。

表 5-3　变量描述性统计分析

Variable	说明	Mean	Std. DEV	Min	Max
IH	制造业高级化	1.078	0.158	0.854	1.432
IR	制造业合理化	0.00217	0.000	0.0021	0.0022
YIC$_1$	"一带一路"沿线国家资源密集型进口制造业产能合作水平	0.221	0.069	0.150	0.428
YIC$_2$	"一带一路"沿线国家资本密集型进口制造业产能合作水平	1.096	0.091	0.876	1.226
YIC$_3$	"一带一路"沿线国家劳动密集型进口制造业产能合作水平	1.598	0.104	1.427	1.792
YEC$_1$	"一带一路"沿线国家资源密集型出口制造业产能合作水平	1.801	0.121	1.611	2.053
YEC$_2$	"一带一路"沿线国家资本密集型出口制造业产能合作水平	0.757	0.045	0.675	0.828
YEC$_3$	"一带一路"沿线国家劳动密集型出口制造业产能合作水平	0.671	0.089	0.578	0.914
HIC$_1$	发达国家资源密集型进口制造业产能合作水平	0.202	0.060	0.144	0.375
HIC$_2$	发达国家资本密集型进口制造业产能合作水平	1.088	0.084	0.892	1.202
HIC$_3$	发达国家劳动密集型进口制造业产能合作水平	1.756	0.099	1.609	1.955
HEC$_1$	发达国家资源密集型出口制造业产能合作水平	0.879	0.224	0.586	1.337
HEC$_2$	发达国家资本密集型出口制造业产能合作水平	1.232	0.083	1.055	1.365
HEC$_3$	发达国家劳动密集型出口制造业产能合作水平	0.693	0.094	0.546	0.837
CONSUM	国内消费水平	15089.230	8660.408	3970.061	28935.75
CAP	国内物资资本存量水平	0.0008771	0.000689	0.000141	0.0025772
TECH	国内技术进步程度	998363.300	613519.300	220288.800	2049229.000

由于时间序列样本需要甄别数据是否平稳，不然有可能产生伪回归，分别对原时间序列数据及其差分序列进行 ADF 单位根检验以判断其平稳性，根据检验结果可知，原序列大部分在 5% 的显著水平均接受了"存在单位根"的原假设，但是序列的一阶差分在 5% 的显著水平上均通过了平稳性检验，各个原序列取对数后都是一阶单整，符合后续协整分析的要求（见表 5-4）。

表 5-4　各变量单位根检验结果

变量	ADF 检验值	5% 临界值	p 值	结论
IH	-2.27	-3.00	0.18	不平稳
D（IH）	-4.00	-3.00	0.00	平稳
IR	-1.87	-3.00	0.35	不平稳
D（IR）	-2.582	-3.00	0.09	平稳
YIC_1	-2.49	-3.00	0.17	不平稳
D（YIC_1）	-3.87	-3.00	0.00	平稳
YIC_2	-3.09	-3.00	0.91	不平稳
D（YIC_2）	-4.01	-3.00	0.00	平稳
YIC_3	-0.88	-3.00	0.90	不平稳
D（YIC_3）	-4.20	-3.00	0.00	平稳
YEC_1	-2.21	-3.00	0.24	不平稳
D（YEC_1）	-3.58	-3.00	0.01	平稳
YEC_2	-2.48	-3.00	0.12	不平稳
D（YEC_2）	-7.20	-3.00	0.00	平稳
YEC_3	-3.74	-3.00	0.00	平稳
D（YEC_3）	-5.00	-3.00	0.00	平稳
HIC_1	-6.21	-3.00	0.00	平稳
D（HIC_1）	-2.58	-3.00	0.10	平稳
HIC_2	-2.78	-3.00	0.06	平稳
D（HIC_2）	-2.91	-3.00	0.04	平稳
HIC_3	-1.20	-3.00	0.68	不平稳
D（HIC_3）	-2.75	-3.00	0.07	平稳
HEC_1	1.28	-3.00	1.00	不平稳

续表

变量	ADF 检验值	5%临界值	p 值	结论
D（HEC_1）	-3.47	-3.00	0.01	平稳
HEC_2	0.26	-3.00	0.98	不平稳
D（HEC_2）	-4.44	-3.00	0.00	平稳
HEC_3	-0.96	-3.00	0.77	不平稳
D（HEC_3）	-5.17	-3.00	0.00	平稳
Lcap	-8.71	-3.00	0.00	平稳
Ltech	-0.39	-3.00	0.91	不平稳
Dltech	-3.97	-3.00	0.00	平稳
Lconsum	-3.57	-3.00	0.01	平稳

5.3 中国制造业产能合作对制造业升级影响的实证检验

本节将通过误差修正模型（5-9）分析制造业产能合作对制造业高级化和合理化的长期影响和短期调整效应。

5.3.1 长期影响

在协整分析之前先根据 AIC 和 SC 最小准则来确定最优滞后期，IH（制造业高级化）、YIC_1 与物资资本存量 CAP、人均社会消费品零售总额 CONSUM、人均专利申请授权量 TECH 的检验结果分别如表 5-5、表 5-6 和表 5-7 所示。其余见附表：

IH、YIC_1 与物资资本存量 CAP 的最优滞后阶数为 3；IH、YIC_1 与人均社会消费品零售总额 CONSUM 的最优滞后阶数为 4；IH、YIC_1 与人均专利申请授权量 TECH 的最优滞后阶数为 3。

IH、YEC_1 与物资资本存量 CAP 的最优滞后阶数为 3；IH、YEC_1 与人均社会消费品零售总额 CONSUM 的最优滞后阶数为 2；IH、YEC_1 与人均专利申请授权量 TECH 的最优滞后阶数为 3。

IH、YIC_2 与物资资本存量 CAP 的最优滞后阶数为 4；IH、YIC_2 与人均社会消费品零售总额 CONSUM 的最优滞后阶数为 3；IH、YIC_2 与人均专利申请授权量 TECH 的最优滞后阶数为 4。

IH、YEC_2 与物资资本存量 CAP 的最优滞后阶数为 3；IH、YEC_2 与人均社会消费品零售总额 CONSUM 的最优滞后阶数为 2；IH、YEC_2 与人均专利申请授权量 TECH 的最优滞后阶数为 3。

IH、YIC_3 与物资资本存量 CAP 的最优滞后阶数为 2；IH、YIC_3 与人均社会消费品零售总额 CONSUM 的最优滞后阶数为 3；IH、YIC_3 与人均专利申请授权量 TECH 的最优滞后阶数为 3。

IH、YEC_3 与物资资本存量 CAP 的最优滞后阶数为 4；IH、YEC_3 与人均社会消费品零售总额 CONSUM 的最优滞后阶数为 3；IH、YEC_3 与人均专利申请授权量 TECH 的最优滞后阶数为 3。

IH、HIC_1 与物资资本存量 CAP 的最优滞后阶数为 3；IH、HIC_1 与人均社会消费品零售总额 CONSUM 的最优滞后阶数为 3；IH、HIC_1 与人均专利申请授权量 TECH 的最优滞后阶数为 3。

IH、HEC_1 与物资资本存量 CAP 的最优滞后阶数为 3；IH、HEC_1 与人均社会消费品零售总额 CONSUM 的最优滞后阶数为 3；IH、HEC_1 与人均专利申请授权量 TECH 的最优滞后阶数为 1。

IH、HIC_2 与物资资本存量 CAP 的最优滞后阶数为 3；IH、HIC_2 与人均社会消费品零售总额 CONSUM 的最优滞后阶数为 3；IH、HIC_2 与人均专利申请授权量 TECH 的最优滞后阶数为 3。

IH、HEC_2 与物资资本存量 CAP 的最优滞后阶数为 3；IH、HEC_2 与人均社会消费品零售总额 CONSUM 的最优滞后阶数为 3；IH、HEC_2 与人均专利申请授权量 TECH 的最优滞后阶数为 2。

IH、HIC_3 与物资资本存量 CAP 的最优滞后阶数为 2；IH、HIC_3 与人均社会消费品零售总额 CONSUM 的最优滞后阶数为 3；IH、HIC_3 与人均专利申请授权量 TECH 的最优滞后阶数为 3。

IH、HEC_3 与物资资本存量 CAP 的最优滞后阶数为 3；IH、HEC_3 与人均社会消费品零售总额 CONSUM 的最优滞后阶数为 3；IH、HEC_3 与人均专利申请授权量 TECH 的最优滞后阶数为 3。

表5-5 IH、YIC₁与物资资本存量CAP滞后阶数确定

lag	LL	LR	df	p	FPE	AIC	HQIC	SBIC
0	17.36				0.00	-2.05	-2.06	-1.91
1	90.01	145.29	9.00	0.00	0.00	-11.14	-11.19	-10.60
2	111.37	42.73	9.00	0.00	0.00	-12.91	-13.00	-11.95
3	152.35	81.947*	9.00	0.00	0.00	-17.4778*	-17.6046*	-16.1084*

注: *表示在10%的水平上显著。

表5-6 IH、YIC₁与人均社会消费品零售总额CONSUM滞后阶数确定

lag	LL	LR	df	p	FPE	AIC	HQIC	SBIC
0	18.23				0.00	-2.18	-2.19	-2.04
1	71.57	106.67	9.00	0.00	0.00	-8.51	-8.56	-7.96
2	80.24	17.34	9.00	0.04	0.00	-8.46	-8.55	-7.50
3	89.04	17.62	9.00	0.04	0.00	-8.43	-8.56	-7.07
4	661.74	1145.4*	9.00	0.00	3.5e-41*	-88.9623*	-89.1271*	-87.1821*

注: *表示在10%的水平上显著。

表5-7 IH、YIC₁与人均专利申请授权量TECH滞后阶数确定

lag	LL	LR	df	p	FPE	AIC	HQIC	SBIC
0	12.08				0.00	-1.30	-1.31	-1.16
1	52.26	80.36	9.00	0.00	0.00	-5.75	-5.80	-5.20
2	61.60	18.67	9.00	0.03	0.00	-5.80	-5.89	-4.84
3	82.18	41.179*	9.00	0.00	0.00	-7.45494*	-7.58171*	-6.08554*

注: *表示在10%的水平上显著。

然后采用Johansen检验法进一步分析变量间的协整关系，以制造业高级化 IH、"一带一路"沿线国家资源密集型进口贸易互补指数 YIC₁ 与物资资本存量 CAP 的 Johansen 协整检验结果（见表5-8）为例，由表5-8可知，在5%的显著性水平下制造业高级化 IH 与相关变量之间存在1个协整关系，说明中国制造业高级化 IH 与"一带一路"沿线国家的资源密集型进口产能合作 YIC₁ 以及物资资本存量 CAP 之间存在长期稳定的均衡关系。

表 5-8　IH、YIC$_1$ 与物资资本存量 CAP Johansen 协整检验结果

rank	parms	LL	eigenvalue	statistic	value
0	15	97.77	.	44.35	34.55
1	20	113.77	0.86	12.36*	18.17
2	23	119.94	0.54	0.02	3.74
3	24	119.95	0.00		

注：* 表示在 10% 的水平上显著。

类似地，可以求出 IH 与其他变量之间的协整关系（具体见附表），分别为：

IH、YIC$_1$ 与人均社会消费品零售总额 CONSUM 存在 2 阶协整关系，IH、YIC$_1$ 与人均专利申请授权量 TECH 存在 2 阶协整关系。

IH、YIC$_2$ 与物资资本存量 CAP 存在 2 阶协整关系，IH、YIC$_2$ 与人均社会消费品零售总额 CONSUM 存在 1 阶协整关系，IH、YIC$_2$ 与人均专利申请授权量 TECH 存在 1 阶协整关系。

IH、YIC$_3$ 与物资资本存量 CAP 存在 1 阶协整关系，IH、YIC$_3$ 与人均社会消费品零售总额 CONSUM 存在 1 阶协整关系，IH、YIC$_3$ 与人均专利申请授权量 TECH 存在 1 阶协整关系。

IH、YEC$_1$ 与物资资本存量 CAP 存在 1 阶滞后关系，IH、YEC$_1$ 与人均社会消费品零售总额 CONSUM 存在 2 阶协整关系，IH、YEC$_1$ 与人均专利申请授权量 TECH 存在 1 阶协整关系。

IH、YEC$_2$ 与物资资本存量 CAP 存在 1 阶协整关系，IH、YEC$_2$ 与人均社会消费品零售总额 CONSUM 存在 2 阶协整关系，IH、YEC$_2$ 与人均专利申请授权量 TECH 存在 1 阶协整关系。

IH、YEC$_3$ 与物资资本存量 CAP 存在 1 阶协整关系，IH、YEC$_3$ 与人均社会消费品零售总额 CONSUM 存在 1 阶协整关系，IH、YEC$_3$ 与人均专利申请授权量 TECH 存在 1 阶协整关系。

IH、HIC$_1$ 与物资资本存量 CAP 存在 1 阶协整关系，IH、HIC$_1$ 与人均社会消费品零售总额 CONSUM 存在 1 阶协整关系，IH、HIC$_1$ 与人均专利申请授权量 TECH 存在 1 阶协整关系。

IH、HIC$_2$ 与物资资本存量 CAP 存在 2 阶协整关系，IH、HIC$_2$ 与人均社会消费品零售总额 CONSUM 存在 2 阶协整关系，IH、HIC$_2$ 与人均专利申请授权量

TECH 存在 1 阶协整关系。

IH、HIC₃ 与物资资本存量 CAP 存在 1 阶协整关系，IH、HIC₃ 与人均社会消费品零售总额 CONSUM 存在 1 阶协整关系，IH、HIC₃ 与人均专利申请授权量 TECH 存在 1 阶协整关系。

IH、HEC₁ 与物资资本存量 CAP 存在 1 阶协整关系，IH、HEC₁ 与人均社会消费品零售总额 CONSUM 存在 1 阶协整关系，IH、HEC₁ 与人均专利申请授权量 TECH 存在 1 阶协整关系。

IH、HEC₂ 与物资资本存量 CAP 存在 1 阶协整关系，IH、HEC₂ 与人均社会消费品零售总额 CONSUM 存在 1 阶协整关系，IH、HEC₂ 与人均专利申请授权量 TECH 存在 1 阶协整关系。

IH、HEC₃ 与物资资本存量 CAP 存在 1 阶协整关系，IH、HEC₃ 与人均社会消费品零售总额 CONSUM 存在 1 阶协整关系，IH、HEC₃ 与人均专利申请授权量 TECH 存在 1 阶协整关系。

根据滞后阶数与协整检验结果，构建制造业产能合作与制造业产能升级的长期模型，回归结果如表5-9至表5-12所示。

表5-9、表5-11分别为中国与"一带一路"沿线国家、中国与发达国家进口制造业产能合作对制造业高级化的长期影响，表5-10、表5-12分别为中国与"一带一路"沿线国家、中国与发达国家出口制造业产能合作对制造业高级化的长期影响。

表5-9 与"一带一路"沿线国家进口制造业产能合作对中国制造业高级化的长期影响

变量	(1) IH	(2) IH	(3) IH	(4) IH	(5) IH	(6) IH	(7) IH	(8) IH
YIC_1	-1.96*** (0.38)	0.61 (0.38)	—	—	—	—	—	—
YIC_2	—	—	-0.21 (0.55)	-0.47*** (0.08)	3.73 (2.51)	—	—	—
YIC_3	—	—	—	—	—	-0.84*** (0.01)	-1.26*** (0.09)	-1.54*** (0.05)
CAP	-0.65*** (0.06)	—	-0.17 (0.15)	—	—	-0.24*** (0.02)	—	—

续表

变量	(1) IH	(2) IH	(3) IH	(4) IH	(5) IH	(6) IH	(7) IH	(8) IH
TECH	—	0.11* (0.03)	—	−0.06*** (0.01)	—	—	−0.13*** (0.01)	—
CONSUM	—	—	—	—	0.61 (0.45)	—	—	−0.07*** (0.01)

注：*、***分别表示在10%、1%的水平上显著；括号内为t统计值。

表5-10　与"一带一路"沿线国家出口制造业产能合作对中国制造业高级化的长期影响

变量	(1) IH	(2) IH	(3) IH	(4) IH	(5) IH	(6) IH	(7) IH	(8) IH	(9) IH
YEC_1	4.37*** (0.47)	3.52*** (0.49)	2.93*** (0.29)	—	—	—	—	—	—
YEC_2	—	—	—	1.22*** (0.66)	6.17*** (0.98)	3.99** (0.33)	—	—	—
YEC_3	—	—	—	—	—	—	15.89*** (5.99)	5.98*** (1.15)	3.39*** (1.05)
CAP	−0.86*** (0.06)	—	—	−0.31*** (0.04)	—	—	−0.03 (1.18)	—	—
TECH	—	−0.46*** (0.05)	—	—	0.28*** (0.03)	—	—	0.49*** (0.15)	—
CONSUM	—	—	−0.60*** (0.04)	—	—	−0.33*** (0.02)	—	—	0.17 (0.16)

注：**、***分别表示在5%、1%的水平上显著；括号内为t统计值。

表5-11　与发达国家进口制造业产能合作对中国制造业高级化的长期影响

变量	(1) IH	(2) IH	(3) IH	(4) IH	(5) IH	(6) IH	(7) IH	(8) IH
YIC_1	5.88*** (0.65)	11.38*** (2.4)	—	—	—	—	—	—
YIC_2	—	—	−1.18*** (0.25)	−2.13*** (0.2)	−1.85** (0.75)	—	—	—
YIC_3	—	—	—	—	—	−0.84*** (0.07)	−1.49*** (0.1)	−1.36*** (0.37)

续表

变量	(1) IH	(2) IH	(3) IH	(4) IH	(5) IH	(6) IH	(7) IH	(8) IH
CAP	—	—	-0.05*** (0.06)	—	—	-0.26*** (0.02)	—	—
TECH	0.09*** (0.04)	—	—	0.04*** (0.02)	—	—	-0.12*** (0.01)	—
CONSUM	—	-0.47*** (0.33)	—	—	0.35** (0.14)	—	—	-0.02*** (0.01)

注：**、***分别表示在5%、1%的水平上显著；括号内为 t 统计值。

表5-12　与"一带一路"沿线国家出口制造业产能合作对中国制造业高级化的长期影响

变量	(1) IH	(2) IH	(3) IH	(4) IH	(5) IH	(6) IH	(7) IH	(8) IH	(9) IH
YEC_1	1.58*** (0.11)	1.26*** (0.06)	1.36*** (0.05)	—	—	—	—	—	—
YEC_2	—	—	—	-3.53*** (0.43)	-2.45*** (0.3)	-3.50** (0.25)	—	—	—
YEC_3	—	—	—	—	—	—	-12.32*** (1.77)	-6.08*** (0.2)	-7.92*** (0.74)
CAP	-0.56*** (0.02)	—	—	-0.5*** (0.03)	—	—	-1.35*** (0.15)	—	—
TECH	—	-0.38*** (0.01)	—	—	-0.29*** (0.02)	—	—	-0.64*** (0.02)	—
CONSUM	—	—	-0.54*** (0.01)	—	—	-0.46*** (0.02)	—	—	-1.07*** (0.09)

注：**、***分别表示在5%、1%的水平上显著；括号内为 t 统计值。

由表5-9中（1）列可知，YIC_1 和 CAP 对 IH 的协整作用关系系数在1%的显著性水平下通过了 t 检验。说明长期来看，"一带一路"沿线国家与中国的资源密集型进口产能合作对中国制造业高级化有显著影响。YIC_1 的弹性系数为-1.96，意味着"一带一路"沿线国家与中国在资源密集型制造业进口的产能合作水平增加1%，中国国内制造业高级化水平将下降1.96%；CAP 的弹性系数为-0.65，意味着当中国物资资本存量累积增加1%时，制造业高级化水平将减少0.65%。

由表 5-9 中（2）列可知，YIC_1 和 TECH 对 IH 的协整估计系数均没有通过显著性检验。说明"一带一路"沿线国家与中国的资源密集型进口产能合作、中国技术创新与中国制造业高级化之间不存在长期均衡关系。

由表 5-9 中（3）列至（5）列可知，YIC_2 与 IH 的协整估计模型中只有 YIC_2 和 TECH 对 IH 的协整作用关系通过了显著性检验。说明长期来看，"一带一路"沿线国家与中国的资本密集型进口产能合作对中国制造业高级化有显著影响。YIC_2 的弹性系数为 -0.47，意味着"一带一路"沿线国家与中国在资本密集型制造业进口的产能合作水平增加 1%，中国国内制造业高级化水平将下降 0.47%；TECH 的弹性系数为 -0.06，说明当中国技术创新水平增加 1% 时，制造业高级化水平将减少 0.65%。此外，"一带一路"沿线国家与中国的资本密集型进口产能合作、中国物资资本存量与中国制造业高级化之间不存在长期均衡关系；"一带一路"沿线国家与中国的资本密集型进口产能合作、中国国内市场的消费需求与制造业高级化也不存在长期均衡关系。

由表 5-9 中（6）列至（8）列可知，YIC_3 与不同控制变量对 IH 的协整作用关系均通过了 1% 水平下的显著性检验。说明长期来看，"一带一路"沿线国家与中国的劳动密集型进口产能合作对中国制造业高级化有显著影响。（6）列至（8）列模型中，YIC_3 的弹性系数分别为 -0.84、-1.26 和 -1.54，均小于 0，意味着"一带一路"沿线国家与中国在劳动密集型制造业的进口产能合作越多，中国国内制造业高级化水平将越低。

由表 5-10 中（1）列至（3）列可知，YEC_1 与不同控制变量对 IH 的协整作用关系均通过了显著性检验。说明"一带一路"国家与中国的资源密集型出口产能合作对中国制造业高级化有长期显著均衡影响。（1）列至（3）列模型中，YEC_1 的弹性系数分别为 4.37、3.52 和 2.93，均大于 0，意味着"一带一路"沿线国家与中国在资源密集型制造业的出口产能合作越多，越有利于中国国内制造业高级化水平的提高。

由表 5-10 中（4）列至（6）列可知，YEC_2 与不同控制变量对 IH 的协整作用关系均通过了显著性检验。说明"一带一路"沿线国家与中国的资本密集型出口产能合作对中国制造业高级化同样存在长期显著均衡影响。其中，YEC_2 的弹性系数分别为 1.22、6.17 和 3.99，均大于 0，意味着"一带一路"沿线国家与中国在资本密集型制造业的出口产能合作越多，越有利于中国国内制造业高级化水平的提高。

由表 5-10 中（7）列至（9）列可知，YEC_3 与不同控制变量对 IH 的协整作用关系均通过了显著性检验。说明长期来看，"一带一路"沿线国家与中国的劳动密集型出口产能合作对中国制造业高级化有显著影响。其中，YEC_3 的弹性系数分别为 15.89、5.98 和 3.39，均大于 0，意味着"一带一路"沿线国家与中国在劳动密集型制造业的出口产能合作越多，越有利于中国国内制造业高级化水平的提高。

由表 5-11 中（1）列至（2）列可知，HIC_1 和 TECH 对 IH 的协整作用估计系数以及 HIC_1 和 CONSUM 对 IH 的协整作用估计系数均在 1% 的显著性水平下通过了 t 检验。说明长期来看，发达国家与中国的资源密集型进口产能合作对中国制造业高级化有显著影响。其中，HIC_1 的弹性系数分别为 5.88 和 11.38，均大于 0，意味着发达国家与中国在资源密集型制造业的进口产能合作越多，越有利于中国国内制造业高级化水平的提高。

由表 5-11 中（3）列至（8）列可知，HIC_2 和 HIC_3 与不同控制变量对 IH 的协整作用关系均通过了显著性检验，且均显著为负。说明发达国家与中国的资本密集型进口产能合作和劳动密集型进口产能合作均会对中国制造业高级化产生长期显著影响，并且发达国家与中国在资本密集型和劳动密集型制造业的进口产能合作越多，越不利于中国国内制造业高级化水平的提高。

由表 5-12 中（1）列至（3）列可知，HEC_1 与不同控制变量对 IH 的协整作用关系均通过了显著性检验。说明发达国家与中国的资源密集型出口产能合作对中国制造业高级化有长期显著均衡影响。（1）列至（3）列模型中，HEC_1 的弹性系数分别为 1.58、1.26 和 1.36，均大于 0，意味着发达国家与中国在资源密集型制造业的出口产能合作越多，越能促进中国国内的制造业高级化。

由表 5-12 中（4）列至（6）列，可知 HEC_2 与不同控制变量对 IH 的协整作用关系均通过了显著性检验。说明"一带一路"沿线国家与中国的资本密集型出口产能合作对中国制造业高级化同样存在长期显著均衡影响。其中，HEC_2 的弹性系数分别为 -3.53、-2.45 和 -3.50，均小于 0，意味着发达国家与中国在资本密集型制造业的出口产能合作越多，越不利于中国国内制造业高级化。

由表 5-12 中（7）列至（9）列可知，HEC_3 与不同控制变量对 IH 的协整作用关系均通过了显著性检验。说明长期来看，发达国家与中国的劳动密集型出口产能合作对中国制造业高级化有显著影响。其中，HEC_3 的弹性系数分别为 -12.31、-6.08 和 -7.92，均小于 0，意味着"一带一路"沿线国家与中国在劳动密集型制造业的出口产能合作越多，越不利于中国国内制造业高级化。

通过对上述中国与"一带一路"沿线国家以及中国与发达国家的制造业产能合作对中国制造业高级化的长期影响分析可知，中国与发达国家在资源密集型制造业产能合作可以有效促进中国制造业的高级化水平，而资本密集型和劳动密集型制造业的产能合作均会抑制中国制造业的高级化水平；与"一带一路"沿线国家的制造业产能合作中，任何类型的出口制造业产能合作均可以有效促进中国制造业高级化，但是进口制造业产能合作则会抑制中国制造业高级化。

同理，将围绕制造业产能合作对制造业合理化的长期影响展开分析。首先，在协整分析之前先根据 AIC 和 SC 最小准则来确定 IR（制造业合理化）、制造业产能合作与物资资本存量 CAP、人均社会消费品零售总额 CONSUM、人均专利申请授权量 TECH 的最优滞后期。其次，采用 Johansen 检验法进一步分析变量间的协整关系。最后，根据模型（5-9）对制造业产能合作对制造业合理化的长期均衡影响进行分析。表 5-13 至表 5-16 是中国产能合作对中国制造业合理化的长期均衡结果（具体检验结果见附录）。

表 5-13　与"一带一路"沿线国家进口制造业产能合作对中国制造业合理化的长期影响

变量	(1) IR	(2) IR	(3) IR	(4) IR	(5) IR	(6) IR	(7) IR	(8) IR	(9) IR
YIC_1	-0.004 (0.003)	0.231* (0.119)	-0.020*** (0.007)	—	—	—	—	—	—
YIC_2	—	—	—	-0.153*** (0.056)	0.061 (0.652)	0.200*** (0.074)	—	—	—
YIC_3	—	—	—	—	—	—	0.088** (0.043)	-0.714 (1.331)	0.053*** (0.016)
CAP	-0.033*** (0.003)	—	—	-0.042*** (0.012)	—	—	-0.058*** (0.014)	—	—
TECH	—	-0.024 (0.118)	—	—	0.047 (0.178)	—	—	-0.048 (0.356)	—
CONSUM	—	—	-0.0319*** (0.008)	—	—	0.048*** (0.019)	—	—	-0.049*** (0.004)

注：*、**和***分别表示在10%、5%和1%的水平上显著；括号内为 t 统计值。

表5-14 与"一带一路"沿线国家出口制造业产能合作对中国制造业合理化的长期影响

变量	(1) IH	(2) IH	(3) IH	(4) IH	(5) IH	(6) IH	(7) IH	(8) IH	(9) IH
YEC_1	-0.226** (0.112)	-1.039** (0.294)	-0.108*** (0.040)	—	—	—	—	—	—
YEC_2	—	—	—	-0.094 (0.079)	-0.144*** (0.019)	-0.077*** (0.029)	—	—	—
YEC_3	—	—	—	—	—	—	-0.776 (0.904)	-0.108*** (0.018)	-0.067 (0.062)
CAP	0.053*** (0.018)	—	—	-0.043*** (0.013)	—	—	-0.412*** (0.086)	—	—
TECH	—	0.106*** (0.038)	—	—	-0.026*** (0.004)	—	—	-0.054*** (0.002)	—
CONSUM	—	—	-0.036*** (0.008)	—	—	-0.039*** (0.006)	—	—	-0.049*** (0.008)

注：**、***分别表示在5%、1%的水平上显著；括号内为t统计值。

表5-15 与发达国家进口制造业产能合作对中国制造业合理化的长期影响

变量	(1) IH	(2) IH	(3) IH	(4) IH	(5) IH	(6) IH	(7) IH	(8) IH	(9) IH
YIC_1	-0.016*** (0.003)	-0.019 (0.013)	-1.682*** (0.203)	—	—	—	—	—	—
YIC_2	—	—	—	0.886*** (0.232)	0.221*** (0.012)	0.128*** (0.004)	—	—	—
YIC_3	—	—	—	—	—	—	0.003 (0.007)	4.125 (3.186)	-0.194 (0.507)
CAP	-0.036*** (0.001)	—	—	-0.030 (0.028)	—	—	-0.064*** (0.003)	—	—
TECH	—	-0.033*** (0.009)	—	—	-0.023*** (0.002)	—	—	0.089 (0.875)	—
CONSUM	—	—	1.175*** (0.121)	—	—	-0.038*** (0.001)	—	—	-1.115*** (0.121)

注：***表示在1%的水平上显著；括号内为t统计值。

表 5-16　与"一带一路"沿线国家出口制造业产能合作对中国制造业合理化的长期影响

变量	(1) IH	(2) IH	(3) IH	(4) IH	(5) IH	(6) IH	(7) IH	(8) IH	(9) IH
YEC$_1$	-0.007 (0.023)	-0.501*** (0.144)	-0.065*** (0.028)	—	—	—	—	—	—
YEC$_2$	—	—	—	0.256*** (0.058)	-1.332* (0.751)	-0.135 (0.246)	—	—	—
YEC$_3$	—	—	—	—	—	—	-0.016 (0.031)	-0.015 (0.073)	0.039 (0.047)
CAP	-0.031*** (0.010)	—	—	0.025** (0.011)	—	—	-0.035*** (0.009)	—	—
TECH	—	0.244*** (0.057)	—	—	-0.187 (0.118)	—	—	-0.055*** (0.015)	—
CONSUM	—	—	-0.001 (0.013)	—	—	-0.082* (0.049)	—	—	-0.067 (0.012)

注：*、**和***分别表示在10%、5%和1%的水平上显著；括号内为 t 统计值。

由表 5-13 中（1）列可知，YIC$_1$ 对 IR 的协整作用关系系数没有通过显著性检验。说明长期来看，"一带一路"沿线国家与中国的资源密集型进口产能合作对中国制造业合理化不存在长期均衡关系。CAP 对 IR 的协整作用关系系数通过了 1% 显著性检验，CAP 的弹性系数为-0.033，意味着"一带一路"沿线国家与中国在资源密集型制造业进行进口产能合作时，中国的物资资本存量增加 1%，中国制造业的合理化水平将提高 0.033%。

由表 5-13 中（2）列可知，YIC$_1$ 对 IR 的协整估计系数通过显著性检验，但是 TECH 并没有。说明"一带一路"沿线国家与中国的资源密集型进口产能合作与中国制造业合理化之间存在长期均衡关系，而中国技术创新与中国制造业合理化水平之间不存在长期均衡关系。YIC$_1$ 的弹性系数为 0.231，意味着"一带一路"沿线国家与中国在资本密集型制造业进口的产能合作水平增加 1%，中国国内制造业合理化水平将下降 0.231%。

由表 5-13 中（3）列可知，YIC$_1$ 和 CONSUM 对 IR 的协整估计系数均通过显著性检验。说明"一带一路"沿线国家与中国的资源密集型进口产能合作、中国国内市场的消费需求与中国制造业合理化之间存在长期均衡关系。YIC$_1$ 的弹性系数为-0.020，意味着"一带一路"沿线国家与中国在资本密集型制造业进口的产能合作水平增加1%，中国国内制造业合理化水平将上升0.020%；CO-MSUM的弹性系数为-0.0319，说明中国国内市场的消费需求增加1%时，制造业合理化水平将上升0.0319%。

由表5-13中（4）列可知，YIC_2和CAP对IR的协整作用关系通过了显著性检验，说明"一带一路"沿线国家与中国的资本密集型进口产能合作、中国物资资本存量与制造业合理化之间存在长期均衡关系。其中，资本密集型进口产能合作和物资资本存量的弹性系数分别为-0.153和-0.042，说明当加强中国与"一带一路"沿线国家的资本密集型产能合作，或提高中国物资资本存量时，中国制造业合理化水平将分别提高0.153%和0.042%。

由表5-13中（5）列可知，YIC_2与IR的协整估计模型中只有YIC_2和TECH对IR的协整作用关系没有通过显著性检验。说明"一带一路"沿线国家与中国的资本密集型进口产能合作、中国技术创新水平与中国制造业合理化之间不存在长期均衡关系。

由表5-13中（6）列可知，YIC_2和CONSUM对IR的协整作用关系同样通过了显著性检验，说明"一带一路"沿线国家与中国的资本密集型进口产能合作、中国国内市场的消费需求与制造业合理化之间存在长期均衡关系。其中，资本密集型进口产能合作和消费需求的弹性系数分别为0.200和0.048，说明当加强中国与"一带一路"沿线国家的资本密集型产能合作，或提高中国物资资本存量时，中国制造业合理化水平将分别下降0.200%和0.048%。

由表5-14中（1）列至（9）列可知，中国与"一带一路"沿线国家出口制造业产能合作对中国制造业合理化的长期均衡作用显著，并且均小于0，说明长期来看，中国与"一带一路"沿线国家出口制造业产能合作能够有效提高中国制造业的合理化水平。从影响程度大小来看，资本密集型出口产能合作对制造业合理化水平的影响最大，其次是劳动密集型出口产能合作，资源密集型产能合作对制造业合理化水平的影响最小。从控制变量的影响效果来看，在中国与"一带一路"沿线国家进行资本密集型和劳动密集型制造业的出口产能合作时，物资资本存量、技术创新水平以及国内市场的消费需求的提升也可以有效地提高制造业合理化程度，但是在双方进行资源密集型产能合作时，则会抑制制造业合理化发展。

由表5-15中（1）列至（9）列可知，中国与发达国家进口制造业产能合作中，资源密集型产能合作和资本密集型产能合作均对中国制造业合理化水平存在长期显著的均衡影响。其中，资源密集型产能合作的弹性系数均小于 0，说明中国与发达国家在资源密集型制造业进口的产能合作能够有效提高中国制造业的合理化水平；而资本密集型产能合作的弹性系数均大于 0，说明中国与发达国家在资本密集型制造业进口的产能合作会对中国制造业的合理化水平产生显著的抑制作用。从影响程度大小来看，资本密集型进口产能合作对制造业合理化水平的影响要大于资源密集型产能合作。

由表 5-16 中（1）列至（9）列可知，中国与发达国家出口制造业产能合作中，资源密集型产能合作和资本密集型产能合作均对中国制造业合理化水平存在长期显著的均衡影响，而资源密集型产能合作无法对制造业合理化水平产生显著的长期影响。其中，资源密集型产能合作的弹性系数均小于 0，说明中国与发达国家在资源密集型制造业进口的产能合作能够有效提高中国制造业的合理化水平；资源密集型制造业产能合作对制造业合理化水平的影响则较为复杂，当考虑技术创新的影响时，产能合作会促进合理化水平的提高；当考虑物资资本存量的影响时，产能合作则会抑制合理化。

中国与"一带一路"沿线国家的制造业出口产能合作能够有效促进中国制造业的合理化发展，与发达国家的产能合作中则主要是资本密集型产能合作可以促进制造业的合理化进程，资本密集型产能合作会抑制中国制造业的合理化水平，而劳动密集型制造业则对中国合理化进程的长期发展没有显著影响。

通过对制造业产能合作对制造业高级化和合理化长期均衡影响的结果分析可知，无论是制造业高级化还是制造业合理化水平，与发达国家的制造业产能合作中只有资源密集型产能合作可以较好地促进中国制造业升级，资本密集型和劳动密集型制造业的进出口产能合作均会抑制中国制造业的升级；与"一带一路"沿线国家的制造业产能合作中，出口制造业产能合作可以有效促进中国制造业升级，但是进口制造业产能合作则会对制造业升级产生抑制作用。这可能的原因是：第一，中国与"一带一路"沿线国家的产能合作结构合理。根据第 3 章对中国与"一带一路"沿线国家目前的进出口贸易结构的统计分析可知，中国的产品出口以高技术含量工业制成品为主，中国从"一带一路"沿线国家进口的产品主要以中等技术含量的工业制成品和初级品为主，符合双方的国际竞争优势和贸易互补优势，贸易结构较合理，因此能够有效发挥双方产能优势，促进彼此经济发展和制造业升级。第二，发达国家的技术溢出效应衰减。近年来，国际形势风云变幻，逆全球化加剧、单边保护主义的抬头都在一定程度上遏制了中国与发达国家在高端制造业领域的合作，导致目前中国与发达国家的产能合作依旧是以中低端制造业工业制成品为主，技术溢出的效果有限。

同时对比物资资本存量的累积效应、消费需求效应以及技术创新效应的弹性系数可以发现，消费需求的增加和技术进步对制造业结构高级化的影响存在国家异质性。在与"一带一路"沿线国家进行产能合作时，由于双方在经济发展水平、基础设施建设、生产技术等方面都存在一定距离，因此通过出口的方式可以将国内的无效低端供给转变成这些国家的有效供给，有效缓解国内市场的供给，因此对国内企业的转型升级暂时无法起到促进作用。而消费需求的效应在中国与发达国家的产能合作中却会有效促进制造业升级，可能的原因是进口贸易扩大了原本国内消费市场的规模，同时也改变了消费偏好和消费结构，在一定程度上刺激了国内企业通过技术创新、转型升级的方式抢占新市场，进而促进了制造业升级。

5.3.2 短期影响

协整关系只反映变量间的长期均衡关系，不能反映短期的动态关系，因此通过构建误差修正模型，分析描述变量间的短期偏离如何向长期均衡调整。不同类型产能合作对制造业高级化的短期影响如表5-17至表5-20所示。

表5-17 "一带一路"沿线国家与中国进口产能合作对制造业高级化的短期影响

变量	(1) IH	(2) IH	(3) IH	(4) IH	(5) IH	(6) IH	(7) IH	(8) IH
D_IH								
L. _ce1	-0.53* (0.31)	-0.15 (0.55)	-1.56*** (0.28)	0.27 (0.22)	-0.67** (0.21)	-1.59** (0.38)	0.45 (0.32)	0.01 (0.43)
LD. IH	0.23 (0.35)	-0.329 (0.49)	0.40** (0.18)	-0.48 (0.37)	0.17 (0.18)	0.58** (0.23)	-0.72*** (0.26)	-0.68*** (0.27)
L2D. IH	0.045 (0.36)	-0.27 (0.29)	0.59*** (0.21)	-0.52* (0.29)	—	—	-0.53*** (0.18)	-0.36** (0.17)
LD. YIC_1	-0.02 (0.263)	-0.04 (0.328)	—	—	—	—	—	—
L2D. HIC_1	0.71* (0.368)	0.32 (0.321)	—	—	—	—	—	—
LD. CAP	3.16 (3.04)	—	6.69*** (1.770)	—	—	-2.03** (0.550)	—	—

续表

变量	(1) IH	(2) IH	(3) IH	(4) IH	(5) IH	(6) IH	(7) IH	(8) IH
L2D. CAP	-10.68* (6.000)	—	-9.19*** (1.919)	—	—	—	—	—
LD. TECH	—	-0.14 (0.26)	—	—	0.098 (0.166)	—	—	-0.35*** (0.0994)
L2D. TECH	—	-0.33 (0.28)	—	—	—	—	—	-0.28** (0.113)
LD. YIC$_2$	—	—	2.28*** (0.484)	0.26 (0.828)	0.97* (0.496)	—	—	—
L2D. YIC$_2$	—	—	-0.376 (0.349)	-1.040 (0.695)	—	—	—	—
LD. CONSUM	—	—	—	-1.389 (1.522)	—	—	-1.017 (1.041)	—
L2D. CONSUM	—	—	—	0.210 (1.637)	—	—	-0.727 (1.102)	—
LD. YIC$_3$	—	—	—	—	—	0.90** (0.439)	-1.66*** (0.557)	-1.05* (0.618)
L2D. YIC$_3$	—	—	—	—	—	—	-1.36** (0.595)	-1.22*** (0.404)
_cons	0.086 (0.128)	0.11 (0.064)	0.013 (0.0611)	0.136 (0.123)	0.10*** (0.033)	0.0052 (0.057)	0.0863 (0.0899)	0.0762** (0.0378)

注：*、**和***分别表示在10%、5%和1%的水平上显著；括号内为 t 统计值。

表 5-18　"一带一路"沿线国家与中国出口产能合作对制造业高级化的短期影响

变量	(1) IH	(2) IH	(3) IH	(4) IH	(5) IH	(6) IH	(7) IH	(8) IH	(9) IH
D_IH									
L._ce1	-0.67** (0.33)	-0.99*** (0.18)	-0.68*** (0.23)	-0.86*** (0.15)	-1.28* (0.72)	-0.91*** (0.12)	-0.75 (0.63)	0.09 (0.10)	0.33 (0.39)
LD. IH	0.139 (0.32)	0.123 (0.18)	-0.122 (0.26)	0.07 (0.15)	-0.18 (0.52)	-0.0178 (0.09)	0.115 (0.45)	-0.259 (0.26)	-0.705 (0.47)

续表

变量	(1) IH	(2) IH	(3) IH	(4) IH	(5) IH	(6) IH	(7) IH	(8) IH	(9) IH
L2D. IH	-0.108 (0.30)	0.115 (0.13)	-0.059 (0.22)	—	-0.51* (0.27)	—	0.196 (0.39)	-0.46** (0.22)	-0.18 (0.22)
LD. YEC_1	-3.59** (1.70)	-4.52*** (0.73)	-3.21*** (1.173)	—	—	—	—	—	—
L2D. YEC_1	-1.96* (1.11)	-2.01*** (0.46)	-2.29*** (0.79)	—	—	—	—	—	—
LD. CAP	-2.59 (2.62)	—	—	-0.95*** (0.34)	—	—	-1.79 (3.07)	—	—
L2D. CAP	0.507 (2.67)	—	—	—	—	—	1.011 (6.05)	—	—
L2D. CONSUM	—	-2.51*** (0.659)	—	—	-0.386 (1.66)	—	—	-2.49*** (0.944)	—
LD. TECH	—	—	-0.08 (0.21)	—	-0.08 (0.07)	—	—	—	-0.48** (0.23)
L2D. TECH	—	—	-0.30 (0.19)	—	—	—	—	—	-0.43* (0.24)
LD. YEC_2	—	—	—	-1.37** (0.35)	-2.85 (2.38)	-1.30*** (0.26)	—	—	—
LD. YEC_3	—	—	—	—	—	—	0.78 (0.53)	0.93** (0.38)	0.66 (0.58)
L2D. YEC_3	—	—	—	—	—	—	0.81* (0.46)	0.42* (0.24)	1.11** (0.52)
_cons	0.0226 (0.13)	0.0427 (0.07)	0.0295 (0.05)	0.00740 (0.05)	0.148 (0.12)	0.11*** (0.02)	-0.02 (0.21)	0.15* (0.09)	0.11** (0.06)

注：*、**和***分别表示在10%、5%和1%的水平上显著；括号内为t统计值。

表5-19 发达国家与中国进口产能合作对制造业高级化的短期影响

变量	(1) IH	(2) IH	(3) IH	(4) IH	(5) IH	(6) IH	(7) IH	(8) IH
D_ih								

续表

变量	（1） IH	（2） IH	（3） IH	（4） IH	（5） IH	（6） IH	（7） IH	（8） IH
L._ce1	-0.159** (-2.88)	-0.409* (-2.29)	-1.295*** (-6.24)	-0.270** (-3.12)	-0.855** (-3.01)	-1.300** (-3.07)	0.447 (1.05)	0.190 (0.67)
LD.ih	-0.375 (-1.71)	-0.222 (-0.82)	0.0210 (0.17)	-0.412* (-1.99)	-0.211 (-0.95)	0.365 (1.50)	-0.908* (-2.50)	-0.967*** (-3.62)
L2D.ih	-0.377* (-2.24)	-0.228 (-1.14)	0.409** (2.84)	0.0901 (0.48)	0.115 (0.84)	—	-0.598** (-3.13)	-0.386** (-2.58)
LD.HIC_1	1.467 (1.22)	-0.0726 (-0.05)	—	—	—	—	—	—
L2D.HIC_1	2.019 (1.76)	0.755 (0.68)	—	—	—	—	—	—
LD.CONSUM	-0.596 (-0.78)	—	—	-2.730** (-3.04)	—	—	-0.802 (-0.94)	—
L2D.CONSUM	-1.104 (-1.39)	—	—	0.470 (0.56)	—	—	-0.931 (-1.03)	—
LD.TECH	—	-0.0661 (-0.38)	—	—	-0.0343 (-0.28)	—	—	-0.360** (-3.20)
L2D.TECH	—	-0.183 (-1.01)	—	—	-0.0680 (-0.39)	—	—	-0.323* (-2.34)
LD.HIC_2	—	—	2.401*** (5.44)	1.376* (2.48)	1.930*** (3.45)	—	—	—
L2D.HIC_2	—	—	0.173 (0.48)	-1.193** (-3.20)	0.322 (0.51)	—	—	—
LD.CAP	—	—	3.540** (3.02)	—	—	-2.874** (-3.11)	—	—
L2D.CAP	—	—	-4.508*** (-3.90)	—	—	—	—	—
LD.HIC_3	—	—	—	—	—	0.178 (0.50)	-1.006** (-2.60)	-0.813* (-2.54)
L2D.HIC_3	—	—	—	—	—	—	-0.704 (-1.51)	-0.904** (-2.70)
_cons	0.0290 (0.30)	0.129** (2.80)	0.0256 (0.57)	0.135 (1.96)	0.105*** (3.52)	0.00825 (0.13)	0.152 (1.95)	0.0944** (2.71)

注：*、**和***分别表示在10%、5%和1%的水平上显著；括号内为 t 统计值。

表5-20　发达国家与中国出口产能合作对制造业高级化的短期影响

变量	(1) IH	(2) IH	(3) IH	(4) IH	(5) IH	(6) IH	(7) IH	(8) IH	(9) IH
D_IH									
L._ce1	-1.99** (-2.58)	-2.52*** (-4.63)	-2.20*** (-3.84)	-1.14** (-2.68)	-0.66 (-1.36)	-0.92*** (-4.45)	0.27 (0.93)	0.08 (0.27)	-0.43 (-1.24)
LD.IH	0.937* (1.97)	1.029** (3.10)	0.635* (2.03)	0.550 (1.64)	0.228 (0.58)	0.510** (2.79)	-0.329 (-0.75)	-0.281 (-0.74)	-0.227 (-0.56)
L2D.IH	0.481 (1.20)	0.664** (2.60)	0.459* (2.07)	0.165 (0.45)	-0.215 (-0.63)	—	-0.481 (-1.49)	-0.378 (-1.43)	-0.290 (-0.95)
LD. HEC_1	-1.397 (-1.61)	-1.95*** (-3.52)	-1.845** (-2.78)	—	—	—	—	—	—
L2D. HEC_1	-0.265 (-0.47)	-0.410 (-1.20)	-0.452 (-1.02)	—	—	—	—	—	—
LD. CAP	-1.289 (-0.60)	—	—	-3.780 (-1.49)	—	—	-1.869 (-0.60)	—	—
L2D. CAP	3.026 (1.16)	—	—	4.242 (1.49)	—	—	-1.715 (-0.47)	—	—
LD. CONSUM	—	1.886** (2.77)	—	—	0.692 (0.60)	—	—	-0.435 (-0.36)	—
L2D. CONSUM	—	-1.021* (-2.03)	—	—	-1.185 (-1.29)	—	—	-1.946 (-1.37)	—
LD. TECH	—	—	0.392 (1.84)	—	—	0.127 (0.91)	—	—	0.0111 (0.03)
L2D. TECH	—	—	0.214 (1.25)	—	—	—	—	—	-0.239 (-0.93)
_cons	0.0517 (0.47)	0.0929 (1.73)	0.0005 (0.01)	0.0262 (0.24)	0.106 (1.01)	0.0599* (2.48)	0.0624 (0.36)	0.256* (2.09)	0.0830 (1.11)

注：*、**和***分别表示在10%、5%和1%的水平上显著；括号内为t统计值。

表5-17和表5-18分别为"一带一路"沿线国家与中国进口和出口制造业产能合作对中国制造业高级化的短期影响，从表5-17和表5-18中可以看出：

"一带一路"沿线国家与中国的进出口制造业产能合作对中国制造业高级化的误差修正模型可决系数在大部分模型中都是显著的，且符号均为负向，说明当制造业高级化与产能合作的关系偏离长期均衡状态时，上一期的非均衡误差将会对短期的波动产生抚平作用，帮助制造业的发展在下一期回到均衡状态。

第一，从可决系数大小来看，制造业高级化在"一带一路"沿线国家进口产能合作过程中主要是借助物资资本存量的力量进行快速地修复，在"一带一路"沿线国家出口产能合作过程中主要是借助国内消费市场的力量进行快速地修复。

第二，在"一带一路"沿线国家与中国进口产能合作过程中，通过其他估计系数的显著性可知，制造业高级化除受到误差修正的作用外，还会受到滞后二期的资源密集型进口产能合作和滞后一期的资本密集型进口产能合作的正面影响，滞后一期的物资资本存量的正面影响，滞后一期和滞后二期的劳动密集型进口产能合作和技术创新的负面影响，滞后二期的物资资本存量负面影响。这表明，短期内，物资资本存量积累和"一带一路"沿线国家与中国开展资源密集型和资本密集型产能合作能够促进制造业高级化，而技术进步和开展劳动密集型进口产能合作会抑制制造业高级化。

第三，在"一带一路"沿线国家与中国出口产能合作过程中，制造业高级化除了受到误差修正的作用外，还会受到滞后一期和滞后二期的劳动密集型出口产能合作的正面影响，滞后一期和滞后二期的资源密集型出口产能合作，滞后一期的资本密集型出口产能合作的负面影响，滞后一期的物资资本存量积累、技术进步和国内消费需求的负面影响。这表明，短期内，在"一带一路"沿线国家与中国开展出口产能合作的过程中，除了劳动密集型产能合作能够促进制造业高级化外，其余密集型制造业出口产能合作短期内均会抑制制造业高级化。

表 5-19 和表 5-20 分别为发达国家与中国进口和出口产能合作对中国制造业高级化的短期影响，从表 5-19 和表 5-20 中可以看出：

第一，发达国家与中国的进出口产能合作对中国制造业高级化的 VECM 模型可决系数在大部分模型中都是显著的，且符号均为负向，说明当制造业高级化与产能合作的关系偏离长期均衡状态时，上一期的非均衡误差将会对短期的波动产生一个抚平作用，帮助制造业的发展在下一期回到均衡状态。

第二，从可决系数大小来看，制造业高级化在发达国家进口产能合作过程中主要是借助物资资本存量的力量进行快速地修复，在发达国家出口产能合作过程中主要是借助国内消费市场和科技创新的力量进行快速地修复。

第三，在发达国家与中国进口产能合作过程中，制造业高级化除了受到误差修正的作用外，还会受到滞后一期的国内消费、滞后一期和滞后二期的科技创新、滞后一期和滞后二期的劳动密集型进口产能合作的负面影响，滞后一期和滞后二期的资本密集型进口产能合作的正面影响，这表明短期内，发达国家与中国的资本密集型进口产能合作会促进制造业高级化，而劳动密集型进口产能合作则会抑制制造业高级化。

第四，在发达国家与中国制造业出口产能合作过程中，通过其他估计系数的显著性可知，制造业高级化除了受到误差修正的作用外，还会受到滞后一期国内消费的正面影响，滞后一期的资源密集型出口产能合作和滞后二期国内消费的负面影响。这表明，短期内，在发达国家与中国进行制造业出口产能合作的过程中，国内消费偏好的改变能够一时促进制造业高级化，但是一直依赖国内消费偏好的改变和过多地依靠资源密集型出口产能合作则会抑制中国的制造业高级化。

对比表5-17至表5-20的可决系数大小可以发现，总体来说，发达国家与中国的产能合作对制造业高级化的短期修正作用要比"一带一路"沿线国家与中国的产能合作对制造业高级化的修正作用明显。在"一带一路"沿线国家中，进口产能合作的修正作用要大于出口产能合作，而在发达国家中则正好相反，出口产能合作的修正作用高于进口产能合作。对于不同密集型进口产能合作而言，无论是"一带一路"沿线国家，还是发达国家，资本密集型和劳动密集型的进口产能合作对制造业高级化的影响效果都要明显显著于资源密集型进口产能合作。而对于不同类型出口产能合作而言，劳动密集型出口产能合作对制造业高级化的修正系数都是不显著的，在"一带一路"沿线国家中资源密集型与资本密集型出口产能合作对制造业高级化的影响无明显大小区分，而在发达国家，资源密集型出口产能合作则比资本密集型产能合作对制造业高级化的修正作用要显著。

同理，将基于误差修正模型研究制造业产能合作对制造业合理化的短期影响，表5-21至表5-24是中国产能合作对中国制造业合理化的短期影响。

表5-21 "一带一路"沿线国家与中国进口产能合作对制造业合理化的短期影响

变量	(1) IR	(2) IR	(3) IR	(4) IR	(5) IR	(6) IR	(7) IR	(8) IR	(9) IR
D_IR									
L._ce1	-2.122*** (0.286)	-0.155*** (0.0518)	-3.343*** (1.023)	-0.281* (0.150)	-0.156** (0.065)	-0.153 (0.12)	0.784 (0.489)	-0.107** (0.0517)	-3.831 (2.843)

续表

变量	(1) IR	(2) IR	(3) IR	(4) IR	(5) IR	(6) IR	(7) IR	(8) IR	(9) IR
LD. IR	0.153 (0.131)	−0.785* (0.440)	0.755** (0.302)	−0.265 (0.287)	−0.671* (0.369)	−0.628 (0.437)	−1.235 (0.896)	−0.402 (0.430)	3.260 (2.305)
LD. YIC_1	−0.076*** (0.0123)	−0.052** (0.0254)	−0.071** (0.0291)	—	—	—	—	—	—
LD. CAP	0.111*** (0.043)	—	—	0.0205 (0.077)	—	—	−0.368* (0.189)	—	—
LD. TECH	—	−0.019* (0.0108)	—	—	−0.012 (0.009)	—	—	−0.018 (0.0132)	—
LD. CONSUM	—	—	0.308** (0.122)	—	—	−0.075 (0.055)	—	—	0.742 (0.583)
LD. YIC_2	—	—	—	0.108*** (0.035)	0.103*** (0.038)	0.109** (0.043)	—	—	—
LD. YIC_3	—	—	—	—	—	—	0.175 (0.108)	0.0342 (0.0430)	−0.240 (0.178)
_cons	0.025*** (0.004)	−0.007*** (0.002)	0.034*** (0.013)	0.009 (0.005)	0.017* (0.009)	0.014 (0.009)	0.032* (0.019)	−0.032** (0.014)	−0.031 (0.027)

注：*、**和***分别表示在10%、5%和1%的水平上显著；括号内为 t 统计值。

表 5-22 "一带一路"沿线国家与中国出口产能合作对制造业合理化的短期影响

变量	(1) IR	(2) IR	(3) IR	(4) IR	(5) IR	(6) IR	(7) IR	(8) IR	(9) IR
D_IR									
L. _ce1	−1.38 (0.88)	−7.45 (4.66)	0.79** (0.40)	9.27*** (2.15)	−0.46 (7.55)	1.65 (3.74)	−3.67*** (1.25)	0.32*** (0.09)	−0.70 (2.49)
LD. IR	0.67 (0.717)	4.60* (2.703)	—	−2.57*** (0.568)	0.15 (4.683)	−0.65 (2.051)	1.46** (0.572)	0.52** (0.236)	0.59 (1.401)
LD. CAP	0.002 (0.001)	—	—	0.009*** (0.002)	—	—	−0.001*** (0.001)	—	—
LD. CONSUM	—	0.0012 (0.001)	—	—	−0.0002 (0.0028)	—	−0.002*** (0.001)	—	—
LD. TECH	—	—	—	—	—	−0.001 (0.001)	—	—	0.0001 (0.001)

续表

变量	(1) IR	(2) IR	(3) IR	(4) IR	(5) IR	(6) IR	(7) IR	(8) IR	(9) IR
LD. YEC₁	-0.001 (0.001)	0.0004* (0.001)	—	—	—	—	—	—	—
LD. YEC₂	—	—	—	-0.002*** (0.0003)	-0.0012 (0.002)	0.001 (0.001)	—	—	—
LD. YEC₃	—	—	—	—	—	—	0.0003 (0.001)	-0.001*** (0.001)	-0.0001 (0.001)
_cons	0.0001* (0.001)	0.00012 (0.001)	-0.0001 (0.001)	0.0001** (0.001)	0.00003 (0.001)	0.00001 (0.001)	0.0001** (0.001)	0.0001* (0.001)	-0.0001 (0.001)

注：*、**和***分别表示在10%、5%和1%的水平上显著；括号内为t统计值。

表5-23 发达国家与中国进口产能合作对制造业合理化的短期影响

变量	(1) IR	(2) IR	(3) IR	(4) IR	(5) IR	(6) IR	(7) IR	(8) IR	(9) IR
D_IR									
L. _ce1	-0.447 (0.283)	0.220 (1.471)	0.0146 (0.0119)	0.143* (0.079)	1.591** (0.706)	-1.133* (0.585)	-1.103 (1.013)	0.0192* (0.0109)	-0.001 (0.019)
LD. IR	—	0.285 (0.512)	0.568 (0.469)	-0.364 (0.371)	-0.0484 (0.392)	—	1.361 (1.220)	-0.395 (0.465)	0.202 (0.703)
LD. HIC₁		0.0347 (0.083)	0.0392 (0.037)	—	—	—	—	—	—
LD. TECH	—	-0.0078 (0.037)	—	—	-0.0151 (0.012)	—	-0.0191 (0.0149)	—	—
LD. CONSUM	—	—	-0.002 (0.105)	—	—	—	—	—	0.008 (0.147)
LD. HIC₂				0.137** (0.053)	0.204** (0.078)				
LD. CAP	—	—	—	0.0428 (0.095)	—	—	0.220 (0.324)	—	—
LD. HIC₃	—	—	—	—	—	—	-0.155 (0.169)	0.006 (0.0429)	-0.046 (0.123)
_cons	-0.004** (0.002)	-0.003 (0.005)	-0.010 (0.013)	0.008 (0.006)	0.005 (0.005)	0.004 (0.005)	0.007 (0.020)	-0.021** (0.010)	-0.005 (0.020)

注：*、**分别表示在10%、5%水平上显著；括号内为t统计值。

表 5-24　发达国家与中国出口产能合作对制造业合理化的短期影响

变量	(1) IR	(2) IR	(3) IR	(4) IR	(5) IR	(6) IR	(7) IR	(8) IR	(9) IR
D_IR									
L. _ce1	-1.235 (0.758)	0.036 (0.097)	-0.315 (0.852)	-0.062 (0.374)	-0.142* (0.078)	-0.929** (0.395)	-0.433** (0.173)	-0.197 (0.547)	-0.532 (0.428)
LD. IR	0.489 (0.426)	0.0503 (0.542)	0.290 (0.581)	0.344 (0.570)	-0.332 (0.545)	0.797** (0.392)	—	0.446 (0.438)	1.205 (0.762)
LD. TECH	—	-0.008 (0.019)	—	—	-0.007 (0.014)	—	—	-0.010 (0.031)	—
LD. CONSUM	—	—	0.0256 (0.186)	—	—	-0.0193 (0.060)	—	—	-0.0251 (0.066)
LD. CAP	0.0878 (0.137)	—	—	-0.0860 (0.153)	—	—	—	—	—
LD. HEC_1	-0.0738 (0.074)	0.0431 (0.065)	0.0104 (0.080)	—	—	—	—	—	—
LD. HEC_2	—	—	—	0.0835 (0.111)	0.154 (0.113)	0.115 (0.076)	—	—	—
LD. HEC_3	—	—	—	—	—	—	—	-0.0895 (0.067)	-0.126* (0.066)
_cons	0.0282 (0.019)	-0.0087 (0.011)	0.0030 (0.019)	0.0131 (0.016)	-0.0244* (0.013)	-0.037* (0.020)	0.0126* (0.007)	-0.0068 (0.009)	-0.0091 (0.011)

注：*、**分别表示在 10%、5%水平上显著；括号内为 t 统计值。

表 5-21 和表 5-22 分别为"一带一路"沿线国家与中国进口和出口制造业产能合作对中国制造业合理化的短期影响，从表 5-21 和表 5-22 中可以看出：

第一，"一带一路"沿线国家与中国的进出口制造业产能合作对中国制造业合理化的误差修正模型可决系数在大部分模型中都是显著的，且符号均为负向，说明当制造业合理化与产能合作的关系偏离长期均衡状态时，上一期的非均衡误差将会对短期的波动产生抚平作用，帮助制造业的合理化水平在下一期回到均衡状态。

第二，从可决系数大小来看，制造业合理化在"一带一路"沿线国家进口产能合作过程中主要是借助物资资本存量的力量进行快速地修复，在"一带一路"沿线国家出口产能合作过程中主要是借助国内消费市场的力量进行快速地修复。

第三，在"一带一路"沿线国家与中国进口产能合作过程中，通过其他估计系数的显著性可知，制造业合理化除受到误差修正的作用外，还会受到滞后一期的资本密集型产能合作、物资资本存量和国内消费需求的正面影响，滞后一期资源密集型进口产能合作和技术创新的负面影响。这表明，短期内，物资资本存量积累、国内消费市场的需求改变以及"一带一路"沿线国家与中国开展资本密集型产能合作能够促进制造业的合理化水平，而技术进步和开展资源密集型进口产能合作会抑制制造业的合理化进程。

第四，在"一带一路"沿线国家与中国出口产能合作过程中，制造业合理化水平除了受到误差修正的作用外，还会受到滞后一期劳动密集型和资本密集型出口产能合作的负面影响，滞后一期资源密集型出口产能合作的正面影响。这表明，短期内，在"一带一路"沿线国家与中国开展出口产能合作的过程中，除了资源密集型产能合作能够促进制造业合理化水平上升外，其余密集型制造业出口产能合作短期内均会抑制制造业合理化水平。

表5-23和表5-24分别是发达国家与中国进口和出口产能合作对中国制造业合理化的短期影响，从表5-23和表5-24中可以看出：

第一，发达国家与中国的进出口产能合作对中国制造业合理化的可决系数在大部分模型中都是显著的，且符号均为负向，说明中国与发达国家的制造业产能合作同样能够在制造业合理化的发展偏离均衡状态时，帮助制造业合理化的发展在下一期回到均衡状态。

第二，在发达国家与中国进口产能合作过程中，制造业合理化除了受到误差修正的作用外，还会受到滞后一期的资本密集型进口产能合作的正面影响，而其他变量的滞后因素影响均不显著，这表明短期内，发达国家与中国的制造业产能合作中只有资本密集型进口产能合作能促进制造业合理化发展。

第三，在发达国家与中国制造业出口产能合作过程中，通过其他估计系数的显著性可知，制造业合理化除了受到误差修正的作用外，还会受到滞后一期劳动密集型产能合作的负面影响。这表明，短期内，在发达国家与中国进行制造业出口产能合作的过程中，仅有劳动密集型产能合作能影响制造业的合理化水平。

对比表5-21至表5-24的可决系数大小可以发现，总体来说，"一带一路"与中国的产能合作对制造业合理化的短期修正作用要比发达国家与中国的产能合作对制造业合理化的修正作用明显。在"一带一路"沿线国家中，出口产能合作的修正作用要大于进口产能合作，而在发达国家中则正好相反。对于资源密集型和劳动密集型产能合作而言，与"一带一路"沿线国家产能合作对制造业合理化的修正效果要比与发达国家的产能合作对制造业合理化的修正效果明显；对于资本密集型产能合作而言，则是发达国家与中国的产能合作对制造业合理化水平的修正效果要更加明显。

5.3.3　制造业产能合作影响制造业升级的路径分析

通过协整检验得出产能合作与中国制造业升级之间存在长期稳定关系，但还不能确定两者之间是否存在因果关系。因此将对制造业产能合作、物资资本存量、科技水平、消费需求与制造业高级化等进行 Granger 因果检验，判断变量之间的因果关系，检验如表 5-25 所示（因篇幅关系，仅展示"一带一路"沿线国家与中国进口产能合作相关格兰杰因果检验结果，其余的见附表）。通过格兰杰因果检验结果可知：

表 5-25　制造业产能合作各变量与制造业高级化 Granger 检验

模型	原假设	F 统计量	P 值	结论
(1)	YIC_1 不是 IH 的 Granger 原因	14.62	0.00	拒绝
	CAP 不是 IH 的 Granger 原因	32.00	0.000	拒绝
	YIC_1 不是 CAP 的 Granger 原因	61.54	0.00	拒绝
	IH 不是 YIC_1 的 Granger 原因	3.31	0.07	拒绝
	IH 不是 CAP 的 Granger 原因	5.67	0.017	拒绝
(2)	YIC_1 不是 IH 的 Granger 原因	14.28	0.00	拒绝
	TECH 不是 IH 的 Granger 原因	12.37	0.000	拒绝
	YIC_1 不是 TECH 的 Granger 原因	5.88	0.02	拒绝
	IH 不是 YIC_1 的 Granger 原因	3.85	0.05	拒绝
	IH 不是 TECH 的 Granger 原因	4.18	0.04	拒绝
(3)	YIC_1 不是 IH 的 Granger 原因	12.01	0.00	拒绝
	CONSUM 不是 IH 的 Granger 原因	23.08	0.000	拒绝
	YIC_1 不是 CONSUM 的 Granger 原因	102.63	0.00	拒绝
	IH 不是 YIC_1 的 Granger 原因	4.29	0.04	拒绝
	IH 不是 CONSUM 的 Granger 原因	0.59	0.44	接受

模型	原假设	F 统计量	P 值	结论
(4)	YIC$_2$ 不是 IH 的 Granger 原因	34.53	0.00	拒绝
	CAP 不是 IH 的 Granger 原因	14.71	0.000	拒绝
	YIC$_2$ 不是 CAP 的 Granger 原因	81.43	0.00	拒绝
	IH 不是 YIC$_2$ 的 Granger 原因	0.42	0.52	接受
	IH 不是 CAP 的 Granger 原因	5.07	0.02	拒绝
(5)	YIC$_2$ 不是 IH 的 Granger 原因	26.59	0.00	拒绝
	TECH 不是 IH 的 Granger 原因	20.45	0.000	拒绝
	YIC$_2$ 不是 TECH 的 Granger 原因	6.10	0.01	拒绝
	IH 不是 YIC$_2$ 的 Granger 原因	4.47	0.04	拒绝
	IH 不是 TECH 的 Granger 原因	3.22	0.07	拒绝
(6)	YIC$_2$ 不是 IH 的 Granger 原因	52.56	0.00	拒绝
	CONSUM 不是 IH 的 Granger 原因	7.86	0.005	拒绝
	YIC$_2$ 不是 CONSUM 的 Granger 原因	10.18	0.00	拒绝
	IH 不是 YIC$_2$ 的 Granger 原因	3.20	0.07	拒绝
	IH 不是 CONSUM 的 Granger 原因	0.37	0.54	接受
(7)	YIC$_3$ 不是 IH 的 Granger 原因	4.77	0.03	拒绝
	CAP 不是 IH 的 Granger 原因	9.108	0.003	拒绝
	YIC$_3$ 不是 CAP 的 Granger 原因	0.01	0.93	接受
	IH 不是 YIC$_3$ 的 Granger 原因	0.85	0.36	接受
	IH 不是 CAP 的 Granger 原因	1.83	0.18	接受
(8)	YIC$_3$ 不是 IH 的 Granger 原因	6.64	0.00	拒绝
	TECH 不是 IH 的 Granger 原因	7.5081	0.006	拒绝
	YIC$_3$ 不是 TECH 的 Granger 原因	1.59	0.21	接受
	IH 不是 YIC$_3$ 的 Granger 原因	0.17	0.68	接受
	IH 不是 TECH 的 Granger 原因	0.05	0.83	接受
(9)	YIC$_3$ 不是 IH 的 Granger 原因	4.87	0.03	拒绝
	CONSUM 不是 IH 的 Granger 原因	2.94	0.09	拒绝
	YIC$_3$ 不是 CONSUM 的 Granger 原因	0.08	0.77	接受
	IH 不是 YIC$_3$ 的 Granger 原因	0.73	0.39	接受
	IH 不是 CONSUM 的 Granger 原因	2.22	0.14	接受

第一，从"一带一路"沿线国家和发达国家与中国的进出口产能合作与制造业高级化（IH）的因果检验中可知，在1%显著性水平下显著，可以拒绝原假设，说明"一带一路"国家与中国的进出口产能合作是引起制造业高级化的Granger原因，同时发达国家与中国的进出口产能合作也是引起制造业高级化的Granger原因。

第二，从在制造业高级化与进出口产能合作的格兰因果检验结果可知，制造业高级化也是引起"一带一路"沿线国家与中国在资源密集型制造业和资本密集型制造业进行产能合作的Granger原因，但并不是双方在劳动密集型制造业产能合作的Granger原因。制造业高级化是引起发达国家与中国在资本密集型制造业产能合作的Granger原因，并不是引起双方在资源密集型和劳动密集型进行产能合作的Granger原因。

第三，从"一带一路"沿线国家与中国的产能合作影响制造业高级化的路径来看，"一带一路"沿线国家与中国的进口产能合作中，资源密集型和资本密集型产能合作是中国物资资本存量、技术创新以及消费需求的Granger原因，但劳动密集型产能合作仅仅是消费需求的Granger原因；在"一带一路"沿线国家与中国的出口产能合作中，资源密集型产能合作同样是中国物资资本存量、技术创新以及消费需求的Granger原因，但资本密集型产能合作仅是消费需求的Granger原因，劳动密集型产能合作仅是技术创新的Granger原因。

第四，从发达国家与中国的产能合作影响制造业高级化的路径来看，发达国家与中国的进口产能合作中，资源密集型产能合作是技术创新和消费需求的Granger原因，资本密集型和劳动密集型产能合作分别是物资资本存量和消费需求的Granger原因；在"一带一路"沿线国家与中国的出口产能合作中，资源密集型和资本密集型出口产能合作均是物资资本存量和技术创新的Granger原因，劳动资本密集型产能合作是消费需求的Granger原因。

对制造业产能合作、物资资本存量、科技水平、消费需求与制造业合理化进行Granger因果检验，检验如表5-26所示（因篇幅关系，仅展示"一带一路"沿线国家与中国进口产能合作相关格兰杰因果检验结果，其余的见附表）。通过格兰杰因果检验结果可知：

表 5-26　制造业产能合作各变量与制造业合理化 Granger 检验

模型	原假设	F 统计量	P 值	结论
(1)	YIC$_1$ 不是 IR 的 Granger 原因	50.355	0.00	拒绝
	CAP 不是 IR 的 Granger 原因	128.06	0.00	拒绝
	YIC$_1$ 不是 CAP 的 Granger 原因	368.13	0.00	拒绝
	IR 不是 YIC$_1$ 的 Granger 原因	87.225	0.00	拒绝
	IR 不是 CAP 的 Granger 原因	128.1	0.00	拒绝
(2)	YIC$_1$ 不是 IR 的 Granger 原因	48.049	0.00	拒绝
	TECH 不是 IR 的 Granger 原因	26.089	0.00	拒绝
	YIC$_1$ 不是 TECH 的 Granger 原因	7.6754	0.00	拒绝
	IR 不是 YIC$_1$ 的 Granger 原因	14.385	0.00	拒绝
	IR 不是 TECH 的 Granger 原因	15.822	0.00	拒绝
(3)	YIC$_1$ 不是 IR 的 Granger 原因	2064.7	0.00	拒绝
	CONSUM 不是 IR 的 Granger 原因	3689.7	0.000	拒绝
	YIC$_1$ 不是 CONSUM 的 Granger 原因	12.096	0.00	拒绝
	IR 不是 YIC$_1$ 的 Granger 原因	4.2961	0.12	接受
	IR 不是 CONSUM 的 Granger 原因	2.3001	0.32	接受
(4)	YIC$_2$ 不是 IR 的 Granger 原因	1902.5	0.00	拒绝
	CAP 不是 IR 的 Granger 原因	2307.3	0.00	拒绝
	YIC$_2$ 不是 CAP 的 Granger 原因	15.211	0.00	拒绝
	IR 不是 YIC$_2$ 的 Granger 原因	15.824	0.03	拒绝
	IR 不是 CAP 的 Granger 原因	7.2746	0.002	拒绝
(5)	YIC$_2$ 不是 IR 的 Granger 原因	26.118	0.00	拒绝
	TECH 不是 IR 的 Granger 原因	2.7852	0.25	接受
	YIC$_2$ 不是 TECH 的 Granger 原因	0.530	0.77	接受
	IR 不是 YIC$_2$ 的 Granger 原因	6.5782	0.04	拒绝
	IR 不是 TECH 的 Granger 原因	9.1486	0.01	拒绝
(6)	YIC$_2$ 不是 IR 的 Granger 原因	115.2	0.00	拒绝
	CONSUM 不是 IR 的 Granger 原因	106.24	0.005	拒绝
	YIC$_2$ 不是 CONSUM 的 Granger 原因	1057.5	0.00	拒绝
	IR 不是 YIC$_2$ 的 Granger 原因	7.6379	0.02	拒绝
	IR 不是 CONSUM 的 Granger 原因	1057.5	0.00	拒绝

续表

模型	原假设	F 统计量	P 值	结论
（7）	YIC_3 不是 IR 的 Granger 原因	0.45465	0.79	接受
	CAP 不是 IR 的 Granger 原因	19.673	0.00	拒绝
	YIC_3 不是 CAP 的 Granger 原因	45.41	0.93	拒绝
	IR 不是 YIC_3 的 Granger 原因	4.855	0.09	拒绝
	IR 不是 CAP 的 Granger 原因	94.484	0.00	拒绝
（8）	YIC_3 不是 IR 的 Granger 原因	8.3724	0.02	拒绝
	TECH 不是 IR 的 Granger 原因	5.9786	0.05	拒绝
	YIC_3 不是 TECH 的 Granger 原因	0.68605	0.71	接受
	IR 不是 YIC_3 的 Granger 原因	8.7791	0.01	拒绝
	IR 不是 TECH 的 Granger 原因	5.566	0.06	拒绝
（9）	YIC_3 不是 IR 的 Granger 原因	3.1647	0.21	接受
	CONSUM 不是 IR 的 Granger 原因	19.961	0.00	拒绝
	YIC_3 不是 CONSUM 的 Granger 原因	81.747	0.00	拒绝
	IR 不是 YIC_3 的 Granger 原因	8.0641	0.02	拒绝
	IR 不是 CONSUM 的 Granger 原因	81.344	0.00	拒绝

第一，从"一带一路"沿线国家和发达国家与中国的进出口产能合作与制造业合理化（IR）的因果检验中可知，在1%显著性水平上显著，可以拒绝原假设，说明"一带一路"沿线国家与中国的进出口产能合作是引起制造业合理化水平提高的 Granger 原因，同时发达国家与中国的进出口产能合作也是引起制造业合理化水平提高的 Granger 原因。

第二，从在制造业合理化与进出口产能合作的格兰杰因果检验结果可知，制造业合理化水平的提高也是引起"一带一路"沿线国家与中国进行制造业产能合作的 Granger 原因，制造业合理化的提升是引起发达国家与中国在劳动密集型制造业进出口、资源密集型制造业出口以及资本密集型制造业进口产能合作的 Granger 原因。

第三，从"一带一路"沿线国家与中国的产能合作影响制造业合理化的路径来看，"一带一路"沿线国家与中国的进出口产能合作中，资源密集型、资本密集型和劳动密集型产能合作均是中国物资资本存量、技术创新以及消费需求的 Granger 原因。

第四，从发达国家与中国的产能合作影响制造业合理化的路径来看，发达国家与中国的进口产能合作中，资源密集型产能合作是物资资本存量、技术创新和消费需求的 Granger 原因，资本密集型和劳动密集型产能合作是技术创新的 Granger 原因；在"一带一路"沿线国家与中国的出口产能合作中，资源密集型出口产能合作均是物资资本存量和技术创新的 Granger 原因，资本密集型产能合作是物资资本存量、技术创新和消费需求的 Granger 原因，劳动资本密集型产能合作是物资资本存量和消费需求的 Granger 原因。

根据以上检验结果及之前的回归结果的分析可以得出如下结论：

第一，在中国与"一带一路"沿线国家进行制造业产能合作的过程中，资源密集型和资本密集型制造业产能合作与中国制造业升级为双向因果关系，劳动密集型制造业产能合作与中国制造业为单向因果关系。根据之前的长期均衡回归结果可知，进出口制造业产能合作中出口部分对制造业升级的影响系数显著且为正，而进口会抑制制造业的升级，因此，中国与"一带一路"沿线国家进行制造业产能合作时，资源密集型和资本密集型制造业产能合作可以与中国制造业升级形成良好的互动关系，合作程度越深入，越有利于中国制造业升级。

第二，根据物资资本存量、技术进步和消费需求对制造业升级的 Granger 检验结果，物资资本存量、技术进步和国内市场消费需求的增加是引发制造业升级的原因，而资源密集型和资本密集型制造业产能合作是引发技术进步和物资资本存量变化的原因，因此，在中国与"一带一路"沿线国家进行制造业产能合作时主要是通过提高物资资本存量的积累和技术创新水平来促进制造业升级，如图5-1所示。

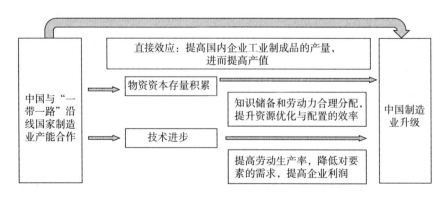

图 5-1 中国与"一带一路"沿线国家制造业产能合作对制造业升级的影响路径

第三，中国与发达国家合作中，仅有资本密集型制造业产能合作与制造业升级互为双向因果关系，物资资本存量、技术进步和消费需求则与对制造业升级存在单向因果关系，而制造业产能合作是引起物资资本存量、技术进步和消费需求发生变动的原因。结合模型回归系数可知，中国与发达国家的资本密集型和劳动密集型制造业产能合作对制造业产业升级的长期均衡影响是显著为负，资源密集型制造业产能合作的长期影响是显著为正，但同时资本密集型产品制造业产能合作对制造业升级的短期影响是显著为正的。说明中国与发达国家在进行制造业产能合作时，如果是劳动密集型产品占主体的话，将不利于中国的制造业升级，而如果能够提高资本密集型产品在双方制造业产能合作过程中的地位，短期内则能有效促进制造业升级。可能的原因是：劳动密集型产品虽然是中国占比较优势的行业，但如果集中此优势进行国际分工，则有可能面临在全球价值链分工中被低端锁定的风险；同时我国的人口红利正在不断下滑，经济发展与资源环境约束的矛盾也日益突出，因而不具备长期重点发展劳动密集型制造业的基础。制造业产能合作引发的物资资本存量积累、技术水平进步和消费需求能够有效促进产业升级，在一定程度上缓解制造业产能合作对制造业升级的负面效应。

　　综上所述，中国与发达国家进行制造业产能合作过程中，通过资本密集型制造业进出口的增加，能够有效促进制造业升级，而促进的方法则主要通过物资资本存量积累、技术水平提升以及消费需求增加来实现，具体如图 5-2 所示。

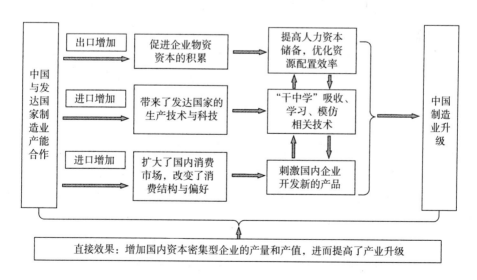

图 5-2　中国与发达国家资本密集型产品进出口对制造业升级的影响路径

从第 4 章关于 OFDI 与中国制造业产能合作的分析可知，"一带一路"倡议提出前，中国的 OFDI 的增加会抑制中国与沿线国家在资源密集型产品上的进出口，以及在劳动密集型制造业上的出口。"一带一路"倡议提出后，中国 OFDI 能够促进中国资源密集型产品的进出口，促进资本密集型产品的进出口，促进劳动密集型产品的进口，虽然对劳动密集型产品的出口还是抑制，但是抑制效果有明显下降。因此可以发现，"一带一路"倡议的提出，有效地增加了中国与"一带一路"沿线国家在资源密集型及资本密集型产品上的进出口制造业产能合作，而这两类制造业产能合作比例的上升，能够有效促进国内制造业升级。因此，通过本章和第 4 章的分析，可确定 OFDI 能够通过推动国际间制造业产能合作，进而促进制造业升级。

5.4　本章小结

在实证检验了 OFDI 对不同密集型行业的制造业产能合作的影响后，本章通过构建修正误差模型实证检验了中国制造业产能合作对制造业升级的长期影响和短期影响。研究结果显示，制造业产能合作与制造业升级具有长期均衡影响。

第一，从短期来看，发达国家与中国的资本密集型进出口制造业产能合作能够促进制造业升级，"一带一路"沿线国家与中国的资本密集型进口制造业产能合作和劳动密集型出口制造业产能合作能够促进制造业升级。从长期来看，发达国家与中国的资源密集型制造业产能合作可以促进中国制造业升级，"一带一路"沿线国家与中国在三种密集型制造业出口产能合作得越紧密，越有利于中国制造业升级。

第二，从短期影响来看，当制造业高级化发生偏离时，制造业产能合作能够及时给予波动安抚，帮助制造业在下一时期尽快回归均衡。从效果来看，通过科技进步的路径对制造业升级进行修改效果最强，其次是通过物资资本存量的积累，通过国内市场消费需求对制造业升级进行修正的效果相对最弱。

第三，通过格兰杰因果检验确定了制造业产能合作与制造业升级的因果关系，并推导出制造业产能合作影响制造业升级的路径。中国与"一带一路"沿线国家进行制造业产能合作时，资源密集型和资本密集型产品的制造业产能合作是影响制造业升级的重要因素，而中国与发达国家进行制造业产能合作时，资本密集型产品进出口的占比是推动制造业升级的重要因素。同时，制造业产能合作还可以通过提高物资资本存量、科技创新与技术进步的途径促进制造业升级，与发达国家制造业产能合作还可以通过对国内消费市场需求的影响对制造业升级产生正面促进作用。

第6章　OFDI 对制造业产能合作与升级的影响及促进路径研究

前文围绕 OFDI 对制造业产能合作的影响，制造业产能合作对制造业升级的影响展开了实证分析，验证了在国家层面 OFDI 通过提高东道国资本存量和生产效率两条中介途径促进中国与"一带一路"沿线国家开展制造业产能合作，验证了与"一带一路"沿线国家展开劳动密集型产能合作，与发达国家展开资本密集型产能合作能够促进制造业升级。本章将从国内省级层面针对 OFDI 的制造业升级效应展开实证研究。首先，利用前文已经测算得到的中国 31 个省份的制造业高级化与合理化数据，构建面板模型分析 OFDI 对制造业升级的影响，并探讨这种影响在不同的生产要素密集型制造业是否依旧存在；其次，基于 DID 模型对"一带一路"倡议的政策效用进行分析；最后，讨论 OFDI 影响制造业升级的路径，分析 OFDI 能否通过制造业产能合作对制造业升级产生影响。

6.1　问题提出

基于前文的分析可知，中国与"一带一路"沿线国家开展制造业产能合作时，资本密集型和劳动密集型制造业产能合作的占比越高，越能够促进中国的制造业升级，中国 OFDI 对沿线国家的产能合作的影响存在行业异质性，对资本密集型产能合作能够发挥促进作用，但是对劳动密集型的出口产能合作会产生抑制作用，因此 OFDI 通过产能合作影响制造业升级的效果究竟如何？是否还存在其他影响路径？这些问题都需要进一步分析与讨论。此外，在前文的制造业发展水

· 128 ·

平测度分析中发现，中国各省份的制造业合理化水平较高，但是高级化水平总体波动较大，呈现出下降的趋势，并且具有较为明显的地区差异性。因此，很有必要在省级层面对 OFDI、产能合作以及制造业升级的关系展开研究，探讨不同省份间 OFDI 的制造业升级效果和路径。

6.2　OFDI 对中国制造业升级影响的实证检验

6.2.1　模型设定

6.2.1.1　基准模型设定

本章采用面板模型对 2010～2020 年各省份对"一带一路"沿线国家直接投资对国内制造业升级的影响进行实证检验，构建模型如下：

$$IR_{it}=\alpha_0+\alpha_1\times lnOFDI_{it}+\alpha_2\times lnOFDISQ_{it}+\sum_k\alpha_k\times CONTROL_{it}+\varepsilon_{it} \qquad (6-1)$$

$$IH_{it}=\beta_0+\beta_1\times lnOFDI_{it}+\beta_2\times lnOFDISQ_{it}+\sum_k\beta_k\times CONTROL_{it}+\varepsilon_{it} \qquad (6-2)$$

被解释变量制造业升级，分别用制造业合理化指数 IR 和高级化指数 IH 衡量，其定义见式（3-3）和式（3-4）；lnOFDI 是核心解释变量，为 OFDI 存量的自然对数；lnOFDISQ 是变量 lnOFDI 的平方项，CONTROL 是控制变量，ε_{it} 为随机干扰项。

6.2.1.2　OFDI 影响制造业升级的中介模型设定

从前文的机理分析可知，OFDI 直接影响制造业升级存在两种渠道：一是生产效率提升渠道，OFDI 通过溢出效应、竞争效应、市场效应等能够有效提升企业的全要素生产率，进而促进制造业升级；二是融资约束渠道，OFDI 对国内投资资金既存在挤入效应也存在挤出效应，但是国内投资的繁荣能够促进制造业升级是比较统一的观点。基于第 2 章的作用机理可知，OFDI 一方面对制造业升级产生直接影响，另一方面通过制造业产能合作对制造业升级产生间接影响。为了检验 OFDI 对制造业升级的直接作用和间接作用，构建以下中介效应模型：

$$IR_{it}=\alpha_0+\alpha_1\times lnOFDI_{it}+\alpha_2\times lnOFDISQ_{it}+\sum_k\alpha_k\times CONTROL_{it}+\varepsilon_{it} \qquad (6-3)$$

$$IV_{it} = \beta_0 + \beta_1 \times \ln OFDI_{it} + \beta_2 \times \ln OFDISQ_{it} + \sum_{k} \beta_k \times CONTROL_{it} + \varepsilon_{it} \quad (6-4)$$

$$IR_{it} = \gamma_0 + \gamma_1 \times \ln OFDI_{it} + \gamma_2 \times \ln OFDISQ_{it} + \gamma_3 \times IV_{it} + \sum_{k} \gamma_k \times CONTROL_{it} + \varepsilon_{it} \quad (6-5)$$

$$IH_{it} = \delta_0 + \delta_1 \times \ln OFDI_{it} + \delta_2 \times \ln OFDISQ_{it} + \sum_{k} \delta_k \times CONTROL_{it} + \varepsilon_{it} \quad (6-6)$$

$$IH_{it} = \theta_0 + \theta_1 \times \ln OFDI_{it} + \theta_2 \times \ln OFDISQ_{it} + \theta_3 \times IV_{it} + \sum_{k} \gamma_k \times CONTROL_{it} + \varepsilon_{it} \quad (6-7)$$

其中，所有变量都与模型（6-1）和模型（6-2）中变量保持一致，IV 表示中介变量，分别是国内固定资产投资 INV、技术进步指数（TC）和技术效率指数（EC），TC 和 EC 由各省份制造业全要素生产率分解之后获得，INV 数据来源于各省份固定资本投资，CONTROL 代表控制变量，与模型（6-1）和模型（6-2）中基准回归模型的控制变量一致。i 和 t 分别表示第 i 个省份和第 t 年，ε_{it} 表示随机干扰项。

6.2.2 变量选取说明及数据处理

被解释变量。被解释变量分别为制造业合理化水平 IR 和制造业高级化水平 IH，衡量各省份间的制造业发展水平，根据 3.3 中测算所得数据进行实证。

核心解释变量。对外直接投资存量 OFDI，同第 4 章中的核心解释变量一样。

控制变量。参考已有学者相关研究[204-208]，选取以下控制变量：①经济发展水平，采用人均 GDP 的对数衡量；②利用外资情况，采用 FDI 流量的对数衡量；③科技创新，采用年研发经费投资 RD 的对数衡量；④消费水平 CONSUM，采用人均消费的对数衡量；⑤政府支出水平 GOV，采用财政支出与 GDP 比重衡量；⑥人力资本储备水平 EDU，将入学人数与总人口占比与入学年限进行相乘，采用小学 6 年、初中 3 年、高中 3 年、大学 4 年、硕士 3 年、博士 3 年的年限进行计算。

数据来源及描述性统计。本章选取 2010~2020 年中国 31 个省份的年数据组成的面板数据进行研究，数据来自《中国统计年鉴》《中国工业统计年鉴》《中国对外直接投资公报》以及各省份的历年统计年鉴，其中由于《中国工业统计年鉴 2019》没有对外公布，将 2018 年剔除。各变量的描述性统计如表 6-1 所示。

表 6-1　各变量的描述性统计

变量	定义	样本容量	Mean	Std. Dev.	Min	Max
IH	制造业高级化	310	0.926	0.761	0.090	4.290
IR	制造业合理化	310	0.225	0.153	0.008	0.819
LnOFDI	对外直接投资对数	310	12.605	1.749	6.394	16.213
LnOFDISQ	对外直接投资对数平方	310	161.942	42.198	40.878	262.875
PGDP	人均 GDP 自然对数	310	10.704	0.467	9.464	12.009
EDU	人均受教育年限	310	9.124	0.929	6.764	12.782
CONSUM	人均消费自然对数	310	9.555	0.423	8.478	10.728
GOV	财政支出占比	310	0.262	0.114	0.113	0.758
FDI	外商直接投资自然对数	310	8.313	1.565	3.588	12.151
RD	研发经费投入占比	310	1.661	1.130	0.189	6.473

6.2.3　OFDI 促进中国制造业升级的基准回归

在回归分析之前，进行了共线性和协整检验，结果显示 VIF 平均值为 4.56，最大值为 7.86，均低于临界值 10，模型中不存在多重共线性问题。各变量之间相关性较弱，相关系数多数处于 0.5 以下，回归方程基本不存在多重共线性问题。此外，面板协整 Kao 检验的 5 种不同检验统计量均在 1% 显著性水平上强烈拒绝"不存在协整关系"的原假设，认为变量之间存在稳定的因果关系，可以进行面板模型回归（详细结果见附录）。

利用相关数据，基于模型（6-1）和模型（6-2）使用面板模型回归，可以得到相应的回归模型，OFDI 对制造业合理化和高级化的回归结果如表 6-2 和图 6-1 所示。

表 6-2　OFDI 影响省级制造业升级基准回归

变量	（1） 高级化		（2） 合理化	
	估计系数	T 统计量	估计系数	T 统计量
对外直接投资	-0.104**	(0.0406)	0.0217***	(0.00568)
对外直接投资平方项	0.00542**	(0.00253)	-0.000924***	(0.000256)
外商直接投资	0.0306	(0.0597)	-0.00651	(0.0108)
人均 GDP	0.710***	(0.0377)	-0.0746***	(0.00708)
财政支出	-0.00815***	(0.00155)	0.000242	(0.000313)
人均消费	-1.368***	(0.329)	-0.00926	(0.0303)

续表

变量	（1）高级化		（2）合理化	
	估计系数	T统计量	估计系数	T统计量
人均受教育年限	0.0449***	（0.00960）	−0.000252	（0.00106）
研发经费投入	0.838***	（0.176）	0.0204	（0.0151）
常数项	−1.417*	（0.826）	0.0950	（0.102）
N	310		310	
R²	0.584		0.114	

注：*、**和***分别表示在10%、5%和1%的水平上显著；括号内为t统计值。

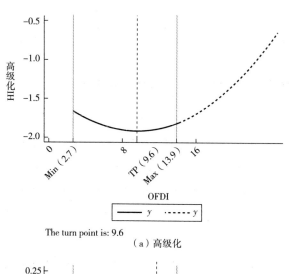

The turn point is: 9.6

（a）高级化

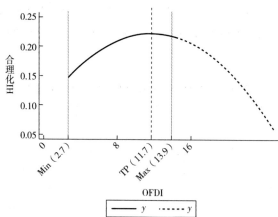

The turn point is: 11.7

（b）合理化

图 6-1 OFDI 对制造业高级化和合理化 U 形图

由表 6-2 中（1）列和图 6-1a 可知，OFDI 的一次项系数为负，二次项系数为正，说明 OFDI 对高级化指数的影响呈现 U 形效应。由表 6-2 中（2）列和图 6-1b 可知，OFDI 的一次项系数为正，二次项系数为负，OFDI 对制造业合理化的影响呈现出倒 U 形曲线效应，由于合理化指数越小表明制造业的分布越合理，因此由回归结果可知，随着 OFDI 存量的上升，制造业合理性和高级化都会受到抑制，但这种抑制作用将随着 OFDI 存量的不断上升而抵达拐点，当超过门槛值后，OFDI 存量的上升将会显著促进对制造业合理化和高级化水平的提高。由图 6-1 可知，高级化和合理化的拐点分别为 9.6 和 11.7，OFDI 的最大值已经超过了拐点，说明在部分对外投资最多的省份 OFDI 已经开始发挥其对制造业高级化和合理化的促进作用，但也仍有部分省份尚处于拐点的左边。

从控制变量来看，外商投资占比和人均收入与制造业高级化正相关但不显著；对外开放水平能够显著促进制造业高级化进程；经济发展水平与制造业高级化正相关且显著，说明经济越发达地区的制造业合理化越高；人力资本储备越丰富，地区研发投入经费越高，当地的制造业高级化水平也越高，但是人均消费支出越多，越不利于制造业高级化，主要归因于当前我国居民消费结构的不均衡，根据国家统计局的数据，2021 年我国居民食品研究消费占比为 30.20%，居住消费占比 24.60%，衣着消费占比为 5.80%，交通和通信消费占比为 13.00%，教育、文化和娱乐消费占比为 9.60%，医疗保健消费占比为 8.70%，从这些数据可以看出，属于劳动密集型制造业的消费占比高达 60.60%，属于资本密集型制造业的仅有 31.30%，因此人均消费支出越高越不利于资本密集型制造业的发展，从而也就抑制了制造业的高级化水平；财政支出占比越高的省份，制造业高级化也越受到抑制。对制造业合理化水平而言，外资占比、财政支出占比、人均消费支出、人力资源储备以及研发投入并不会对制造业合理化水平指数产生显著的影响；经济发展水平会抑制制造业合理化的发展；人均收入的增加能够对调节制造业的合理配置；对外开放水平的提高会促进制造业合理化，通过对外贸易和产能合作将劳动密集型制造业转移至海外市场，为资本密集型制造业提供发展空间。

针对回归的正 U 形和倒 U 形关系是否真实存在进行了 Utest 检验，结果如表 6-3 所示。

表 6-3 OFDI U 形效应的 Utest 检验

	合理化		高级化	
拐点	10.94		9.60	
bound	Lower	Upper	Lower	Upper
Interval	2.67111	13.9078	2.67111	13.9078
Slope	0.0181311	-0.006515	-0.0751296	0.0467649
t-value	2.835916	-1.392196	-2.683616	1.393679
P>t	0.0040534	0.087049	0.0058689	0.0868269

通过上述的基准回归研究发现，高级化 IH 和合理化 IR 的发展都受到 OFDI 的非线性影响，且均表现出先抑制后促进的趋势。为更进一步探究背后可能的原因，分别针对资源密集型制造业、劳动密集型制造业以及资本密集型制造业与 OFDI 的关系的异质性进行检验分析，结果如表 6-4 和图 6-2、图 6-3 和图 6-4 所示。

表 6-4 行业异质性检验

变量	(1) 资本密集型	(2) 劳动密集型	(3) 资源密集型
对外直接投资	-0.0240***	-0.0188**	0.0395***
	(0.00256)	(0.00905)	(0.0103)
对外直接投资平方项	0.00116***	0.00120***	-0.00128**
	(0.00031)	(0.000434)	(0.000494)
外商直接投资	0.0579**	-0.0157**	-0.0325*
	(0.0213)	(0.00744)	(0.0176)
对外开放水平	0.000729**	-0.000834**	-0.0000527
	(0.00027)	(0.000348)	(0.000224)
人均可支配收入	-0.0622***	0.0422	0.0339
	(0.0197)	(0.149)	(0.177)
人均 GDP	0.133***	-0.128**	0.0222
	(0.0388)	(0.0544)	(0.0847)
人均消费	-0.116***	0.107	-0.0160
	(0.0338)	(0.0956)	(0.0962)

续表

变量	（1）资本密集型	（2）劳动密集型	（3）资源密集型
人均受教育年限	0.00589 ***	-0.00284	-0.00336 **
	（0.00044）	（0.00192）	（0.00137）
研发经费投入	0.150 ***	-0.116 **	-0.0279
	（0.00962）	（0.0513）	（0.0505）
常数项	-0.0204	0.610 **	0.522 ***
	（0.136）	（0.253）	（0.134）
N	310	310	310
R^2	0.609	0.251	0.411

注：＊、＊＊和＊＊＊分别表示在 10%、5%和 1%的水平上显著；括号内为 t 统计值。

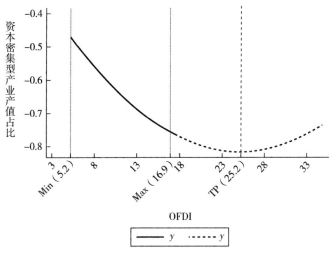

The turn point is: 25.2

图 6-2　资本密集型制造业产值占比的 U 形图

由表 6-4 中（1）列回归结果和图 6-2 可知，对于资本密集型制造业而言，OFDI 存量对其主营业务收入的影响是显著的 U 形效应，拐点的 LOFDI 值是 25.2。目前所有省份的 OFDI 存量仍然位于拐点的左边，对资本密集型制造业的影响仍是负面抑制的，只有当 LOFDI 大于 25.2 以后，才会逐渐产生正面促进的效应，因此各个省份处于发展资本密集型制造业的目的应该要持续增加对"一带一路"沿线国家的投资，以"量变"达到"质变"。在控制变量方面，外商投资占比提升、对外开放水平提高以及经济发展均会对资本密集型制造业的主营业务收入产生显著促进作用；人均收入和消费支出的增加则会对资本密集型制造业带来负面效应，不利于其收入的增加；人力资本储备的提高和研发投入的提高也会有效促进资本密集型制造业的发展。

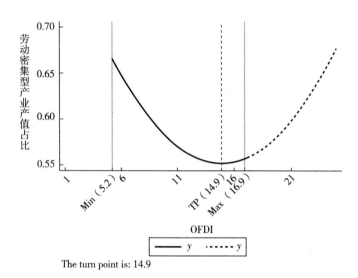

The turn point is: 14.9

图 6-3　劳动密集型制造业产值占比的 U 形图

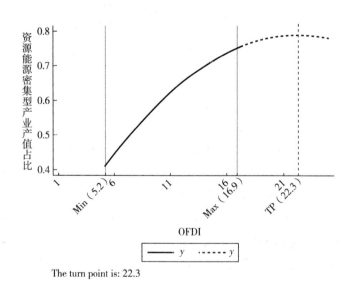

The turn point is: 22.3

图 6-4　资源密集型制造业产值占比的 U 形图

由表 6-4 中（2）列回归结果和图 6-3 可知，对于劳动密集型制造业而言，OFDI 存量对其主营业务收入的影响也是显著的 U 形效应，拐点的 LOFDI 值是 14.9。目前大部分省份的 OFDI 存量仍然位于拐点的左边，但已经有部分省份的 OFDI 存量超过了拐点来到了曲线的右边，因此 OFDI 存量对劳动密集型制造业的影响比较复杂，在上海、广东等省份 OFDI 存量的增加将会提高劳动密集型制造业的收入，而在内蒙古等省份，OFDI 存量的增加仍会抑制产业的发展。控制变量方面，外商投资占比提升、对外开放水平提高以及经济发展均会对劳动密集型制造业的主营业务收入产生显著抑制作用；人均收入和消费支出的增加虽然会产生正向的影响但是并不显著；人力资本储备与劳动密集型制造业的发展相关系数负相关但是并不显著，而研发投入的增加则会显著降低劳动密集型制造业的收入。

由表 6-4 中（3）列回归结果和图 6-4 可知，对于资源密集型制造业而言，OFDI 存量对其主营业务收入的效应是倒 U 形曲线，拐点的 LOFDI 值是 22.3。在投资初期 OFDI 的增加会显著促进资源密集型制造业的发展，然而当 OFDI 增加超过一定数量后，OFDI 的增加则会抑制资源密集型制造业的发展。目前所有省份的 OFDI 存量仍然位于拐点的左边，因此通过增加中国对"一带一路"沿线国家的投资还是各省份促进资源密集型制造业发展的有效途径之一，值得注意的是，抑制作用出现的拐点是存量对数大于 22.3，因此各省份要注意自身投资存量与拐点的差距。控制变量方面，外商投资占比以及人力资本储备的提高与资源密集型制造业的主营业务收入显著负相关；除此之外，其他因素，如经济发展水平、对外开放程度、人均收入、消费等对资源密集型制造业的影响均不显著。

通过上述的详细分析发现，OFDI 对不同产业的影响是存在异质性且非线性的，其中虽然对资本密集型和劳动密集型的产业都是倒 U 形影响，但是 OFDI 在两个产业的作用拐点大小不同，资本密集型制造业仍处于 OFDI 的抑制区间，而劳动密集型制造业已经有部分省份进入了 OFDI 的促进区间；对比 OFDI 的一次项和二次项系数可以发现，OFDI 一次项对资本密集型制造业的抑制作用更明显，二次项对劳动密集型制造业的促进作用更明显。综上所述，OFDI 对资本密集型制造业的负面效应更强，因此 OFDI 对制造业合理化和高级化水平的影响效果也是倒 U 形。

6.3 "一带一路"倡议有效性检测

本章从两个方面检验"一带一路"倡议与 OFDI 制造业升级效应的关系：一是通过 DID 模型比较"一带一路"倡议提出前后，OFDI 的产业升级效应在"一带一路"重点省份与非重点省份两个分样本上的差异表现；二是构建"一带一路"倡议与 OFDI 和 OFDI 平方的交互项，检验其对制造业结构合理化和高级化的影响。

6.3.1 样本分组及模型设定

在发展改革委、外交部、商务部联合发布的《推动共建丝绸之路经济带和21 世纪海上丝绸之路的愿景与行动》中，圈定重点涉及的"一带一路"的 18 个省份包括新疆、陕西、甘肃、宁夏、青海、内蒙古西北的 6 个省份，黑龙江、吉林、辽宁东北的 3 个省份，广西、云南、西藏西南的 3 个省份，上海、福建、广东、浙江、海南 5 个省份，内陆地区则是重庆。

本部分选择了 2014 年作为实验开始时间，处理组为重点发展"一带一路"的 18 个省份，观察组为其他剩下的省份，评价时间为 2010~2020 年。设定的模型为：

$$Y_{it} = \beta_0 + \beta_1 \times DID_{it} + \gamma \times X_{it} + T_i + P_i + \varepsilon_{it} \tag{6-8}$$

$$DID_{it} = time_{it} \times treat_{it} \tag{6-9}$$

其中，Y_{it} 表示被解释变量，分别为制造业合理化 IR、高级化 IH、资源密集型制造业收入、劳动密集型制造业收入和资本密集型制造业收入。DID 是 time 和 treat 的交互项，处理组的 time 变量和 treat 变量均在 2014 年及以后取 1，2014 年以前取 0，观察组的 time 变量也在 2014 年及以后取 1，2014 年以前取 0，但是 treat 变量一直取 0。X_{it} 表示其他控制变量，T_i 表示个体固定效应，P_i 表示时间固定效应，ε_{it} 为随机干扰项。

6.3.2 "一带一路"倡议对中国制造业升级的政策效应分析

根据模型（6-8）得到"一带一路"倡议提出前后，中国各省份对沿线国

OFDI 与制造业升级效应的回归结果，结果如表 6-5 所示。

表 6-5　"一带一路"倡议提出前后 OFDI 的制造业升级效应

变量	(1) IH	(2) IR	(3) 资源密集型	(4) 劳动型	(5) 资本型
time	-0.430***	-0.0148***	-0.0256**	0.0674***	-0.0418*
	(0.153)	(0.00381)	(0.0110)	(0.0189)	(0.0215)
treat	0.110***	0.0249***	0.0152	-0.0321***	0.0169
	(0.0292)	(0.00398)	(0.0105)	(0.00528)	(0.0109)
DID	0.0538*	-0.00436	-0.0279***	0.0171**	0.0109***
	(0.0307)	(0.00372)	(0.00670)	(0.00642)	(0.00192)
对外直接投资	-0.155**	0.0192***	0.0646***	-0.0354**	-0.0293***
	(0.0705)	(0.00538)	(0.0188)	(0.0150)	(0.00660)
对外直接投资平方项	0.00724*	-0.000845***	-0.00126*	0.00120**	0.0000662
	(0.00413)	(0.000210)	(0.000706)	(0.000510)	(0.000370)
N	310	310	310	310	310
R^2	0.249	0.098	0.409	0.284	0.601

注：*、**和***分别表示在 10%、5% 和 1% 的水平上显著；括号内为 t 统计值。

表 6-5 中（1）列和（2）列分别是制造业升级的回归结果。"一带一路"倡议对高级化会产生负面冲击，但是却能有效提升制造业合理化水平；"一带一路"重点发展省份与其他省份相比，高级化水平都会更高，但是合理化程度却会较低；两者的交互作用仅对高级化水平有显著的正相关影响，对合理化则并没有显著影响。

表 6-5 中（3）列至（5）列分别为 OFDI 与不同生产要素密集型制造业的回归结果。首先，OFDI 的非线性影响效应依旧显著存在，并且符号没有发生改变；其次，变量 time 对资源密集型和资本密集型制造业的估计系数显著为负，而对劳动密集型制造业的估计系数显著为正，说明"一带一路"倡议的提出，在一定程度上制约各个省份资源和资本密集型制造业的发展，但是却有助于劳动密集型制造业的发展；再次，"一带一路"重点省份的制造业升级效应并不是很有效，只在劳动密集型制造业通过了显著性检验，且相关性为负；最后，变量 DID 的回归结果告诉我们"一带一路"倡议提出后，在 18 个重点发展省份的资源密集型

制造业的主营业务收入比其他省份的水平低，而其余两个密集型制造业的主营收入则会受到政策的鼓舞，出现不同程度的上升。总体来说，"一带一路"倡议的效果是显著的。

根据 DID 模型回归流程，针对"一带一路"倡议的提出进行平稳性检验，结果分别如图 6-5 和图 6-6 所示。从图中可以发现，在"一带一路"倡议提出的前后，政策的动态效应均发生了显著的变化，符合 DID 模型运行的稳健性检验，并且政策动态效应变化的方向与前面的回归结果是互相佐证的。

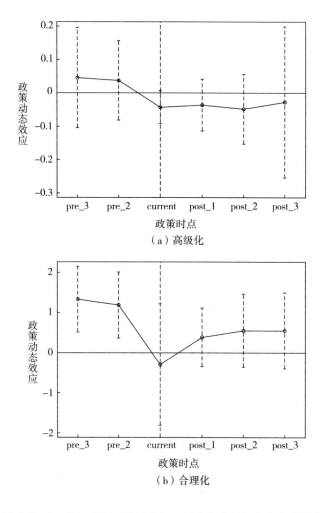

（a）高级化

（b）合理化

图 6-5 "一带一路"政策对 OFDI 制造业升级效应的冲击影响

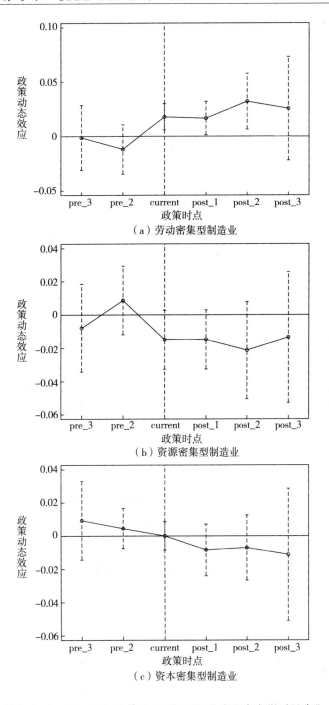

（a）劳动密集型制造业

（b）资源密集型制造业

（c）资本密集型制造业

图 6-6 "一带一路"政策对 OFDI 不同生产要素密集型制造业
升级效应的冲击影响

根据 DID 模型回归流程，针对"一带一路"倡议的提出进行了安慰剂检验，结果如表 6-6 所示。研究将"一带一路"倡议的提出时间提前至 2012 年，将控制组的省份设定为非重点发展省份后重新进行了 DID 模型回归，可以发现 did_new 的回归系数均是不显著的，通过安慰剂检验。

表 6-6　DID 安慰剂检验

变量	(1) 高级化	(2) 合理化	(3) 资本密集型 制造业	(4) 劳动密集型 制造业	(5) 资源密集型 制造业
time_new	−0.283***	−0.235***	−0.0515***	0.0397***	0.0217**
	(0.0486)	(0.0543)	(0.00861)	(0.0115)	(0.0108)
treat_new	−0.0891	−0.341	0.0547	0.0321	−0.0276
	(0.181)	(0.230)	(0.0420)	(0.0385)	(0.0463)
did_new	0.0552	0.0731	0.00878	−0.0148	0.0132
	(0.0409)	(0.0457)	(0.00725)	(0.00979)	(0.00903)
_cons	−6.974***	−0.235***	−0.898***	0.677*	1.733***
	(1.720)	(0.0543)	(0.325)	(0.403)	(0.391)
N	124	124	124	124	124
R^2	0.389	0.543	0.405	0.583	0.367

注：*、**和***分别表示在 10%、5% 和 1% 的水平上显著；括号内为 t 统计值。

通过构建"一带一路"倡议与 OFDI 和 OFDISQ 的交互项，研究"一带一路"倡议的调节效应，回归结果如表 6-7 和表 6-8 所示。

表 6-7　"一带一路"倡议的调节效应

变量	(1) 高级化	(2) 合理化	(3) 资本密集型 制造业	(4) 劳动密集型 制造业	(5) 资源密集型 制造业
"一带一路"倡议	0.768***	−0.0606*	0.259***	0.0355	−0.295***
	(0.262)	(0.0299)	(0.0487)	(0.0517)	(0.0797)
对外直接投资	−0.165***	0.0484***	−0.0659***	−0.0285***	0.0945***
	(0.0316)	(0.00733)	(0.0103)	(0.00707)	(0.0129)

续表

变量	（1） 高级化	（2） 合理化	（3） 资本密集型 制造业	（4） 劳动密集型 制造业	（5） 资源密集型 制造业
对外直接投资平方	0.0094 ***	-0.0027 ***	0.0033 ***	0.0019 ***	-0.0051 ***
	（0.0027）	（0.0004）	（0.0007）	（0.0006）	（0.0006）
倡议与对外直接 投资交互项	-0.207 ***	-0.00234	-0.0447 ***	0.0190	0.0256 *
	（0.0617）	（0.00560）	（0.00966）	（0.0127）	（0.0148）
倡议与对外直接 投资平方交互项	0.00858 **	0.000734 **	0.00152 **	-0.00160 **	0.0000866
	（0.00353）	（0.000301）	（0.000576）	（0.000711）	（0.000717）
常数项	-6.837 ***	-0.0723	-0.266	1.550 ***	-0.284 *
	（1.943）	（0.0957）	（0.285）	（0.245）	（0.152）
N	310	310	310	310	310
R^2	0.544	0.130	0.589	0.292	0.360

注：* 、** 和 *** 分别表示在 10%、5% 和 1% 的水平上显著；括号内为 t 统计值。

表 6-8　"一带一路"倡议对 OFDIU 型效应的拐点影响

	合理化		高级化		资本密集型		劳动密集型		资源密集型	
拐点	8.85		9.04		10.43		7.34		9.25	
bound	Lower	Upper	Lower	Upper	Lower	Upper	Lower	Upper	Lower	Upper
Interval	2.67	13.91	2.67	13.91	2.67	13.91	2.67	13.91	2.67	13.91
Slope	-0.11	0.09	0.034	-0.03	-0.05	0.02	-0.02	0.03	0.07	-0.05
t-value	-7.66	2.18	5.85	-4.19	-6.73	2.18	-2.84	1.83	5.62	-3.09
P>t	0.000	0.02	0.000	0.000	0.000	0.018	0.004	0.039	0.000	0.002

　　研究发现，首先，无论是否存在"一带一路"倡议，OFDI 对高级化水平和合理化水平的 U 形效果一直是显著存在的，对不同生产要素密集型制造业的主营业务收入也依然保持着非线性的显著影响。其次，"一带一路"倡议提出后，制造业升级的进程将会加速。对比表 6-3 发现，OFDI 对高级化的倒 U 形作用的拐点从 9.60 提前到了 8.85，对合理化的 U 形作用拐点从 10.94 提前到 9.04，这意味着 OFDI 对制造业高级化和合理化的抑制作用将提前结束，OFDI 能够更快地发挥促进作用。最后，针对不同劳动要素密集型制造业，对比表 6-3 和表 6-8 可见，在"一带一路"政策的影响下 OFDI 对其产生 U 形曲线效应的拐点都将受到

影响，导致资本密集型和劳动密集型制造业的发展更快，但同时也会提前对资源密集型制造业产生抑制作用。

6.4 OFDI、制造业产能合作与升级的路径分析

6.4.1 OFDI 制造业产能合作效应的路径分析

基于之前的机理分析可知，OFDI 不仅会直接影响制造业升级，还会通过制造业产能合作对制造业升级产生影响。本节将沿用第 4 章的贸易互补指数公式（4-3）和公式（4-4）对各省份的制造业产能合作水平进行测算，并根据中介效用模型（6-3）至模型（6-7），对 OFDI 通过制造业产能合作影响制造业升级的中介效应进行实证分析，回归结果如表 6-9 和表 6-10 所示。

表 6-9　OFDI 对各省份制造业产能合作的影响分析

变量	（1） 资源密集型产能合作	（2） 资本密集型产能合作	（3） 劳动密集型产能合作
对外直接投资	-0.142*** （0.0471）	-0.0694*** （0.0136）	-0.0667** （0.0275）
对外直接投资平方	0.00707*** （0.00196）	0.00348*** （0.000567）	0.00333*** （0.00115）
常数项	0.760** （0.303）	0.369*** （0.0880）	0.363** （0.171）
N	310	310	310
R^2	0.1860	0.3760	0.4054

注：**、***分别表示在 5%、1%的水平上显著；括号内为 t 统计值。

表 6-10　OFDI 对制造业升级的产能合作路径分析

变量	（1） 合理化	（2） 合理化	（3） 合理化	（4） 高级化	（5） 高级化	（6） 高级化
对外直接投资	0.122 （0.337）	-0.109 （0.346）	-0.277 （0.405）	-0.383*** （0.072）	-0.237*** （0.072）	-0.429*** （0.120）

续表

变量	（1）合理化	（2）合理化	（3）合理化	（4）高级化	（5）高级化	（6）高级化
对外直接投资平方	-0.007	0.004	0.014	0.015***	0.007**	0.016***
	(0.018)	(0.019)	(0.022)	(0.003)	(0.003)	(0.006)
资源密集型产能合作	-0.279**	—	—	0.302***	—	—
	(0.104)			(0.059)		
资本密集型产能合作	—	-1.336***	—	—	0.6737***	—
		(0.454)			(0.0695)	
劳动密集型产能合作	—	—	-1.365***	—	—	0.9198***
			(0.475)			(0.0628)
人均受教育年限	-0.053**	-0.056**	-0.062***	0.039***	0.042***	0.041***
	(0.024)	(0.024)	(0.022)	(0.010)	(0.009)	(0.009)
财政支出	-0.009*	-0.010*	-0.010*	-0.010***	-0.010***	-0.010***
	(0.005)	(0.005)	(0.005)	(0.001)	(0.001)	(0.001)
人均GDP	-0.083	-0.073	-0.349	0.494***	0.518***	0.627***
	(0.457)	(0.429)	(0.479)	(0.066)	(0.063)	(0.076)
常数项	7.237	8.442*	12.14**	-3.270***	-4.356***	-4.404***
	(4.634)	(4.486)	(5.323)	(0.494)	(0.480)	(0.815)
N	310	310	310	310	310	310
R^2	0.084	0.095	0.103	0.542	0.551	0.497

注：*、**和***分别表示在10%、5%和1%的水平上显著；括号内为t统计值。

表6-9是各省份 OFDI 对不同密集型制造业产能合作的非线性影响分析结果。通过表6-9的结果可知，OFDI 对制造业产能合作的估计系数显著为负，OFDI 平方项对制造业产能合作的影响的估计系数显著为正，这说明 OFDI 对各省份的制造业产能合作同样存在先抑制后促进的 U 形效果。对比估计系数的绝对值大小可知，OFDI 对资源密集型产能合作的效果较大，对资本密集型和劳动密集型制造业产能合作的影响效果基本相同。

表6-10是 OFDI 影响制造业升级的产能合作路径分析回归结果。

表6-10中（1）列、（2）列和（3）列是 OFDI 通过制造业产能合作对制造业合理化的影响作用。由于 OFDI 以及其平方项的估计系数均未通过显著性检验，而制造业产能合作变量均通过了显著性检验，由此可知制造业产能合作在 OFDI

影响制造业合理化的过程中存在完全中介效应。资源密集型产能合作、劳动密集型产能合作以及资本密集型产能合作都会对合理化水平产生显著的促进作用，其中，劳动密集型产能合作和资本密集型产能合作的作用相近，要远高于资源密集型产能合作的促进作用。

表6-10中（4）列、（5）列和（6）列是OFDI通过制造业产能合作对制造业高级化的影响作用。由于核心解释变量和中介变量的估计系数都通过了显著性检验，因此可知制造业产能合作在OFDI影响制造业高级化的过程中存在部分中介效应。其中，劳动密集型产能合作的促进作用最大，资本密集型次之，资源密集型较弱，各省份通过与世界各国开展制造业产能合作可以有效促进省内制造业高级化水平上升，促进制造业升级。

由表6-10的回归结果可知，劳动密集型制造业产能合作比资本密集型制造业产能合作更能推动制造业升级，为探究出现上述结论的原因，研究进一步分析不同密集型制造业产能合作水平对不同类型制造业的影响，得到表6-11。

由表6-11中（4）列、（5）列和（6）列可知，除了资源密集型产能合作可以促进劳动密集型制造业的发展外，目前各省份的劳动密集型和资本密集型产能合作水平均会对劳动密集型制造业的发展产生显著抑制作用，并且劳动密集型产能合作水平的抑制作用（-0.1）远高于资本密集型产能合作（-0.022）。

由表6-11中（7）列、（8）列和（9）列则可知，资本密集型制造业的发展不仅受到行业自身产能合作的促进作用，同样会在资源密集型产能合作和劳动密集型产能合作的过程中受益。通过对比资本密集型和劳动密集型产能合作的估计系数大小可以发现，劳动密集型和资本密集型产能合作均可以通过促进资本密集型制造业的发展，约束劳动密集型制造业的发展来推动制造业升级。

6.4.2　OFDI 融资约束效应的路径分析

选取固定资产投资 INV 作为中介变量，根据中介效用模型（6-3）至模型（6-7），对 OFDI 通过国内固定资产投资影响制造业升级的路径进行实证分析，回归结果如表6-12 所示。

由表6-12中（1）列可知，OFDI 对国内投资 INV 存在显著的倒 U 形效应，OFDI 的增加短期内会促进国内投资 INV 但是长期内会带来一定程度的抑制作用；由（2）列和（3）列的回归系数显著性可知，国内投资 INV 对制造业高级化和合理化均存在一定的显著负面作用。基于 Baron 和 Kenny 提出的三步因果步骤可

表 6-11　OFDI 制造业产能合作效应路径的行业异质性

变量	(1) 资源密集型 营业收入	(2) 资源密集型 营业收入	(3) 资源密集型 营业收入	(4) 劳动密集型 营业收入	(5) 劳动密集型 营业收入	(6) 劳动密集型 营业收入	(7) 资本密集型 营业收入	(8) 资本密集型 营业收入	(9) 资本密集型 营业收入
对外直接投资	0.017 (-0.011)	0.018* (-0.011)	0.019* (-0.011)	0.009 (-0.011)	0.011 (-0.011)	0.009 (-0.011)	-0.026*** (-0.003)	-0.029*** (-0.003)	-0.027*** (-0.003)
对外直接投资平方	-0.0012* (-0.0006)	-0.0007 (-0.0006)	-0.0012* (-0.0007)	-0.0006 (-0.0005)	-0.0008 (-0.0005)	-0.0009 (-0.0005)	0.0018*** (-0.0005)	0.0015** (-0.0006)	0.002*** (-0.0005)
资源密集型 产能合作	-0.042*** (-0.004)	—	—	0.014*** (-0.002)	—	—	0.028*** (-0.003)	—	—
劳动密集型 产能合作	—	0.013 (-0.015)	—	—	-0.104*** (-0.011)	—	—	0.091*** (-0.010)	—
资本密集型 产能合作	—	—	-0.111*** (-0.018)	—	—	-0.0224** (-0.010)	—	—	0.133*** (-0.013)
人均 GDP	-0.0667 (-0.100)	-0.0078 (-0.091)	-0.0484 (-0.101)	-0.129** (-0.058)	-0.122** (-0.052)	-0.159*** (-0.058)	0.196*** (-0.049)	0.130** (-0.049)	0.207*** (-0.051)
居民生活水平	-0.101 (-0.072)	-0.039 (-0.071)	-0.133* (-0.077)	0.125 (-0.080)	0.002 (-0.098)	0.093 (-0.081)	-0.024 (-0.028)	0.038 (-0.034)	0.040 (-0.038)
受教育年限	-0.0035** (-0.0016)	-0.0034* (-0.0019)	-0.0027 (-0.0017)	-0.0023 (-0.0020)	-0.0004 (-0.0024)	-0.0023 (-0.0021)	0.0058*** (-0.0006)	0.0038*** (-0.0005)	0.005*** (-0.0005)

续表

变量	(1) 资源密集型营业收入	(2) 资源密集型营业收入	(3) 资源密集型营业收入	(4) 劳动密集型营业收入	(5) 劳动密集型营业收入	(6) 劳动密集型营业收入	(7) 资本密集型营业收入	(8) 资本密集型营业收入	(9) 资本密集型营业收入
研发投入	-0.018 (-0.056)	-0.023 (-0.051)	-0.007 (-0.056)	-0.161*** (-0.056)	-0.127** (-0.047)	-0.158*** (-0.054)	0.179*** (-0.015)	0.150*** (-0.013)	0.165*** (-0.015)
财政支出	-0.0005 (-0.0008)	-0.0004 (-0.0008)	-0.0006 (-0.0008)	0.0018*** (-0.0002)	0.0015*** (-0.0002)	0.0017*** (-0.0002)	-0.0013* (-0.0006)	-0.0011 (-0.0007)	-0.0011* (-0.0006)
人均收入	0.239 (-0.161)	0.117 (-0.148)	0.248 (-0.166)	-0.011 (-0.153)	0.097 (-0.151)	0.0528 (-0.151)	-0.228*** (-0.026)	-0.213*** (-0.016)	-0.301*** (-0.029)
常数项	0.244 (-0.199)	0.227 (-0.195)	0.241 (-0.203)	0.765*** (-0.291)	0.768*** (-0.282)	0.773*** (-0.291)	-0.009 (-0.139)	0.004 (-0.126)	-0.014 (-0.142)
N	310	310	310	310	310	310	310	310	310
R^2	0.376	0.349	0.372	0.252	0.275	0.249	0.611	0.614	0.625

注：*、**和***分别表示在10%、5%和1%的水平上显著；括号内为t统计值。

表 6-12　OFDI 影响制造业升级的融资约束中介效应

变量	（1）国内固定资产投资	（2）高级化	（3）合理化	（4）资本密集	（5）劳动密集	（6）资源密集
对外直接投资	0.203 ***	−0.0414 **	0.109 ***	−0.00809	−0.0118 *	0.0579 ***
	(0.0405)	(0.0167)	(0.0294)	(0.0175)	(0.0064)	(0.0135)
对外直接投资平方	−0.004 ***	0.013 ***	−0.008 **	0.002	0.003 ***	−0.002 ***
	(0.0013)	(0.0028)	(0.0039)	(0.0017)	(0.0007)	(0.0005)
国内固定资产投资	—	−0.195 ***	1.394 ***	−0.085 ***	0.054 ***	−0.073 ***
		(0.034)	(0.196)	(0.021)	(0.008)	(0.020)
常数项	8.084 ***	0.731 ***	0.852	2.218 ***	0.261	0.357 *
	(1.562)	(0.117)	(0.785)	(0.332)	(0.242)	(0.180)
N	310	310	310	310	310	310
R^2	0.778	0.386	0.574	0.296	0.265	0.398

注：*、** 和 *** 分别表示在 10%、5% 和 1% 的水平上显著；括号内为 t 统计值。

知，国内投资 INV 对制造业高级化和合理化具有部分的中介效应。即意味着，OFDI 除直接影响制造业升级外，还会通过作用于国内固定资产投资的方式影响制造业高级化和合理化水平。

表 6-12 中（4）列、（5）列和（6）列分别表示 OFDI 与国内固定资产投资 INV 对不同类型的制造业产业营业收入的具体影响。由（4）列和（5）列可知，INV 与资本密集型制造业的估计系数是 −0.085，与劳动密集型制造业的估计系数是 0.054，均通过了 1% 的显著性检验。这说明当 INV 增加 1% 时，资本密集型制造业的主营业务收入会平均下降 0.085%，而劳动密集型制造业的收入则会平均上升 0.054%，因此国内投资 INV 越多，越能促进劳动密集型制造业的发展，越不利于资本密集型制造业的发展，制造业高级化和合理化水平也均会因此而降低。

6.4.3　OFDI 技术溢出效应的路径分析

通过计算制造业企业的技术进步 TC 与技术效率 EC 指标，根据中介效用模型（6-3）至模型（6-7），对 OFDI 影响制造业升级的技术溢出中介效应进行实证分析，回归结果如表 6-13 所示。

表 6-13　OFDI 影响制造业升级的技术溢出中介效应

变量	（1） 高级化	（2） 高级化	（3） 合理化	（4） 合理化	（5） 技术效率	（6） 技术进步
对外直接投资	-0.065*** （0.037）	-0.16*** （0.031）	0.0628** （0.0275）	0.0367 （0.0412）	0.113* （0.0578）	-0.0202*** （0.00646）
对外直接投资平方	0.013*** （0.0035）	0.019*** （0.0028）	-0.00767* （0.00406）	-0.00444 （0.00729）	-0.0126*** （0.00377）	0.0000517 （0.000573）
技术进步	0.0605* （0.0318）	—	1.4516*** （0.5196）	—	—	—
技术效率	—	-0.239* （0.1328）	—	-0.26 （0.169）	—	—
N	310	310	310	310	310	310
R²	0.473	0.296	0.157	0.539	0.121	0.101

注：*、** 和 *** 分别表示在 10%、5% 和 1% 的水平上显著；括号内为 t 统计值。

由表 6-13 中（1）列至（4）列的回归系数显著性可知，对于制造业合理化而言，技术进步指数 TC 的作用是抑制且显著的，而技术效率指数 EC 无法对制造业合理化带来显著影响；对于制造业高级化来说，则主要是 OFDI 通过影响技术进步 TC 对其产生积极作用，技术效率 EC 对制造业高级化水平会产生抑制作用。这说明当前我国制造业的技术水平在不断提高，但是制造业生产过程中各种资源要素间的协调性仍需加强，既有技术水平的潜能还没有得到完全释放，导致技术效率低下，抑制制造业升级。

表 6-13 中（5）列和（6）列分别表示 OFDI 对技术效率指数 EC 和技术进步指数 TC 的影响关系，可以发现刚开始进行 OFDI 的时候，OFDI 对技术效率指数 EC 具有正面的促进作用，伴随着 OFDI 的逐渐增加，促进作用会逐渐下降，最终变成负面消极影响；而对技术进步指数 TC 的作用效果则正好相反。

具体到三种不同生产要素密集型制造业而言，OFDI 影响制造业升级的技术溢出路径的行业异质性结果如表 6-14 所示。

通过对表 6-14 中数据的分析可以发现，技术进步指数 TC 越高，劳动资源密集型制造业的主营业务收入越少，而资本密集型制造业的收入则会越多，这与表 6-13 中 TC 对制造业高级化的影响相互佐证；技术效率指数 EC 越高，资本密集型制造业的收入越少，劳动密集型制造业虽然是正向影响但是并不显著；无论是 EC 还是 TC 都无法对资源密集型制造业发生作用。由此可知，当前 OFDI 的技术溢出效应主要是体现在对生产技术的提高，对生产要素配置并没有产生理想中的优化效应，因此无法通过技术效率的提高来促进制造业升级，反而会抑制制造业升级。

表 6-14　技术溢出中介效应的行业异质性

变量	(1) 资源密集型制造业	(2) 资源密集型制造业	(3) 劳动密集型产业	(4) 劳动密集型产业	(5) 资本密集型产业	(6) 资本密集型产业
对外直接投资	0.0337***	0.0334***	0.0309***	0.0314***	-0.0691***	-0.0703***
	(0.0097)	(0.0096)	(0.0047)	(0.0045)	(0.0088)	(0.0085)
对外直接投资平方项	-0.0039***	-0.0039***	-0.0032***	-0.0032***	0.0073***	0.0073***
	(0.00056)	(0.00056)	(0.00026)	(0.00023)	(0.00046)	(0.00042)
产业技术进步指数	0.00157	—	-0.0148***	—	0.148***	—
	(0.0217)		(0.00500)		(0.0517)	
产业技术效率指数	—	0.0221	—	0.0249	—	-0.278***
		(0.0363)		(0.0219)		(0.0702)
常数项	0.305	0.280	0.299*	0.279	0.245	0.695*
	(0.187)	(0.193)	(0.156)	(0.172)	(0.266)	(0.350)
N	279	279	279	279	279	279
R^2	0.290	0.290	0.282	0.282	0.508	0.518

注：*、***分别表示在10%、1%的水平上显著；括号内为 t 统计值。

综上所述，在中国对外投资的过程中，OFDI 对制造业升级的影响既会通过制造业产能合作路径发挥作用，也会通过其他的路径发挥作用，具体如图 6-7 所示。

通过分析可知，OFDI 影响制造业升级的路径共分三条，第一条是通过 OFDI 推动各省份对外制造业产能合作，通过劳动密集型产能合作，降低国内劳动密集型制造业的规模，将发展的资金与能源更多地投入到资本密集型制造业，加强与其他国家在资本密集型制造业的产能合作，实现制造业升级。第二条是通过国内固定资产投资影响制造业升级，影响效果是抑制制造业升级。第三条是通过 OF-DI 的技术溢出效应对制造业升级带来影响，研究发现，OFDI 的技术溢出仅仅提高了各省份制造业的技术进步水平，并没有对各省份的生产要素配置效率产生促进作用，因而现阶段技术进步可以促进制造业升级，而技术效率尚未达到制造业升级的要求，会掣肘制造业的升级。

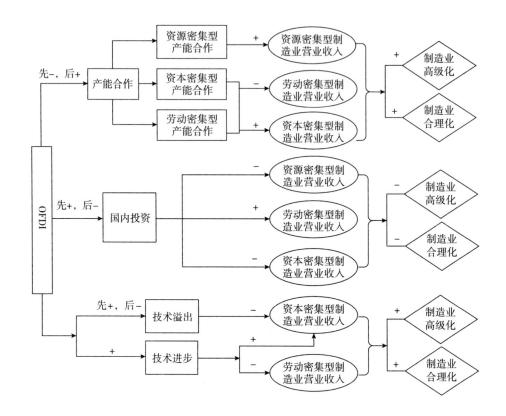

图 6-7　OFDI 影响制造业升级路径

6.5　本章小结

本章实证检验了中国各省份对"一带一路"沿线国家 OFDI 对国内制造业升级的影响并对制造业产能合作在其中的中介效用进行了分析，得到以下结论：

第一，OFDI 对制造业高级化和合理化水平都存在先抑制后促进的非线性 U

形作用。按照生产要素的差异性进一步分析发现，出现这种表现的原因是因为 OFDI 对资本密集型和劳动密集型制造业的影响作用存在差异性，虽然都是先抑后扬的 U 形影响效果，但是 OFDI 对资本密集型制造业的抑制作用大于其在劳动密集型制造业中的影响，进而导致高级化指标呈现出下降趋势。

　　第二，本章分析了"一带一路"倡议对 OFDI 制造业升级效应的影响程度。通过 DID 模型回归和调节效应等方法，均证实"一带一路"倡议的有效性，倡议提出后，U 形曲线的拐点明显左移，OFDI 对制造业升级的促进作用更加明显。

　　第三，通过对 OFDI 影响制造业升级的路径分析中发现，全要素生产率的提高和国内投资融资约束是 OFDI 对制造业升级产生影响的有效路径。国内投资融资约束在刺激劳动密集型制造业发展的同时会抑制资本密集型制造业，因此对制造业合理化和高级化均会产生负面影响；全要素生产率的提高会有效促进资本密集型制造业，并削弱劳动密集型制造业，因此对制造业合理化和高级化均会产生正面的影响。将全要素生产率进一步分解成技术进步和技术效率分析发现，目前技术效率没有得到有效提升，生产要素配置效率仍然无法满足制造业升级需求；OFDI 的技术进步效果明显，能够显著促进制造业升级。

　　第四，通过对 OFDI、制造业产能合作与升级的路径分析中发现，劳动密集型和资本密集型制造业产能合作均能有效促进制造业升级，并且劳动密集型制造业产能合作的促进作用更大。劳动密集型产能合作主要是通过抑制本国劳动密集型制造业的发展，同时促进资本密集型制造业的发展实现；资本密集型产能合作对劳动密集型制造业也有负面影响，但是影响效果较弱，主要是通过促进资本密集型制造业的发展来实现制造业升级。

　　通过本章的研究发现，OFDI 对国内制造业合理化和高级化的影响具有非线性，并且 OFDI 对不同生产要素密集型制造业的影响具有异质性差异，这与第 4 章 OFDI 国际产能合作效应具有行业异质性相呼应；同时关于 OFDI 如何以国际产能合作为纽带影响制造业升级这一问题也进行了分析，发现资本密集型产能合作和劳动密集型产能合作是 OFDI 促进制造业升级的重要路径，这与第 5 章的结论相呼应。第 7 章研究将以中国和东盟的 OFDI 与产能合作数据为研究样本，基于 OFDI 通过产能合作促进制造业升级的路径进行仿真分析，探讨如何保障 OFDI 通过产能合作促进制造业升级的路径通畅。

第7章 OFDI推进制造业产能合作与升级的对策仿真研究：以东盟为例

在前文分析中，分别讨论了OFDI促进制造业产能合作与制造业升级的机理与路径。为了探讨如何保障OFDI通过产能合作促进制造业升级的路径通畅，本章将以东盟作为研究对象，运用系统动力学理论方法对OFDI促进产能合作和制造业升级进行对策仿真。首先，将对中国与东盟的对外投资现状和国际产能合作现状进行描述分析；其次，基于第6章的研究结论，构建包含对外投资子系统、经济发展子系统、国际产能合作子系统的系统动力学模型，利用Vensim软件对OFDI促进制造业产能合作与升级进行对策仿真分析；最后，综合本章研究，提出相应的对策建议。

7.1 中国与东盟的OFDI及制造业产能合作现状分析

东盟全称东南亚国家联盟（Association of Southeast Asian Nations，ASEAN），于1967年8月8日在泰国曼谷成立，秘书处设在印度尼西亚首都雅加达。截至2021年，东盟总共包括文莱、柬埔寨、印度尼西亚、老挝、马来西亚、缅甸、新加坡、泰国和越南在内10个成员国。联盟成员国总面积约449万平方千米，人口6.6亿。东盟是亚洲第三大经济体和世界第六大经济体。2021年，东盟10国的GDP增速约为3%，总量共计3.4万亿美元，占全世界GDP的3.5%。

截至2021年，中国与东盟建立对话关系已满30年，经过30年的不断沟通

与交流，中国与东盟已经成为在经贸、文化、科技各方面深入合作的战略伙伴关
系。近年来，中国与东盟的经贸关系更是呈现出欣欣向荣的态势，图 7-1 和
图 7-2 分别是中国对东盟、欧盟和美国的经贸走势。从贸易往来看，2019 年，
东盟取代美国成为中国第二大贸易伙伴，2020 年，又超越欧盟成为了中国的第
一大贸易伙伴。以 2022 年上半年数据为例，中国对东盟、欧盟和美国进出口总
值分别为 2.95 万亿元、2.71 万亿元和 2.47 万亿元，分别增长 10.6%、7.5% 和
11.7%，对东盟、欧盟、美国的进口总值分别为 1.26 万亿元、0.92 万亿元和
0.59 万亿元。从投资来看，中国对东盟的直接投资存量和对欧盟的直接投资存
量一直不相上下，从 2015 年开始，东盟开始成为中国最大的对外直接投资国家
并且与欧盟和美国的距离不断拉大。以 2020 年数据为例，中国流向东盟 10 国的
投资为 160.6 亿元，约占当年对外直接投资流量的 10.52%，流向欧盟和美国的
投资分别为 126 亿元和 6.2 亿元，约占 8.3% 和 4.1%。可以看出，东盟是中国经
贸合作的最重要也是最主要合作伙伴之一。

图 7-1　中国与欧盟、东盟和美国的贸易走势

资料来源：中国国家统计局。

根据《2020 年度中国对外直接投资统计公报》相关数据，2005~2020 年中
国与东盟 10 国的不同类型进口产能合作的占比和出口类型占比如图 7-3 和
图 7-4 所示。中国从东盟进口的商品中占比从高到低分别是资本密集型制造业、
资源密集型制造业和劳动密集型制造业，在与东盟的出口产能合作中则分别是资

本密集型制造业、劳动资本密集型制造业和资源密集型制造业，通过对比可以发现，中国与东盟之间超过50%以上的产能合作是围绕资本密集型制造业展开的，尤其是2013年"一带一路"倡议提出后，无论是进口环节还是出口环节，资本密集型制造业的占比均有了不同程度的提升。除此之外，中国还从东盟进口资源密集型产品，而东盟则主要从中国进口劳动密集型产品。

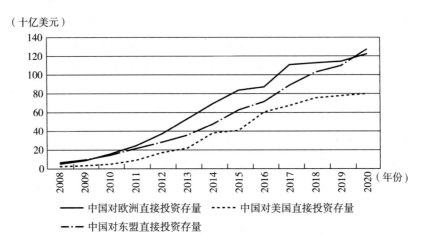

图7-2　中国与欧盟、东盟和美国的对外直接投资走势

资料来源：中国国家统计局。

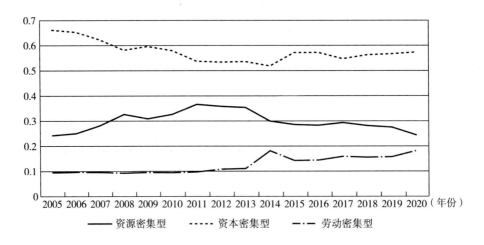

图7-3　2005~2020年中国与东盟的进口类型

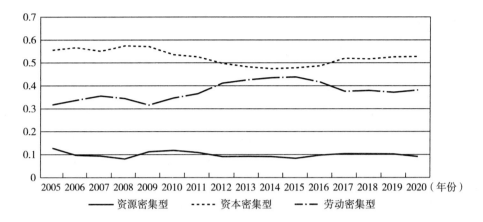

图 7-4　2005~2020 年中国与东盟的出口类型

除制造业产能合作交往密切外，中国与东盟国家的资金往来也日益增加。2005~2020 年中国对东盟的 FDI 和 OFDI 存量及增速如图 7-5 所示，从曲线的走势可以清楚看到中国对东盟的 OFDI 和 FDI 在过去的十多年间一直保持稳定的增长态势，从数量和增速上来说，虽然一开始中国对东盟的直接投资数量较低，但是中国对东盟的直接投资增速一直快于东盟对中国的投资增速，并在 2016 年实现了反超。

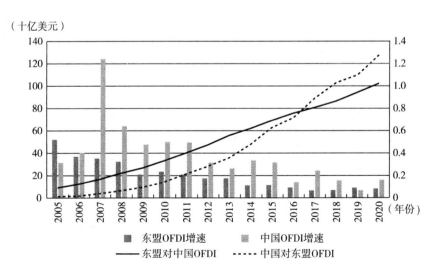

图 7-5　2005~2020 年中国对东盟的 OFDI 和东盟对中国的 OFDI 存量及增速

资料来源：《2020 年度中国对外直接投资统计公报》。

中国与东盟经贸关系如此密切，不仅因为中国与东盟之间的贸易互补性强、地理距离近、关税成本低、文化底蕴相近，还和"一带一路"倡议的提出与建设密不可分。"一带一路"倡议提出后，中国与东盟共同发布了《关于"一带一路"倡议同〈东盟互联互通总体规划2025〉对接合作的联合声明》等一系列文件，并付诸实施，使东盟成为"一带一路"倡议受益最大的地区之一。

根据中国对"一带一路"沿线国家的对外投资数据和产能合作数据，中国对东盟和"一带一路"沿线国家的OFDI和产能合作对比如图7-6和图7-7所示。由图7-6可知，中国对"一带一路"沿线国家的投资存量中，东盟10国的占比一直在逐年增加，2009年达到近50%，2020年已经突破60%。从图7-7来看，中国与东盟的产能合作关系比中国与"一带一路"沿线国家的产能合作关系更紧密。在资本密集型进出口产能合作、资源密集型进口产能合作和劳动密集型出口产能合作方面，东盟都高于其他沿线国家；而在资源密集型出口和劳动密集型进口产能合作方面，中国与东盟的合作水平虽然不及其他国家，但是差距并不明显。

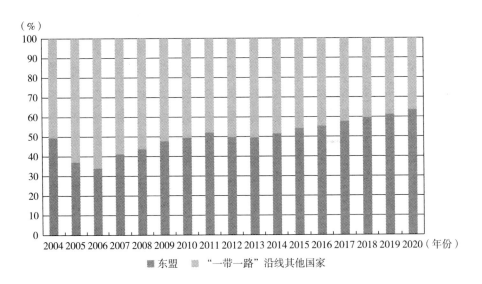

图7-6 中国对东盟和"一带一路"沿线其他国家OFDI存量对比情况

通过对比分析发现，无论是与"一带一路"沿线国家还是其他发达国家相比，东盟正在成为中国对外直接投资与国际产能合作的主要伙伴。因此，后续将选取东盟作为"一带一路"倡议中的国家代表，开展 OFDI 推进制造业产能合作与升级的对策仿真分析。

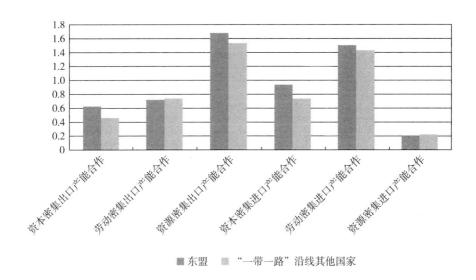

■东盟　■"一带一路"沿线其他国家

图 7-7　中国对东盟和"一带一路"沿线其他国家产能合作水平对比情况

7.2　OFDI、制造业产能合作与升级的系统动力学模型构建

结合前文的论述，本节运用系统动力学开展中国对东盟的对外直接投资以及产能合作情境仿真分析，探讨不同行业 OFDI 对中国与东盟的产能合作以及对中国制造业升级的影响效应，并就如何更有效促进中国制造业升级给出对策建议。

7.2.1　OFDI、制造业产能合作与升级系统流位流率变量的确定

系统动力学（System Dynamics，SD）理论与方法作为系统科学的重要理论组成，是 MIT 的 Jay Forster 教授于 20 世纪 50 年代创立，系统动力学方法自提出

以来，在社会经济复杂系统问题的研究领域得到了广泛的应用。系统动力学理论是通过研究复杂系统中各个子系统的状态变量的变化，以状态变量作为系统的流位变量，流位变量的单位时间变化量作为系统的流率变量，通过流率变量影响流位变量的变化，进而探讨系统的演化规律。

根据前文的研究，OFDI、制造业产能合作与升级发展系统包括 3 个子系统，分别是经济发展子系统、制造业产能合作子系统和对外直接投资子系统。

7.2.1.1　经济发展子系统

经济发展子系统是中国"引进来"和"走出去"的重要保障，同时也是加速我国建立"制造强国"的重要支撑，经济的发展情况将会影响到国家产业发展水平以及 OFDI 和产能合作水平。由于本书的讨论主要围绕制造业展开，对第一产业和第三产业的讨论较少，因此在经济子系统的流率上主要考虑了工业增加值对 GDP 的影响，并将工业各行业按照生产要素需求的不同分成了资源密集型、劳动密集型以及资本密集型三类。经济发展子系统的流位变量为中国年 GDP 总量，中国劳动密集型制造业年营业收入、中国资本密集型制造业年营业收入和中国资源密集型制造业营业收入。

7.2.1.2　制造业产能合作子系统

在当前世界经济艰难复苏的严峻形势下，中国与东盟各国进行产能合作既利当前、更惠长远，有助于顶住经济下行压力、拓展我国发展新空间，有利于相关国家加快发展、扩大就业。本章根据前文的论述和分析，将中国与东盟之间不同生产要素密集型制造业的进出口总额作为主要的流位变量，将影响它们的相关因素作为模型中的变量。通过 7.1 的分析可知，中国与东盟的产能合作虽然主要以资本密集型制造业为主，但是还有 30% 的进口产能合作发生在资源密集型制造业，40% 的出口发生在劳动密集型制造业，因此产能合作子系统中依旧将资源密集型、劳动密集型以及资本密集型产品的进出口都包含在内，方便后续对不同偏好的产能合作是否会对国内制造业升级产生不同的影响效果展开讨论。因此，刻画制造业产能合作的状态变量为中国对东盟的劳动密集型产品年出口量、中国对东盟的劳动密集型产品年进口量、中国对东盟的资本密集型产品年出口量、中国对东盟的资本密集型产品年进口量、中国对东盟的资源密集型产品年出口量和中国对东盟的资源密集型产品年进口量。

7.2.1.3　对外直接投资子系统

通过前文的分析可知，对外直接投资总量的变化将会影响中国的国际产能合作水平以及国内的制造业水平，是我国高水平对外开放和产业升级的重要抓手。对外直接投资子系统的流位变量为中国对东盟的制造业 OFDI 流量。

由于数据来源的原因，采用万美元计量。因此，中国对东盟 OFDI、制造业产能合作与升级发展系统的流位流率变量确定如表 7-1 所示。

表 7-1　系统流位流率变量

变量类型	变量名称	变量符号	量纲
流位变量	中国年 GDP 总量	$L_1(t)$	万美元
流位变量	中国对东盟制造业年对外直接投资量	$L_2(t)$	万美元
流位变量	中国对东盟的劳动密集型产品年出口量	$L_3(t)$	万美元
流位变量	中国对东盟的劳动密集型产品年进口量	$L_4(t)$	万美元
流位变量	中国对东盟的资本密集型产品年出口量	$L_5(t)$	万美元
流位变量	中国对东盟的资本密集型产品年进口量	$L_6(t)$	万美元
流位变量	中国对东盟的资源密集型产品年出口量	$L_7(t)$	万美元
流位变量	中国对东盟的资源密集型产品年进口量	$L_8(t)$	万美元
流位变量	中国劳动密集型制造业年营业收入量	$L_9(t)$	万美元
流位变量	中国资本密集型制造业年营业收入量	$L_{10}(t)$	万美元
流位变量	中国资源密集型制造业年营业收入量	$L_{11}(t)$	万美元
流率变量	中国 GDP 年变化量	$R_1(t)$	万美元/年
流率变量	中国对东盟制造业对外直接投资年变化量	$R_2(t)$	万美元/年
流率变量	中国对东盟的劳动密集型产品出口年变化量	$R_3(t)$	万美元/年
流率变量	中国对东盟的劳动密集型产品进口年变化量	$R_4(t)$	万美元/年
流率变量	中国对东盟的资本密集型产品出口年变化量	$R_5(t)$	万美元/年
流率变量	中国对东盟的资本密集型产品进口年变化量	$R_6(t)$	万美元/年
流率变量	中国对东盟的资源密集型产品出口年变化量	$R_7(t)$	万美元/年
流率变量	中国对东盟的资源密集型产品进口年变化量	$R_8(t)$	万美元/年
流率变量	中国劳动密集型制造业营业收入年变化量	$R_9(t)$	万美元/年
流率变量	中国资本密集型制造业营业收入年变化量	$R_{10}(t)$	万美元/年
流率变量	中国资源密集型制造业营业收入年变化量	$R_{11}(t)$	万美元/年

7.2.2 系统辅助变量与外生变量确定

遵循贾仁安研究团队提出的系统动力学流率基本入树建模法的建模思想，逐一分析每个流率变量变化是如何受到系统流位变量的影响，确定系统的辅助变量以及主要的外生变量。

国内生产总值可由工业增加值与工业增加值在 GDP 的占比计算，而工业增加值又可以通过工业营业收入与增加值占营业收入比重计算。因此，流率变量 R_1（t）主要受到系统中的流位变量 L_9（t）、L_{10}（t）、L_{11}（t）影响，通过辅助变量工业增加值的影响，相关主要外生变量有工业增加值占 GDP 的比重、工业增加值占工业营业收入比重。

根据前文分析以及大量学者的相关研究，对外直接投资规模与 GDP 具有显著的正相关。因此，除去系统外影响因素，流率变量 R_2（t）主要受到系统中的流位变量 L_1（t）的影响。

从系统内因素考虑，研究表明对外直接投资对进出口的变化产生影响。因此，除去系统外影响因素，流率变量 R_3（t）、R_4（t）、R_5（t）、R_6（t）、R_7（t）和 R_8（t）主要受到系统中的流位变量 L_2（t）的影响。

产业营业收入构成分为国外营业收入和国内营业收入，国外营业收入由相应出口规模决定，而国内营业收入通过产业渗透度受到进口规模的影响。因此除去系统外影响因素，流率变量 R_9（t）、R_{10}（t）和 R_{11}（t）主要受到系统中的流位变量 L_3（t）、L_4（t）、L_5（t）、L_6（t）、L_7（t）和 L_8（t）的影响。

影响对外直接投资的外部因素涉及与投资国有关的外部因素和与被投资国有关的因素。考虑到研究对象的特定性，本书认为，影响中国对东盟对外直接投资的系统外部因素主要有产业进口渗透度、对外直接投资比例系数、各类产品进出口占比、汇率影响因子等。

综上所述，中国对东盟 OFDI、制造业产能合作与升级发展系统的主要的辅助变量和外生变量如表 7-2 所示。

表 7-2　系统辅助变量与外生变量

变量类型	变量名称	变量符号	量纲
辅助变量	中国年工业增加值	GYZJZ（t）	万美元
辅助变量	中国年工业营业收入	GYYYSR（t）	万美元

变量类型	变量名称	变量符号	量纲
辅助变量	市场寻找型对外直接投资年投资量	SCOFDI（t）	万美元
辅助变量	技术寻找型对外直接投资年投资量	JSOFDI（t）	万美元
辅助变量	资源密集型对外直接投资年投资量	ZYOFDI（t）	万美元
外生变量	工业增加值占 GDP 比重	GYGDPZB（t）	—
外生变量	工业营业收入增加值占比	GYYYSRZJZ（t）	—
外生变量	劳动密集型制造业进口渗透度	LDSTD（t）	—
外生变量	资本密集型制造业进口渗透度	ZBSTD（t）	—
外生变量	资源密集型制造业进口渗透度	ZYSTD（t）	—
外生变量	对东盟市场寻找型 OFDI 比例系数	SCXS（t）	—
外生变量	对东盟技术寻找型 OFDI 比例系数	JSXS（t）	—
外生变量	对东盟劳动密集型产品出口占比	LDXCK（t）	—
外生变量	对东盟劳动密集型产品进口占比	LDXJK（t）	—
外生变量	对东盟资本密集型产品出口占比	ZBXCK（t）	—
外生变量	对东盟资本密集型产品进口占比	ZBXJK（t）	—
外生变量	对东盟资源密集型产品出口占比	ZYXCK（t）	—
外生变量	对东盟资源密集型产品进口占比	ZYXJK（t）	—
外生变量	劳动密集型产品出口汇率影响因子	LDCKHLYZ（t）	—
外生变量	劳动密集型产品进口汇率影响因子	LDJKHLYZ（t）	—
外生变量	资本密集型产品出口汇率影响因子	ZBCKHLYZ（t）	—
外生变量	资本密集型产品进口汇率影响因子	ZBJKHLYZ（t）	—
外生变量	资源密集型产品出口汇率影响因子	ZYCKHLYZ（t）	—
外生变量	资源密集型产品进口汇率影响因子	ZYJKHLYZ（t）	—

7.2.3　基于 OFDI 制造业产能合作效应的制造业升级结构模型构建

一般认为 OFDI 动机包括了自然资源寻求型、市场寻求型、效率寻求型及战略资产寻求型四种，发达国家向发展中国家的投资，主要是出于市场导向的动机和降低成本的动机，而发展中国家之间的投资，大多数是市场导向型和降低成本导向型动机多于其他动机。通过对比中国与东盟的生产要素，结合学者的研究，我们认为中国对东盟的投资主要是资源寻求型、市场寻求型和效率寻求型三种。资源寻求型 OFDI 可帮助企业在海外获取生产原料，不仅能破解国内产业生产的资源瓶颈限制难题，还能稳定国内能源价格节省企业生产成本，可增加企业利润，使企业有资金改造生产条件，利于产业现代化发展，推动母国产业升级；市场寻求型 OFDI 则不仅能帮助企业获取更多海外市场份额，还有利于国内处于成熟期的产业转移至东道国，进一步利于国内制造业合理化和高级化发展；效率寻求型 OFDI 往往需要借助全球生产资源、依托国际分工，提升企业生产效率，在扩大产业利润的同时实现更有效地推动母国产业升级。具体来看，有以下这些因果链：

第一，中国向东盟投资劳动密集型 OFDI →中国国内投资减少，东盟固定资产增加→中国利率上升，东盟利率下降→中国企业生产成本上升，东盟企业生产成本下降→促进劳动密集型制造业转移→减少了劳动密集型制造业的出口→降低国内劳动密集型制造业营业收入→减少工业增加值→降低 GDP 发展水平→降低中国向东盟劳动密集型 OFDI 投资规模。

第二，中国向东盟投资劳动型 OFDI →国内相关低端产业链转移→物资资本转移至知识技术密集型制造业→产业空心化→劳动密集型制造业进口增加→降低国内劳动密集型制造业营业收入→减少工业增加值→降低 GDP 发展水平→降低中国向东盟劳动密集型 OFDI 投资规模。

第三，中国向东盟投资资本密集型 OFDI →通过技术溢出提高东盟企业技术水平→促进低价值链中间环节商品的生产从中国转移至东盟→资本密集型制造业的出口和进口增加→提高国内资本密集型制造业营业收入→增加工业增加值→提高 GDP 发展水平→提高中国向东盟资本密集型 OFDI 投资规模。

第四，中国向东盟投资资源密集型 OFDI →促进中国企业参与东道国资源开发→降低资源获得成本→促进资源密集型制造业进口→降低国内资源密集型制造业营业收入，提高资本和劳动密集型制造业营业收入→提高工业增加值→提高 GDP 发展水平→提高中国向东盟资源密集型 OFDI 投资规模。

第五，中国向东盟投资资源密集型 OFDI →促进了东盟国的基础设施水平→增加了对基础设施建设相关建材和大型机械设备的需求→促进资源密集型和资本密集型产品的出口→提高资源密集型和资本密集型制造业营业收入→提高工业增加值→提高 GDP 发展水平→提高中国向东盟资源密集型 OFDI 投资规模。

根据以上分析，可以得到中国对东盟对外直接投资、制造业产能合作与升级发展系统的因果关系，如图 7-8 所示。

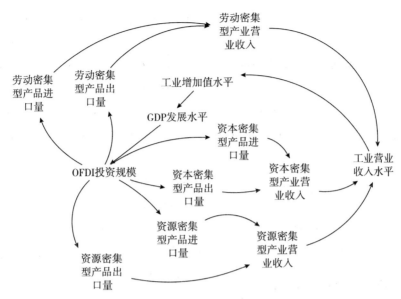

图 7-8　OFDI、制造业产能合作与升级发展系统因果关系图

依据系统动力学流图建模方法，根据系统要素因果关系图，构建中国对东盟对外直接投资促进产能合作与制造业升级系统 SD 结构模型，如图 7-9 所示。

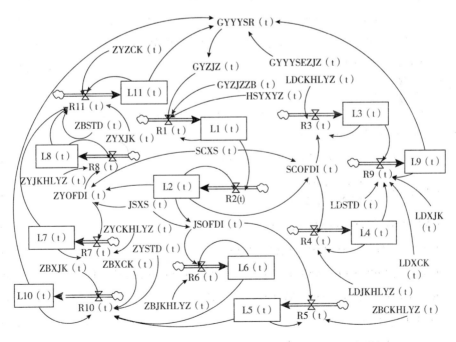

图 7-9　OFDI、制造业产能合作与升级发展系统 SD 结构模型

7.3 OFDI 对制造业产能合作与升级的情景仿真

基于对系统的分析，将数据导入系统动力学模型，并用 Vensim 软件进行情景仿真与分析。

7.3.1 模型数据的来源

模型中相关变量的数据主要来源于联合国数据库、《中国工业统计年鉴》、《中国对外经济贸易文告》、国家外汇管理局公布的人民币对美元的汇率数据等。

7.3.2 模型变量方程构建

在第 6 章的研究中，发现存在 OFDI 通过制造业产能合作影响制造业升级的路径，因此本章在构建系统动力学流图模型时，将参考第 6 章的路径结论，首先考虑中国对东盟的 OFDI 对中国与东盟之间产能合作的函数关系，再考虑制造业产能合作与制造业升级之间的函数关系。由于数据的可获取性，研究将 OFDI 按照之前产能合作的分类一样，拆分成资源密集型 OFDI、劳动密集型 OFDI 和资本密集型 OFDI，模型中变量之间的函数关系主要是通过回归分析、表函数和层次分析等方法得到，其中模型中主要的函数公式如下：

在对流率变量的内涵分析的基础上，通过历史数据的拟合，构建未考虑影响因子作用的流率变量基本方程。

$$R_1(t) = GYZJZ(t)/GYGDPZB(t) - L_1(t) \tag{7-1}$$

$$GYZJZ(t) = \frac{GYYYSR(t)}{GYYYSRZJZ(t)} \tag{7-2}$$

$$GYYYSR(t) = L_9(t) + L_{10}(t) + L_{11}(t) \tag{7-3}$$

$$R_2(t) = -315338 + 0.00123L_1(t) - L_2(t) \tag{7-4}$$

$$R_3(t) = 2130540 + 61.45SCOFDI(t) - 9.95 \times 10^{-5}SCOFDI(t)^2 - L_3(t) \tag{7-5}$$

$$R_4(t) = 706017 + 11.581SCOFDI(t) - L_4(t) \tag{7-6}$$

$$SCOFDI(t) = L_2(t) \times SCXS(t) \tag{7-7}$$

$$R_5(t) = 4844970 + 30.69JSOFDI(t) - L_5(t) \tag{7-8}$$

$$R_6(t) = 5600810 + 21.578JSOFDI(t) - L_6(t) \tag{7-9}$$

$$JSOFDI(t) = L_2(t) \times JSXS(t) \tag{7-10}$$

$$R_7(t) = 658191 + 2.68ZYOFDI(t) - L_7(t) \tag{7-11}$$

$$R_8(t) = 2516330 + 5.9ZYOFDI(t) - L_8(t) \tag{7-12}$$

$$ZYOFDI(t) = L_2(t) \times (1 - SCOFDI(t) - JSXS(t)) \tag{7-13}$$

$$R_9(t) = \left(\frac{L_3(t)}{LDCKB(t)} + L_3(t) \times \frac{LDSTD(t)}{LDJKB(t)} \right) - L_9(t) \tag{7-14}$$

$$R_{10}(t) = \left(\frac{L_5(t)}{ZBCKB(t)} + L_6(t) \times \frac{ZBSTD(t)}{ZBJKB(t)} \right) - L_{10}(t) \tag{7-15}$$

$$R_{11}(t) = \left(\frac{L_7(t)}{ZYCKB(t)} + L_8(t) \times \frac{ZYSTD(t)}{ZYJKB(t)} \right) - L_{11}(t) \tag{7-16}$$

模型中存在大量的影响因子，采用表函数进行刻画，其构建过程如下：

第一，关于产品进口渗透度的构建，产品进口渗透度反映了一个国家某类产品国内消费市场对进口的依赖程度，根据对有关劳动密集型产品、资本密集型产品和资源密集型产品国内消费对进口依赖的历史数据分析，结合对未来的研判，构建三类产品的进口渗透度（见表7-3）。

表7-3 产品进口渗透度表函数

年份	2005	2008	2010	2015	2017	2018	2020	2025	2030	2035
LDSTD（t）	0.100	0.109	0.110	0.130	0.142	0.148	0.146	0.130	0.200	0.250
ZBSTD（t）	0.800	0.095	0.102	0.135	0.159	0.169	0.145	0.120	0.150	0.150
ZYSTD（t）	0.110	0.120	0.130	0.146	0.170	0.180	0.190	0.200	0.200	0.250

第二，通过对《中国对外直接投资统计公报》的相关数据整理，获得中国对东盟的对外直接投资中，各类投资的占比系数表函数如表7-4所示。

表7-4 各类投资占比系数表函数

年份	2005	2007	2008	2010	2014	2018	2020	2021	2025	2035
SCXS（t）	0.000	0.000	0.158	0.382	0.119	0.264	0.189	0.200	0.200	0.200
JSXS（t）	0.847	—	—	0.776	—	0.205	0.400	0.400	0.400	0.400

第三，与汇率相关的进出口汇率影响因子的确定，是根据国家外汇管理局公布的人民币对美元汇率数据，结合有关汇率波动对不同类型产品进出口的影响的相关研究（见表7-5）。

表7-5　各类产品进出口汇率影响因子表函数

年份	2005	2007	2011	2014	2015	2016	2018	2019	2021	2022	2035
LDCKHLYZ（t）	1	0.940	0.970	0.980	1.022	1.101	0.960	1.064	0.960	1.075	1
ZBCKHLYZ（t）	1	0.990	0.990	1.000	1.005	1.020	0.990	1.020	0.980	1.020	1
ZYCKHLYZ（t）	1	0.990	0.990	1.000	1.000	1.010	0.980	1.010	0.990	1.010	1
LDJKHLYZ（t）	1	1.040	1.030	1.000	0.980	0.960	1.020	0.970	1.040	0.960	1
ZBJKHLYZ（t）	1	1.025	1.020	1.000	0.990	0.960	1.000	1.000	1.010	1.000	1
ZYJKHLYZ（t）	1	1.040	1.035	1.000	0.980	0.950	1.020	0.970	1.040	0.960	1

第四，利用《中国工业经济统计年鉴》的相关数据，计算工业增加值占GDP比重；根据工业营业收入增加值占比的经济内涵，构建工业营业收入增加值占比表函数（见表7-6）。

表7-6　工业营业收入增加值占比表函数

年份	2005	2011	2015	2021	2025	2030	2035
GYGPDBZ（t）	0.416	0.401	0.341	0.31	0.3	0.3	0.3
GYYYSRZB（t）	5.000	4.600	4.300	3.700	3.4	3.1	2.9

7.3.3　模型可靠性分析

为了检验本模型的可靠性，主要选择系统中的"中国年GDP总量L_1（t）"和"中国对东盟制造业年对外直接投资量L_2（t）"两个变量2005～2020年的预测值与真实值进行对比分析。真实值与预测值之间的关系如图7-10所示。

使用预测误差检验法（MAPE）对仿真模型的可靠性进行验证。当MAPE<10%时称为高精度预测；10%≤MAPE<20%时称为良好预测；20%≤MAPE<50%时称为可行预测；MAPE>50%时称为错误预测[209]。本模型具体验证结果如表7-7所示。

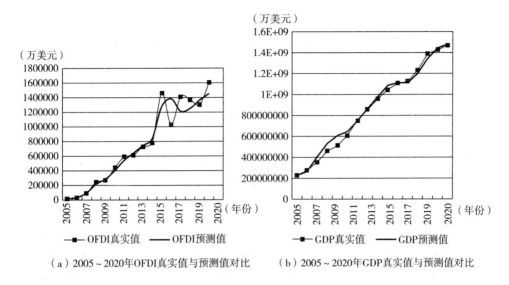

（a）2005～2020年OFDI真实值与预测值对比　　　（b）2005～2020年GDP真实值与预测值对比

图 7-10　真实值与预测值对比

表 7-7　模型验证结果

变量	MAPE	结论
中国年 GDP 总量 L_1（t）	3.38%	高精度预测
中国对东盟年对外直接投资量 L_2（t）	10.89%	良好预测

由表 7-7 可知，在此 GDP 与 OFDI 的预测值与真实值的 MAPE 误差比整体属于 10%～20%，说明模型的模拟效果可行，结论比较可靠。

7.3.4　OFDI 对制造业产能合作与升级的情景模拟分析

利用已构建的中国对东盟对外直接投资系统动力学模型，对系统的演化情景进行仿真，考虑到系统动力学模拟的特点，并结合中国经济社会发展规划，以 2035 年作为仿真的最终年份。

7.3.4.1　基准情景模拟分析

基准情景是假设 2021 年之后延续之前的发展趋势，以 2021 年的系统内外环境作为其之后的系统内外环境假设，依据系统动力学模型对 2021～2035 年系统的演化情景进行模拟。根据系统状态变量的内涵以及中国对东盟的对外直接投资的实际，可以知道系统的所有流位变量从趋势上来看，整体呈现上升趋势，因此，以下从系统流位变量的变化波动和系统演化对制造业产能合作与产业升级的影响对基准情景进行模拟分析。

关于对产能合作程度的刻画，继续沿用前文研究所采用的贸易互补指数。考虑到本书的目的是探讨中国对东盟制造业的对外直接投资策略对制造业产能合作程度变化趋势的影响，因此，将世界同类产品的进出口比重视为系统的外部因素，认为在不同的对外直接投资策略下保持不变。进而，中国对东盟的某类产品的进出口占比可以反映产能合作的变化趋势。分别用 LD（t）、ZB（t）和 ZY（t）表示劳动密集型、资本密集型和资源密集型产品的产能合作变化的衡量指标。

$$LD(t) = \frac{L_3(t)}{L_3(t)+L_5(t)+L_7(t)} \times \frac{L_4(t)}{L_4(t)+L_6(t)+L_8(t)} \qquad (7-17)$$

$$ZB(t) = \frac{L_5(t)}{L_3(t)+L_5(t)+L_7(t)} \times \frac{L_6(t)}{L_4(t)+L_6(t)+L_8(t)} \qquad (7-18)$$

$$ZY(t) = \frac{L_7(t)}{L_3(t)+L_5(t)+L_7(t)} \times \frac{L_8(t)}{L_4(t)+L_6(t)+L_8(t)} \qquad (7-19)$$

制造业产业升级一般从高级化和合理化两个角度进行刻画。通过前文的研究发现，就目前中国与东盟的经济发展以及中国对东盟对外直接投资现状，高级化是当前中国制造业产业升级的主要目标。因此，采用产业升级高级化指标来刻画产业升级。

$$产业升级程度 = \frac{资本密集型产业年营业收入}{劳动密集型产业年营业收入} = \frac{L_{10}(t)}{L_9(t)} \qquad (7-20)$$

利用构建的系统动力学模型可以得到系统主要变量的变动以及有关产能合作和产业升级相关变量的变化情景。如图 7-11 所示。

从中国 GDP 年变化量 R_1（t）与中国对东盟制造业对外直接投资年变化量 R_2（t）的模拟趋势图可以看到，2005~2021 年，两个变量的数值波动明显。中国对东盟制造业对外直接投资年变化量 R_2（t）的较大波动发生在 2016 年前后，分析其原因，本书认为主要是 2015 年中国对东盟采取的全面取消关税的利好政策，刺激 2016 年对东盟的对外直接投资爆发式增长，而 2017 年的对外直接投资出现收缩，这表明对外直接投资受到政策影响的程度较大。而中国 GDP 年变化量 R_1（t）的较大波动发生在 2021 年，分析其原因，一是新冠肺炎疫情后"国际国内双循环"发展战略对中国经济发展的助力；二是 2021 年汇率的波动影响。

这表明中国经济的发展与国际环境关系紧密，尤其美元对人民币汇率的影响较大。由于模型假设对 2021 年之后的外部影响因素进行了假定，因此 2022 年之后其波动趋于平缓。

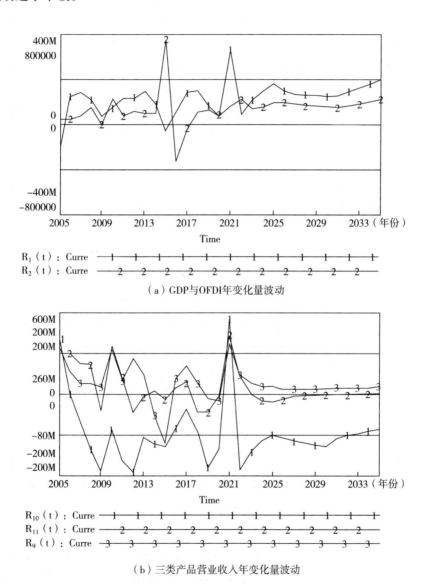

（a）GDP与OFDI年变化量波动

（b）三类产品营业收入年变化量波动

图 7-11　基准情景主要变量模拟图

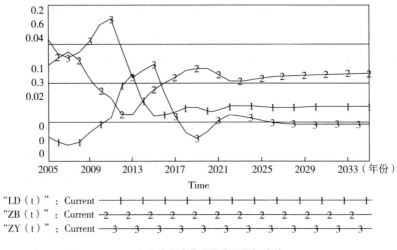

"LD（t）"：Current ——1——1——1——1——1——1——1——1——1——1——1——1——

"ZB（t）"：Current —2——2——2——2——2——2——2——2——2——2——2——2——

"ZY（t）"：Current ——3——3——3——3——3——3——3——3——3——3——3——3——

（c）产能合作变化衡量指标波动

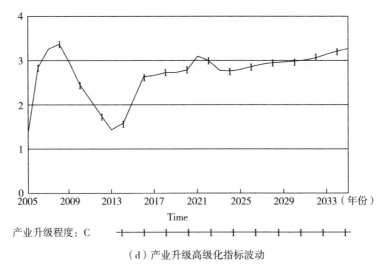

产业升级程度：C ———1——1——1——1——1——1——1——1——1——1——1——1——

（d）产业升级高级化指标波动

图7-11　基准情景主要变量模拟图（续）

从劳动密集型制造业营业收入年变化量 R_9（t）、资本密集型制造业营业收入年变化量 R_{10}（t）和资源密集型制造业营业收入年变化量 R_{11}（t）的模拟趋势来看，2005～2021年波动明显，但波动的趋势有较大的差异。劳动密集型制造业营业收入年变化量 R_9（t）的波动总体呈现以正向波动为主，而资本密集型制造业营业收入年变化量 R_{10}（t）的波动总体呈现反向波动，资源密集型制造业营业收入年变化量 R_{11}（t）的波动方向不明显。其最大波动与中国 GDP 年变化量

R_l（t）一样，也是发生在 2021 年，究其原因，本书认为与中国 GDP 年变化量 R_l（t）波动的原因类似。

从产能合作变化衡量指标的波动可以看出，衡量劳动密集型制造业产能合作变化波动程度的 LD（t）呈现先增后降趋于平稳；衡量资源密集型制造业产能合作变化波动程度的 ZY（t）总体上以下降趋势趋于平稳；而衡量资本密集型制造业产能合作变化波动程度的 ZB（t）呈现以上升趋势趋于平衡。

从产业升级高级化程度指标来看，中国对东盟的制造业对外直接投资对于制造业产业升级的影响虽然有波动，但整体呈现促进作用。尤其是 2012 年之后其促进作用呈现持续增强的趋势。

7.3.4.2　对外直接投资规模策略情景模拟

从对外直接投资的策略选择来看，主要策略包括对投资地域的选择、投资规模的确定和投资领域的选取。由于本章研究界定为对东盟的制造业对外直接投资研究，因此，投资策略仅讨论规模确定与领域选取。

为了探讨对外直接投资规模的变化对系统演化趋势的影响，在原系统动力学模型中增加对外直接投资规模调控参数，该参数的作用是保持 2021 年之前的对外直接投资策略，对 2022 年之后的对外直接投资规模进行调控。选取与产能合作和与产业升级相关的变量，通过对 2022 年之后对外直接投资规模的变化对相关变量的影响，探讨对外直接投资规模策略的效应。由于对外直接投资规模总体来说为上升趋势，故分别假设 2022 年之后对外直接投资规模以 5%、10% 和 15% 扩大，通过仿真得到相关数据，如表 7-8 所示。

表 7-8　OFDI 规模策略仿真数据

变量	情景设计	2023 年	2026 年	2029 年	2032 年	2035 年
LD（t）	基准情景	0.07	0.0683	0.0689	0.0694	0.0695
	低增长情景（5%）	0.0702	0.0687	0.0693	0.0697	0.0695
	中增长情景（10%）	0.0703	0.0691	0.0696	0.0697	0.0692
	高增长情景（15%）	0.0705	0.0694	0.0698	0.0696	0.0685
ZB（t）	基准情景	0.304	0.3229	0.3284	0.3315	0.3353
	低增长情景（5%）	0.304	0.3232	0.3292	0.3334	0.3384
	中增长情景（10%）	0.3039	0.3236	0.3303	0.3357	0.3422
	高增长情景（15%）	0.3039	0.3241	0.3317	0.3384	0.3469

续表

变量	情景设计	2023 年	2026 年	2029 年	2032 年	2035 年
ZY (t)	基准情景	0.0114	0.0096	0.0093	0.0092	0.0091
	低增长情景（5%）	0.0114	0.0096	0.0092	0.0091	0.009
	中增长情景（10%）	0.0114	0.0095	0.0091	0.009	0.009
	高增长情景（15%）	0.0114	0.0094	0.009	0.009	0.009
产业升级系数	基准情景	2.768	2.848	2.959	3.06	3.259
	低增长情景（5%）	2.766	2.839	2.949	3.056	3.267
	中增长情景（10%）	2.764	2.83	2.942	3.058	3.287
	高增长情景（15%）	2.762	2.823	2.939	3.067	3.319

通过对模拟数值的比较分析可以看出：

对于制造业产能合作变化衡量变量，对外直接投资的规模效应具有较为显著的差异。从影响程度来看，对于劳动密集型制造业变量 LD（t）和资源密集型制造业变量 ZY（t），对外直接投资规模扩大的效应不明显，尤其是资源密集型制造业变量 ZY（t）。而对于资本密集型制造业变量 ZB（t），对外直接投资规模扩大的效应相对明显。从影响的方向来看，对外直接投资规模扩大对于劳动密集型制造业和资源密集型制造业的衡量变量为负向影响，而对于资本密集型制造业的衡量变量为正向影响。

中国对东盟的对外直接投资规模扩大对产业升级高级化具有先抑后扬的影响。从短期来看，中国对东盟对外直接投资规模的扩大，对中国制造业产业升级高级化会产生一定的负面影响，但是从长期来看对产业升级高级化系数呈现正向的促进作用，但对外直接投资规模扩大的程度与促进产业升级的效应并不明显。

通过对对外直接投资规模扩大效应的仿真分析，本书认为：通过扩大对东盟的制造业对外直接投资规模，对促进中国与东盟的制造业产能合作和国内制造业产业升级有一定的促进，但是，其促进效应较为有限。

7.3.4.3 OFDI 领域选择策略情景模拟

OFDI 规模受到经济发展的限制，同时前面的模拟也表明，OFDI 规模对中国与东盟的产能合作和国内产业升级的促进效应有限。因此，以下从 OFDI 领域选取的策略角度，模拟策略的效应。

通过在原系统动力学模型中分别加入市场寻找型投资比例调控参数 SCXZ-

TK（t）、技术寻找型投资比例调控参数 JSXZTK（t）和资源密集型投资比例调控参数 NYZYTK（t），改变 2022 年之后的不同领域的投资比例，适度降低资源密集型投资比例，提高市场寻找型投资比例，实现对投资领域选取策略的情景模拟。

原模型中对于资源密集型的 2022 年之后的投资比例固定为 40%，从中国对东盟的历史数据来看，资源密集型对外直接投资的投资比例呈现逐渐下降的趋势。因此，假设自 2022 年之后，资源密集型投资比例适度下降，而中国对东盟的市场寻找型对外直接投资的投资比例相对较低，应该还有扩大的空间。所以，假设自 2022 年之后，提高市场寻找型投资比例。

针对 NYZYTK（t）分别取值为 0.90、0.85、0.80，相对应 SCXZTK（t）分别取值 1.00、1.05、1.10 和 1.20；从产能合作与产业升级的视角，观察 OFDI 投资领域选择策略的效应。

将相关调控参数导入系统动力学模型，通过仿真可以得到相关变量的模拟数值。本书探讨 2022 年之后的变化趋势，因此模拟曲线仅呈现 2022 年之后的情景。模拟情景如图 7-12、图 7-13 和图 7-14 所示。

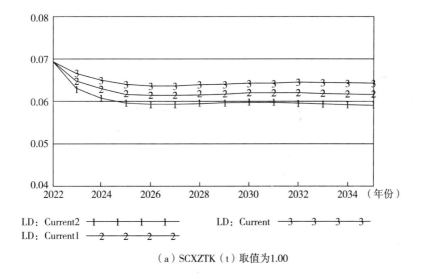

（a）SCXZTK（t）取值为1.00

图 7-12　LD（t）模拟曲线

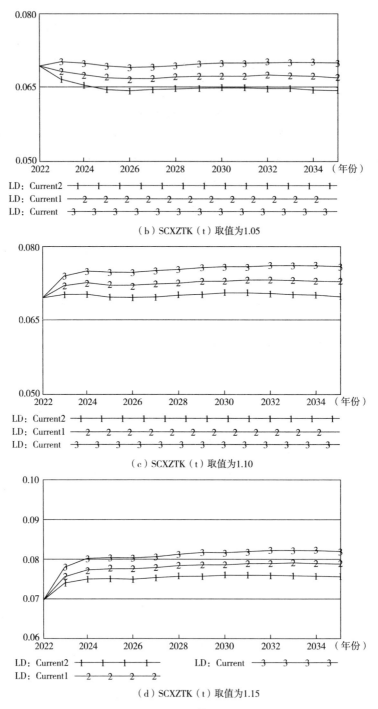

（b）SCXZTK（t）取值为1.05

（c）SCXZTK（t）取值为1.10

（d）SCXZTK（t）取值为1.15

图7-12　LD（t）模拟曲线（续）

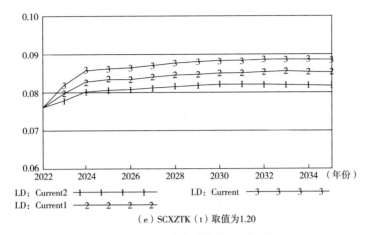

（e）SCXZTK（t）取值为1.20

图 7-12　LD（t）模拟曲线（续）

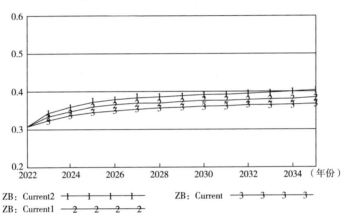

（a）SCXZTK（t）取值为1.00

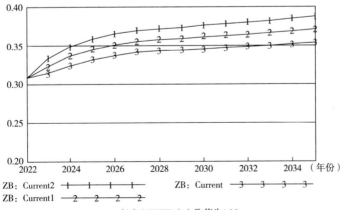

（b）SCXZTK（t）取值为1.05

图 7-13　ZB（t）模拟曲线

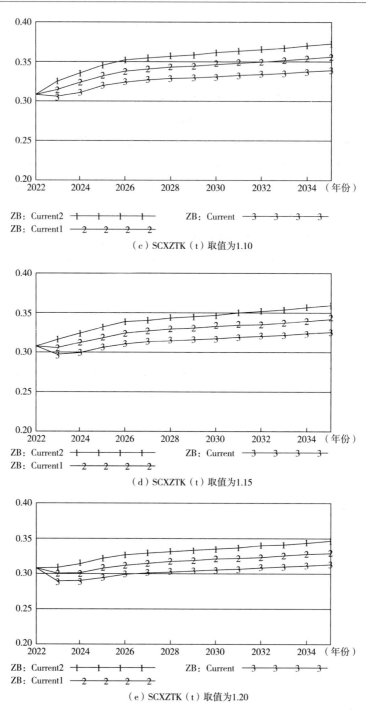

(c) SCXZTK (t) 取值为1.10

(d) SCXZTK (t) 取值为1.15

(e) SCXZTK (t) 取值为1.20

图 7-13　ZB（t）模拟曲线（续）

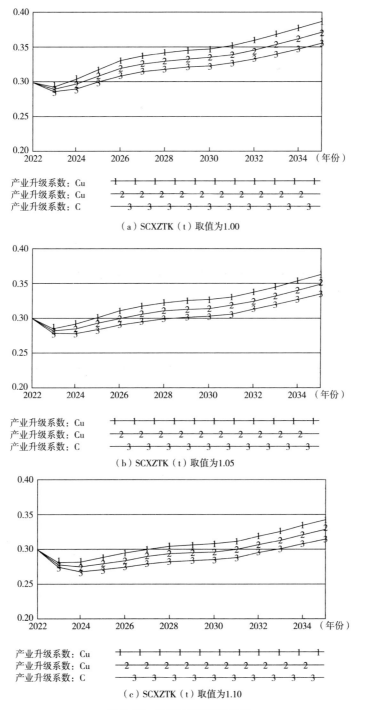

（a）SCXZTK（t）取值为1.00

（b）SCXZTK（t）取值为1.05

（c）SCXZTK（t）取值为1.10

图 7-14　升级系数模拟曲线

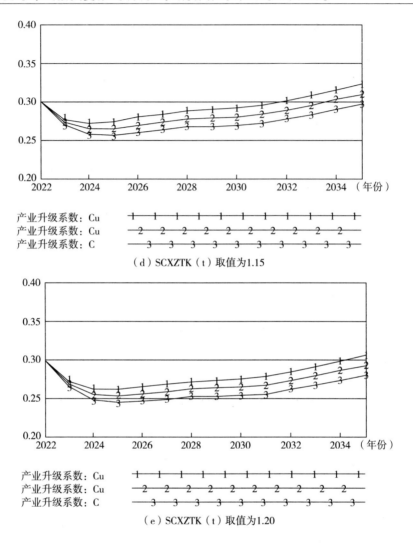

产业升级系数：Cu ┼─┼─┼─┼─┼─┼─┼─┼─┼─┼─┼─┼─
产业升级系数：Cu ──2─2─2─2─2─2─2─2─2─2─
产业升级系数：C ──3─3─3─3─3─3─3─3─3─3─

（d）SCXZTK（t）取值为1.15

产业升级系数：Cu ┼─┼─┼─┼─┼─┼─┼─┼─┼─┼─┼─┼─
产业升级系数：Cu ──2─2─2─2─2─2─2─2─2─2─
产业升级系数：C ──3─3─3─3─3─3─3─3─3─3─

（e）SCXZTK（t）取值为1.20

图7-14　升级系数模拟曲线（续）

　　因为在不同情景下，资源密集型投资比例相同，因此，只观察劳动密集型、资本密集型的产能合作变动刻画指标 LD（t）、ZB（t）和产业升级系数。其中曲线1、曲线2和曲线3分别对应 NYZYTK（t）分别取值0.80、0.85和0.90。

　　从模拟曲线的整体趋势来看，随着资源密集型对外直接投资比例的下降，劳动密集型产能合作变动的刻画变量 LD（t）呈现下降趋势，而资本密集型产能合作变动的刻画变量 ZB（t）呈现增大趋势；对于产业升级系数呈现增大的趋势。这表明，适度降低资源密集型对外直接投资比例能够对产能合作与产业升级产生促进作用，但是，促进效应的大小有所不同，还需要从模拟数值的角度进行分析。

从模拟数值来看，随着资源密集型对外直接投资比例 NYZYTK（t）的下降，LD（t）数值呈现平稳下降，而速度增大劳动密集型对外直接投资的比例，能够在一定程度上减缓 LD（t）数值的下降（见表 7-9）。

<h3 align="center">表 7-9　LD（t）模拟数值</h3>

NYZYTK（t）	SCXZTK（t）	2023 年	2026 年	2029 年	2032 年	2035 年
0.80	1.00	0.0630	0.0591	0.0594	0.0593	0.0588
	1.05	0.0665	0.0641	0.0646	0.0647	0.0642
	1.10	0.0701	0.0694	0.0701	0.0702	0.0697
	1.15	0.0738	0.0748	0.0757	0.0759	0.0754
	1.20	0.0776	0.0804	0.0815	0.0818	0.0814
0.85	1.00	0.0646	0.0612	0.0616	0.0617	0.0614
	1.05	0.0682	0.0664	0.0670	0.0672	0.0669
	1.10	0.0719	0.0719	0.0727	0.0730	0.0727
	1.15	0.0757	0.0775	0.0785	0.0789	0.0787
	1.20	0.0796	0.0833	0.0845	0.0850	0.0848
0.90	1.00	0.0663	0.0635	0.0639	0.0642	0.0640
	1.05	0.0701	0.0689	0.0696	0.0699	0.0698
	1.10	0.0738	0.0745	0.0754	0.0758	0.0758
	1.15	0.0777	0.0803	0.0814	0.0820	0.0820
	1.20	0.0854	0.0863	0.0877	0.0883	0.0884

从模拟数值来看，随着资源密集型对外直接投资比例 NYZYTK（t）的下降，ZB（t）数值持续平稳增大，且随着资源密集型对外直接投资比例 NYZYTK（t）的下降幅度扩大，ZB（t）的数值增速加大。通过与表 7-8 中相应数值的对比发现，通过调整对外直接投资不同领域的投资比例，更能有效地促进资本密集型产业的产能合作（见表 7-10）。

从模拟数值来看，资源密集型对外直接投资比例的下降，对于产业升级系数起着正向的增大效应，但是，增大效应会随着资源密集型对外直接投资比例的下降程度增大而变小（见表 7-11）。

表 7-10 ZB（t）模拟数值

NYZYTK（t）	SCXZTK（t）	2023 年	2026 年	2029 年	2032 年	2035 年
0.80	1.00	0.3436	0.3790	0.3878	0.3945	0.4024
	1.05	0.3344	0.3650	0.3734	0.3799	0.3877
	1.10	0.3254	0.3514	0.3593	0.3657	0.3734
	1.15	0.3166	0.3382	0.3457	0.3519	0.3594
	1.20	0.3079	0.3254	0.3324	0.3384	0.3457
0.85	1.00	0.3240	0.3517	0.3583	0.3631	0.3688
	1.05	0.3149	0.3374	0.3439	0.3486	0.3541
	1.10	0.3059	0.3239	0.3300	0.3345	0.3398
	1.15	0.3069	0.3246	0.3311	0.3363	0.3426
	1.20	0.2983	0.3118	0.3179	0.3229	0.3289
0.90	1.00	0.3040	0.3229	0.3282	0.3315	0.3353
	1.05	0.3050	0.3234	0.3290	0.3329	0.3374
	1.10	0.2960	0.3099	0.3152	0.3188	0.3231
	1.15	0.2971	0.3108	0.3164	0.3207	0.3258
	1.20	0.2885	0.2981	0.3033	0.3074	0.3123

表 7-11 产业升级系数模拟数值

NYZYTK（t）	SCXZTK（t）	2023 年	2026 年	2029 年	2032 年	2035 年
0.80	1.00	2.991	3.284	3.442	3.586	3.857
	1.05	2.851	3.104	3.241	3.374	3.627
	1.10	2.801	2.940	3.056	3.184	3.419
	1.15	2.753	2.788	2.886	3.001	3.227
	1.20	2.707	2.646	2.729	2.837	3.049
0.85	1.00	2.736	3.064	3.199	3.319	3.550
	1.05	2.785	2.895	3.008	3.118	3.335
	1.10	2.835	2.739	2.833	2.915	3.138
	1.15	2.721	2.691	2.779	2.883	3.090
	1.20	2.675	2.553	2.626	2.723	2.918
0.90	1.00	2.801	2.956	3.079	3.188	3.402
	1.05	2.752	2.791	2.893	2.994	3.194
	1.10	2.704	2.639	2.723	2.816	3.003

NYZYTK（t）	SCXZTK（t）	2023 年	2026 年	2029 年	2032 年	2035 年
0.90	1.15	2.689	2.594	2.672	2.767	2.957
	1.20	2.643	2.460	2.523	2.661	2.790

通过对表 7-8 和表 7-11 中有关产业升级系数相关数据的对比发现，从促进制造业产业升级高级化的视角来看，通过对对外直接投资领域的选择即调整资源密集型对外直接投资的比例系数，可以在保持原有投资规模的条件下，达到通过对外直接投资规模扩大对产业升级的促进效应。这说明就产业升级的高级化而言，对外直接投资领域的选择比对外直接投资规模扩大具有更好的经济性。

从以上的分析可以看出，中国对东盟的资源密集型对外直接投资比例的减小，可以有效促进资本密集型制造业产能合作的增强和促进产业升级，但是，对产业升级的促进效应随着投资比例的下降程度的增大而减弱；而对于劳动密集型制造业而言，其效应为产能合作程度持续降低。

7.3.4.4　"增强国内大循环"策略情景仿真

自 2020 年后，中央提出了"加快国内国际双循环"发展战略。从本模型中设计的参数"产品进口渗透度"的内涵来看，该参数反映的是国内消费市场对进口产品的依赖程度，而"双循环"发展战略的一个重要内涵就是要充分挖掘国内消费市场潜力，逐步降低对国际市场的依赖程度。因此，选在本模型中可以利用产品进口渗透度对"增强国内大循环"的策略情景模拟。

根据目前中国发展的阶段以及国际贸易中单边贸易保护主义的兴起，本书认为，从产品进口渗透度的角度而言，就目前重点是要摆脱中国高新技术产品对国外产品的依赖程度，而高新技术产品属于本模型中的资本密集型产品，因此，以下通过对资本密集型产品进口渗透度的调控，探讨"增强国内大循环"对产能合作和产业升级的效应。

为此，在原模型中引入资本密集型产品进口渗透度调控参数 ZBSTDTK（t），假设自 2022 年以后，以一定的调控力度，降低资本密集型产品国内市场对进口产品的依赖程度。

分别令调控参数 ZBSTDTK（t）取值 1.00、0.95 和 0.90。其含义分别是保持现行的进口渗透度不变、让现行的进口渗透度降低 0.75 个和 1.5 个百分点。通过对 ZBSTDTK（t）不同取值的情景仿真，观察变量的模拟情景如图 7-15 所示。其中曲线 1、曲线 2 和曲线 3 分别对应调控参数 ZBSTDTK（t）取值 0.90、0.95 和 1.00 的情景。

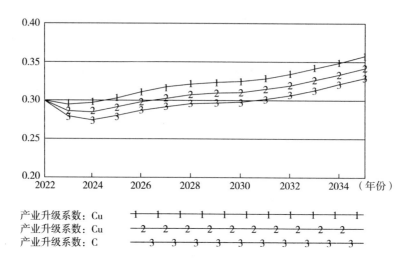

图 7-15　渗透度对产业升级系数影响

从模拟曲线的变化来看，资本密集型产品进口渗透度对于产业升级具有显著的促进作用。

从模拟数据还可以看出，资本密集型产品进口渗透度的降低，对于产能合作变动刻画变量 LD（t）、ZB（t）和 ZY（t）的作用极小。本章认为，这说明"增强国内大循环"并不会对国际产能合作产生消极的影响。

7.4　保障 OFDI 推进制造业产能合作与升级的对策建议

通过中国对东盟的对外直接投资促进国际产能合作与国内产业升级的系统动力学仿真，结合前文的研究，针对通过对外直接投资，增强中国的国际产能合作程度，进而促进国内产业升级，实现系统的良性循环，提出以下对策建议。

7.4.1　重点加强资本密集型产能合作

基于前文的研究发现，资本密集型产能合作能够有效促进制造业升级，而从产业链供应链的视角来看，中国在资本密集型制造业上具有较强的国际竞争力，与"一带一路"沿线国家在资本密集型产品上的互补指数也高于同期世界水平，因此双方在资本密集型制造业上开展产能合作，符合双方利益。为达到通过产能合作促进制造业升级的目的，中国企业应根据不同国家的资本密集型制造业比较优势，与"一带一路"沿线国家在电子、电器、化学、金属、机械、交通运输等资本密集型制造业深入开展产能合作。通过 OFDI 带动"一带一路"沿线国家的基础设施建设，补齐供应链产业链"短板"，然后沿线国家从中国进口资本密集型产品的中间品，从事加工、组装工作后，再出口给中国企业完成后续操作。通过这样基于国际贸易和 OFDI 的国际产能合作，中国企业能够有效带动"一带一路"沿线国家的本土供应链延伸，降低安全风险，夯实已有的建设成果。例如，"一带一路"沿线国家中东盟在资本密集型制造业上与我国互补程度较高，机电设备制造业是东盟国家中发展最好的产业，因此可以优先选择机电设备与东盟国家进行产能合作。因此，中国企业在进行投资区位选择时，应充分考虑东道国与我国的产业互补水平，结合"一带一路"沿线不同国家的具体情况，探索出不同的合作模式和领域。

7.4.2　有序推进劳动密集型产能合作

根据 OFDI 通过产能合作促进制造业升级的路径分析可知，劳动密集型产能合作的制造业升级效果也十分明显。从实证结果来看，劳动密集型产能合作的增加能够促进制造业结构高级化。结合产能合作与产业升级相关理论可知，这是劳动密集型制造业的产能合作效应。劳动密集型制造业的产业转移效应确实能够促进我国上游装备制造业、工业原材料生产和上游重化工业的发展，同时节约资源消耗和资金投入，为制造业转型升级发展腾出空间。但是近年来国际格局复杂多变，从 2018 年初的中美贸易摩擦，到全球价值链重组，全球产业链的发展呈现出了区域化和内链化的特点，并进入到了一个剧烈动荡和剧烈变化的时期，产业链的稳健性和安全性成为各国制造业布局首要考虑的因素[210]。同时，我国劳动密集型企业提供了绝大多数的就业岗位，这既是解决劳动就业的主力军，也是推动我国经济发展和技术创新的主要力量。并且受我国的人口规模和人均受教育程度相对较低情况的影响，在未来相当长的时期内劳动密集型制造业仍将是我国发展经济的重要产业之一。不能为了制造业升级就对劳动密集型制造业的产业转移"一刀切"，而应该对如何调整我国劳动密集型制造业发展进行积极探索，以确保供应链产业链完整为目标，有序推进劳动密集型制造业产能合作。为此，党的十九届四中全会提出要提高基础产业能力和产业链的现代化，中央政治局会议也提出，要提高产业链供应链稳定性和竞争力，更加注重补短板和锻长板。

各省份在推动制造业升级的过程中应考虑本省的人口结构、就业需求以国际供应链安全风险，充分利用已有的集群优势，参与或构建符合自己比较优势的外部供应链，保障民生就业和稳定供应链产业链完整；各省份应有序开展劳动密集型制造业产业转移，重点培育新的核心竞争力，培育属于中国的民族品牌，推动劳动密集型制造业向供应链供给端和消费端开展。

7.4.3　合理引导国内投资，提高要素配置效率

根据第 5 章的实证结果可知，物资资本存量的积累效应是产能合作促进制造业升级的重要途径之一。由第 6 章的省级面板数据分析可知，OFDI 对制造业升级的影响主要通过物资资本存量，现有的物资资本存量主要流向劳动密集型制造业，进而促进劳动密集型制造业发展，而抑制资本密集型制造业；现有的技术效率无法满足制造业升级的要素配置要求，会抑制制造业的发展。

结合以上两点，本书提出为加快促进制造业升级，应提高各生产要素的配置效率，同时引导社会投资更多地流向资本密集型制造业。制造业的转型升级体现在制造业企业由低价值创造为主的劳动密集型向高价值创造的资本密集型转变。要想实现制造业的转型升级，就必须优化资源配置，推动自然资源、劳动力、土地等基本要素与资本、技术等高级要素充分结合。此外，还要积极推动劳动密集型与资本密集型行业融合，制定加快不同要素密集型行业的协同政策，实现要素合理配置，行业协同发展。

此外，大规模发展资本密集型制造业受到资金和资源的双重约束，但又是实现制造业升级的必经之路，因此，应从实际出发，充分发挥地方、部门和企业的积极性，出台产业投资政策，发布新增产业禁止和限制目录，有重点、有步骤地发展资本密集型制造业，合理引导投资资金流向资本密集型制造业中的高端技术部分。同时，着力营造稳定可预期的营商环境，保障公平竞争，降低交易成本，吸引更多资金流入，进一步完善激励约束机制，鼓励和支持扩大制造业投资。

7.4.4　结合禀赋优势推进制造业差异化产能合作

从第 4 章 OFDI 促进产能合作的讨论中可知，OFDI 在与中国接壤的国家中对

产能合作的影响效果更显著，影响效果也更大。中国的近邻国家跟中国在地理距离、语言文化、时差等方面的差距要比不接壤的国家小，因此能够有效地发挥 OFDI 的影响，更高效地展开产能合作。我国同 14 国接壤，与 8 国海上相邻，面临极为复杂的周边环境。因而周边国家是中国和平发展的重要战略基础，处理好周边国家的关系对我国也有着重要意义。结合国情发展需要和本书的实证结论，建议充分发挥"近邻"优势，深化与周边国家的经贸往来，促进区域共同发展，由近及远带动更多国家参与"一带一路"倡议。在第 4 章和第 6 章的实证检验中可知：OFDI 对制造业升级的影响作用在省份间存在异质性，在行业间也存在异质性。以资本密集型制造业为例，上海、浙江的 OFDI 已经开始对资本密集型制造业发挥促进作用了，而内蒙古等省份的 OFDI 对资本密集型制造业尚处于抑制阶段，因此对外投资政策要因地制宜，结合当地的资源、人力、资金等要素，结合本省的优势产业，合理安排投资领域。各地政府应该明确鼓励、限制、禁止等三类境外投资范围并规定境外投资方向。

此外，上述两章的实证检验中还发现"一带一路"倡议对产能合作和对制造业升级的有效性。与 2013 年提出"一带一路"倡议时相比，当前的国际格局对于共建"一带一路"而言，既有利也有更复杂的影响。从有利因素来看，目前世界继续走和平发展道路的主基调没有变，经济全球化也仍然是未来发展之大势。经过 9 年的建设，越来越多的国家认可并积极加入"一带一路"的建设。但同时国际环境更复杂：一是各种不稳定因素给部分"一带一路"建设项目带来了暂时的不确定风险；二是部分国家对"一带一路"倡议的污名化，带来了一定的推进阻力；三是随着"一带一路"沿线国家的持续增加，不确定性也有所提升。基于以上分析，本书提出对策，建议各省份参与"一带一路"建设时，综合考虑自身制造业发展优势与生产要素禀赋优势，稳步拓展在资本密集型制造业的合作新领域、培育合作新增长点的新要求，包括加强抗疫国际合作、深化能源绿色低碳发展国际合作、深化生态环境和气候治理国际合作、深化数字领域合作、深化科技创新合作等。

7.4.5　适度控制 OFDI 增速，优化对外投资结构

随着中国经济的发展，中国对外直接投资规模在一定时期内，仍将处于不断增大的阶段。对外直接投资规模的扩大，对于国际产能合作和国内产业升级确实产生了促进作用。然而，随着中国对外直接投资规模的进一步扩大，产生的问题

有：一是随着国际形势的变化，国际贸易中单边保护主义的抬头，部分国家希望通过经济对立形成对中国经济遏制的绝对优势，尤其要遏制中国在关键科技与技术创新领域的发展潜力，进而增大了中国对外直接投资的潜在系统性风险。二是中国 OFDI 规模的快速扩张所带来的资本净输出，势必加速对外汇储备的消耗，对人民币汇率产生下拉作用，进而使人民币的贬值压力加大。有文献指出，实际汇率贬值会通过影响收入分配和技术创新间接影响经济增长，而且这种影响对发展中国家来说是消极的[211]。由于发展中国家在国际市场中的定价权较弱，汇率贬值会导致进口商品的价格上升，不利于国内经济发展[212]。三是规模扩大对产业升级的促进效应呈现减弱趋势，并且对于劳动密集型产品国际产能合作有一定的抑制效应。因此，适度控制中国对外直接投资规模的增速显得十分必要。

本书的研究表明，对外直接投资规模扩大对产业升级高级化具有先抑后扬的影响，而对外直接投资结构的调整，对于国际产能合作以及国内产业升级具有显著的影响。因此，应根据被投资国的资源禀赋、社会经济环境选择不同的投资产业。以中国对东盟的对外直接投资为例，针对劳动力成本相对低下的国家，对外直接投资以发展劳动密集型制造业为主，如柬埔寨和老挝；而对于自然资源丰富的越南对外直接投资应以资源密集型制造业为主；对于具有技术产业和人才优势的新加坡、马来西亚对外直接投资应以资本密集型制造业为主。对于中国对外直接投资的整体布局应该坚持"周边国家—发展中国家—发达国家"的渐进发展轨迹。对于周边国家，尤其是东盟，要充分利用其资源丰富、劳动力廉价、市场潜力大，与我国联系更加方便、紧密，投资环境宽松、投资成本低等方面的优势，在保持资源密集型制造业对外直接投资规模的基础上，适度加大劳动密集型制造业的对外直接投资，以达到国内过剩产能的有效转移。而对于发达国家和地区则应该在充分注重系统风险规避的前提下，以资本密集型投资为主，逐步加大中国对发达国家和地区对外直接投资的占比。

7.4.6 挖掘国内市场潜力，系统防范 OFDI 风险

随着中国的发展，部分国家对中国经济发展的遏制力度不断加强。尤其是自 2020 年以来，世界经济低迷，而中国因为采取了正确的应对政策，经济发展整体平稳。部分国家针对中国对外直接投资主要由发达国家采取的引入法规或限制的措施数量剧增，一些发达国家加强了外国投资审查制度，利用"竞争中立"规则对国有企业投资设置政策限制，这些限制措施对来自中国国有企业的投资针

对性明显，特别是战略资产获取型跨国并购更容易面临东道国严格的审查，我国国有企业"走出去"的环境复杂多变[213]。

本书的研究表明，通过挖掘国内市场发展潜力，统筹扩大内需，能够有力地促进国内产业升级和国际产能合作。通过扩大国内市场的自给度，使生产、分配、流通、消费更多依托国内市场，形成国民经济良性循环，降低中国经济对外部经济的依赖程度，保障中国经济的健康发展。而中国经济的健康发展将有力保障中国对外直接投资战略的有效实施。

随着国际形势的变化，中国对外直接投资所面临的不确定性增大，系统性风险增大。应从以下方面入手，应对环境的不确定性，降低对外直接投资的系统性风险。一是针对部分发达国家开始加大对其技术领域外资的限制力度，出台有意针对中国 OFDI 的审查措施，应该加快国家层面的 OFDI 的政策支持体系和协调应对机制的系统研究；二是坚持实施稳健的货币政策，人民币汇率由市场决定，保持弹性，发挥其调节宏观经济和国际收支自动稳定器的功能，较好地促进内外部均衡；三是从国家层面加大对高新技术和关键核心技术的研发力度，切实提升中国的科技创新水平和国家硬实力，彻底摆脱受制于人的困境。

7.5　本章小结

本章通过构建中国与东盟的 OFDI 产能合作与产业升级的系统动力学模型，以东盟为例对中国对外直接投资促进国内制造业升级进行对策仿真。通过仿真分析发现，通过扩大对东盟的 OFDI 规模，对促进中国与东盟的产能合作和国内产业升级有一定的影响，但其促进效应较为有限；而资源密集型对外直接投资比例的减小，可以有效促进资本密集型制造业产能合作的增强和促进产业升级，其增强与促进的效应随着投资比例的下降程度的增大而减弱；而对于劳动密集型制造业而言，其效应为产能合作程度持续降低；"增强即国内大循环"能够有效促进制造业产业升级，并不会对国外产能合作带来负面影响。综合全书研究，提出了对外直接投资促进产能合作与产业升级的相关对策建议。

第 8 章　结论与展望

本书在对相关文献和理论系统梳理的基础上，分析了 OFDI 推进制造业产能合作与升级的作用机理，依据作用机理围绕中国 OFDI 对制造业产能合作和升级的路径开展实证分析。对中国与"一带一路"沿线国家产能合作水平以及中国制造业水平进行测度分析；在对地理位置异质性和政策有效性检验的基础上，通过中介效应分析对 OFDI 影响产能合作的路径进行了检验；通过协整分析、误差修正模型对制造业产能合作影响制造业产业升级的长期影响关系、短期调整效应进行研究，进而构建国际产能合作对制造业产业升级的影响路径；基于产业升级合理化和高级化的视角，从行业异质性、政策有效性、技术溢出和资金效应等多方面对 OFDI 推进制造业产业升级路径进行了检验；以中国对东盟的对外直接投资为研究对象，结合全文的理论与实证分析，开展 OFDI 推进制造业产能合作与产业升级的对策仿真分析。

8.1　主要结论

总结全书的研究，本书的主要研究结论有：

第一，中国与"一带一路"沿线国家在不同密集型制造业进行产能合作时，OFDI 对产能合作的影响既会通过相同的路径技术进步发挥作用，也会通过各自不同的路径发挥作用。相同之处是，在所有产业 OFDI 都会通过技术进步的途径影响产能合作，其中，在资源密集型制造业和资本密集型制造业的双边合作中，技术进步可以配合 OFDI 的产能合作促进效果，加深中国与"一带一路"沿线国家在上述产业的合作；但是在劳动密集型制造业的合作过程中，技术进步会对产能合作产生阻碍作用，尤其是劳动密集型制造业的出口产能合作，OFDI 会通过促进东道国技术进步加剧对出口合作的抑制效果。此外，OFDI 对劳动密集型制造业的产能合作还存在就业促进路径，OFDI 提高了东道国相关产业的就业人数，对中国的出口带来了负面影响；OFDI 对资本密集型制造业的产能合作则存在融资渠道路径，OFDI 的持续注入为东道国提供了资金，缓解了东道国的资金紧张状况，提高东道国在资本密集型制造业上的生产能力，促进双方产能合作。

第二，中国在与不同国家或地区进行制造业产能合作时，促进国内制造业升级的路径有所不同。从长期影响来看，中国与"一带一路"沿线国家进行制造业产能合作时，制造业出口产能合作均能促进制造业升级；而在与发达国家进行产能合作过程中，主要是通过资源密集型制造业产能合作来促进制造业升级。从短期影响来看，产能合作的技术进步路径对制造业升级偏差的修正效果最强，其次是物资资本存量的积累，通过国内市场消费需求对制造业升级进行修正的效果相对最弱。

第三，OFDI 对国内制造业升级的影响具有非线性，并且 OFDI 对不同生产要素密集型制造业的影响具有异质性差异。OFDI 对中国制造业升级存在 U 形作用，即短期内 OFDI 会抑制制造业升级，但是长期内随着 OFDI 存量的不断累积，将最终对制造业升级产生显著的促进作用。OFDI 对不同生产要素类型产业的影响也存在异质性。具体而言，OFDI 对资源密集型制造业是倒 U 形作用，所有省份仍处于拐点左侧，因此 OFDI 的持续增加，能有效促进资源密集型制造业的产值；对劳动密集型制造业和资本密集型制造业的影响均是正 U 形作用，对资本密集型制造业而言，所有省份还处于拐点左侧，因此 OFDI 暂时还是抑制该产业的发展的，但劳动密集型制造业不同，已有部分省份的 OFDI 位于拐点右侧，OFDI 则能有效促进其劳动密集型制造业的发展。

第四，OFDI、制造业产能合作与升级的路径分析中发现，劳动密集型和资本密集型产能合作均能有效促进制造业升级，并且劳动密集型产能合作的促进作用更大。全要素生产率的提高和国内投融资约束也是对外直接投资对制造业升级产生影响的有效路径。国内投融资约束在刺激劳动密集型制造业发展的同时会抑制资本密集型制造业，因此对制造业升级会产生负面影响。全要素生产率的提高会促进技术进步，进而有效促进资本密集型制造业，并削弱劳动密集型制造业，因此对制造业升级会产生正面的影响；但是技术效率暂时无法对制造业升级产生显著影响。

第五，"一带一路"倡议提出后，OFDI对资本密集型制造业产能合作的正向促进作用效果有所下降，但是对资源密集型制造业的促进作用大幅提升，对劳动密集型制造业出口产能合作的负面抑制作用也在下降，并且伴随着OFDI的增加，"一带一路"倡议对产能合作的边际效应都在逐渐增加；在与中国接壤的沿线国家中，OFDI能够发挥更大的促进产能合作的效用。"一带一路"倡议提出后中国制造业整体合理化水平有了显著的提升，但是高级化水平出现了下降，在"一带一路"重点发展省份，制造业高级化的水平会比非重点发展省份高，但合理化程度要更低。

第六，通过扩大中国对东盟的OFDI规模，对促进中国与东盟的制造业产能合作和中国制造业升级有一定的影响，但是效果较为有限。通过资源密集型对外直接投资比例的减小，可以促进资本密集型制造业产能合作的增强和制造业升级。但是促进与增强效果将随着资源密集型投资比例下降程度的增大而减弱。对于劳动密集型制造业而言，资源密集型对外投资比例的下降会带来抑制作用。通过资本密集型产品进口渗透度的降低，即增强国内大循环建设，可以有效促进国内制造业升级，且不会对制造业产能合作带来负面影响。

8.2　不足之处与未来研究方向

经过理论的梳理和实证的检验，本书在OFDI通过产能合作促进制造业升级的研究方面取得了初步的结论，但是鉴于数据的可得性和笔者现有研究能力等因素的制约，现有成果仍存在诸多不足之处以及可进一步研究之处：

第一，产能合作指标选择的单一。尽管在本书中出于合作可能性的考量，选择了贸易互补指数来衡量产能合作，但还是有值得进一步完善的可能。

第二，实证检验中产能合作与制造业都按照不同生产要素密集程度进行了划分，但是OFDI受限于数据的获取难度，无法进行分类处理，因此在实证检验上还存在改进之处。

第三，系统动力学数值仿真分析还有待深入。由于OFDI、产能合作以及制造业升级都属于经济系统，不仅受到三个系统之间的相互影响，同时也受到其他宏观、微观经济变量以及外部因素的影响，由于数据的获取难度，部分外生变量的影响并没有完全纳入系统进行考量。

基于以上三点不足，未来准备从以下几个方面进行深入的研究：

第一，构建制造业产能合作的测度指标。大部分的文献对制造业产能合作的测度是 OFDI 或进出口，未来可以尝试使用熵权法或是 DEA 等方法从更多角度对制造业产能合作指标进行测度与分析。

第二，之前的分析数据都是基于宏观数据，因此 OFDI 的分行业流入情况无法获取，未来考虑根据微观数据进行分析，将中国外商投资企业名录中的企业与上市企业数据进行匹配，或许可以得到不同行业 OFDI 的投资额，以此展开更详细的研究。

第三，构建包含汇率变动、消费需求、物资资本存量等经济变量和外生变量的系统，进一步进行分析，并给出更有针对性的对策建议。

参考文献

［1］包群，唐诗，刘碧．地方竞争、主导产业雷同与国内产能过剩［J］．世界经济，2017，40（10）：144-169.

［2］Hymer S. The International Operations of National Firms：A Study of Foreign Direct Inbestment［M］．Cambridge：The MIT Press，1960.

［3］Vernon R. International Investment and International Trade in the Product Cycle［J］．International Executive，1966，8（4）：307-324.

［4］Buckley P J，Casson M. The Future of the Multinational Enterprise［M］．London：Macmillan，1976.

［5］Dunning J H. Trade，Location of Economic Activity and the MNE：A Search for an Eclectic Approach［J］．International Allocation of Economic Activity，1977（1023）：203-205.

［6］Kojima K. Japanese-Style Direct Foreign Investment［J］．Japanese Economy，1986，14（3）：52-82.

［7］董景荣，张文卿．技术来源、技术进步偏向与中国制造业升级——基于双循环新发展格局的思考［J］．中国科技论坛，2021（10）：71-82.

［8］赵景峰，杨承佳．生产性服务进口对中国制造业升级的影响研究［J］．经济纵横，2019（3）：102-113.

［9］傅元海，叶祥松，王展祥．制造业结构变迁与经济增长效率提高［J］．经济研究，2016，51（8）：86-100.

［10］蓝庆新，陈超凡．新型城镇化推动产业结构升级了吗？——基于中国省级面板数据的空间计量研究［J］．财经研究，2013，39（12）：57-71.

［11］周振华．实现新结构成长的战略目标及其基础性条件［J］．学习与探

索，1992（2）：72-77.

［12］苏东水. 论东西方管理的融合与创新［J］. 学术研究，2002（5）：39-45.

［13］史忠良. 再就业工程：中国面向 21 世纪的人力资源结构性调整［J］. 当代财经，1998（4）：56-57.

［14］蒋选. 我国产业结构政策的基本导向和主要问题［J］. 经济理论与经济管理，2002（12）：30-34.

［15］Kostova T，Beugelsdijk S，et al. The Construct of Institutional Distance through the Lens of Different Institutional Perspectives：Review，Analysis，and Recommendations［J］. Journal of International Business Studies，2020，51（4）：467-497.

［16］Ledyaeva S. Spatial Economic Analysis of Foreign Direct Investment Determinants in Russian Regions［J］. World Economy，2009，32（4）：643-666.

［17］Pan L，Feng Q，Jianping L I，Wang L. Determinants of China's OFDI Location Choices：A Comparison Study between BRI Countries and Non-BRI Countries［J］. Journal of Systems Science and Information，2022，10（1）：1-18.

［18］Papadopoulos A P，Zis G. A Monetary Analysis of the Drachma/ECU Exchange Rate Determination，1980-1991［J］. Empirical Economics，2000，25（4）：653-663.

［19］Kolstad I，Wiig A. What Determines Chinese outward FDI？［J］. Journal of World Business，2012，47（1）：26-34.

［20］臧铖，初晓，景光正. 汇率变动与企业跨国经营——基于中国出口企业的对外直接投资效应分析［J］. 国际商务（对外经济贸易大学学报），2021（1）：81-95.

［21］韩永辉，韩铭辉，李子文. 人民币汇率对 FDI 和 OFDI 的动态影响研究——基于三元 GARCH 的汇率变动和波动分析［J］. 管理评论，2020，32（9）：34-44.

［22］Lord M，Godfred A B Ericdf. Foreign Exchange Rate Moments and FDI in Ghana［J］. Journal of Economics and Finance，2017，41（1）：136-152.

［23］Yamakawa Y，Peng M W，Deeds D L. What Drives New Ventures to Internationalize from Emerging to Developed Economies？［J］. Entrepreneurship：Theory and Practice, 2007, 32 (1): 59-82.

　　[24] 林明灯, 邢建国, 袁勇志. 制度环境、政府干预对中国企业 OFDI 的影响——基于中国上市公司微观数据的实证研究 [J]. 江苏大学学报 (社会科学版), 2019, 21 (1): 84-92.

　　[25] Liu Y, Ge Y, Hu Z, Wang S. Culture and Capital Flows—Exploring the Spatial Differentiation of China's OFDI [J]. China Economic Review, 2018 (48): 27-45.

　　[26] 孙俊新. 文化距离、文化贸易与对外直接投资区位选择 [J]. 经济问题探索, 2020 (12): 103-110.

　　[27] 李增刚, 姜凯. 制度差异对中国对外直接投资的影响——基于"一带一路"倡议的调节效应分析 [J]. 济南大学学报 (社会科学版), 2022, 32 (5): 108-119.

　　[28] 史瑞祯, 桑百川. 中国对"一带一路"沿线国家 OFDI 的区位选择: 要素环境竞争力视角 [J]. 国际经贸探索, 2022, 38 (8): 85-100.

　　[29] 姚辉斌, 张亚斌. 要素禀赋差异、制度距离与中国对"一带一路"沿线国家 OFDI 的区位选择 [J]. 经济经纬, 2021, 38 (1): 66-74.

　　[30] 王腾, 邓学霖. 技术距离与中国 OFDI 区位选择——基于"一带一路"沿线国家的实证研究 [J]. 科学学研究, 2021, 39 (6): 1058-1066+1129.

　　[31] Pottelsberghe B V, Lichtenberg F. Does Foreign Direct Investment Transfer Technology across Boders? [J]. Review of Economics and Statistics, 2001, 83 (3): 490-497.

　　[32] 张建, 王博. 对外直接投资、市场分割与经济增长质量 [J]. 国际贸易问题, 2022 (4): 56-72.

　　[33] Mundell. International Trade with Factor Mobility [J]. American Economic Review, 1957, 47 (3): 321-335.

　　[34] Gu Huijie. Outward Foreign Direct Investment and Employment in Japan's Manufacturing Industry [J]. Journal of Economic Structures, 2018, 7 (27): 1-13.

　　[35] Shuzhong M, Yinfeng L, Hongsheng Z. The Employment Effects of Global Value Chains [J]. Emerging Markets Finance and Trade, 2019, 55 (10): 2230-2253.

　　[36] Oscar M. The Effect of Chinese Import Competition on Mexican Local Labor

Markets [J] . North American Journal of Economics and Finance, 2015 (34): 364-380.

[37] Nisha J, Yonghui H, Keming P, et al. Does outward Foreign Direct Investment Boost Employment in the Home Country? Evidence from China's Microlevel Data [J] . Emerging Markets Finance and Trade, 2019, 55 (15): 3386-3403.

[38] Tan Sai. The Dynamic Panels with Threshold Effect of China's OFDI on Host Country Technological Progress: An Empirical Analysis Based on Different Types of Countries along the Belt and Road [J] . International Journal of Information Systems in the Service Sector, 2022, 14 (2): 1-12.

[39] Deping X, Mengyuan Y, Qian C, et al. How OFDI Promotes High-Technology Multinationals' Innovation: From the Perspective of a Cross-Border Business Model [J] . Sustainability, 2022, 14 (3): 1-25.

[40] 朱于珂, 高红贵, 徐运保. 双向 FDI 协调发展对工业绿色技术创新效率的影响——基于政府质量的调节作用 [J] . 生态经济, 2022, 38 (8): 40-49.

[41] 刘宏, 梁文化. 中国 OFDI 与产业技术进步的关系研究——基于灰色关联度的分析 [J] . 国际经济合作, 2016 (4): 55-59.

[42] 朴英爱, 于鸿. 对外直接投资逆向技术溢出对中国技术创新能力的影响——基于门槛效应的实证研究 [J] . 山西大学学报 (哲学社会科学版), 2022, 45 (4): 135-145.

[43] Amendolagine V. Local Sourcing in Developing Countries: The Role of Foreign Direct Investments and Global Value Chains [J] . World Development, 2019, 113 (5): 73-88.

[44] Santangelo G D. The Impact of FDI in Land in Agriculture in Developing Countries on Host Country Food Security [J] . Journal of World Business, 2018, 53 (1): 75-84.

[45] Lu Y, Tao Z G, et al. Identifying FDI Spillovers [J] . Journal of International Economics, 2017 (107): 75-90.

[46] 范红忠, 王馗, 胡峰. 中国 OFDI 对于发展中国家的经济增长效应——基于与美国 OFDI 比较的视角 [J] . 经济问题探索, 2021 (9): 103-116.

［47］Xiaolan Fu，Peter J Buckley，Xiaoqing Maggie Fu. The Growth Impact of Chinese Direct Investment on Host Developing Countries ［J］. International Business Review，2020，29（2）：1-25.

［48］Yiding L. New Thinking on Capacity Cooperation between China and Africa under the "Belt and Road Initiative" ［J］. Open Journal of Social Sciences，2019，7（12）：95-106.

［49］金仁仙. GVC 视角下国际产能合作的经验与启示 ［J］. 经济体制改革，2021（6）：148-155.

［50］Nisit P，Chukiat C，Chira B. Impact of China's OFDI to the Greater Mekong Subregion ［J］. The Chinese Economy，2022，55（6）：460-476.

［51］Feng Ling，Ge Lulan. China's OFDI and the Economic Growth：From the Perspective of Natural Resource ［J］. International Studies of Economics，2022，17（3）：41-45.

［52］杨习铭，董厶菲，高志刚. 中蒙俄经济走廊产能合作研究——基于细分产业贸易竞争力的动态分析 ［J］. 价格月刊，2022（9）：52-64.

［53］Tristan Kenderdine，Han Ling. International Capacity Cooperation——Financing China's Export of Industrial Overcapacity ［J］. Global Policy，2018，9（1）：41-52.

［54］周保根. 新形势下企业"走出去"的风险防范与利用 ［J］. 国际经济合作，2016（11）：47-50.

［55］Endaylalu Gashaw Ayferam. The Implication of the Rise of China to the US-Led Liberal International Order：The Case of One Belt and One Road Initiatives ［J］. Chinese Journal of International Review，2022，4（1）：71-96.

［56］张中元. "一带一路"机制化建设与可持续发展研究 ［J］. 亚太经济，2021（4）：1-10.

［57］唐晓阳. 激活非洲工业化："一带一路"能带来什么 ［J］. 文化纵横，2022（4）：23-31+158.

［58］Raufhon Salahodjaev. Economic Growth and Wellbeing：Evidence from the Belt and Road Initiative Countries ［M］. New York：Nova Science Publishers，2022.

［59］翟东升. 将"一带一路"建设成为"减贫之路" ［J］. 红旗文稿，2022（17）：13-16+1.

［60］季志业，桑百川，翟崑，李一君，王泺．"一带一路"九周年：形势、进展与展望［J］．国际经济合作，2022（5）：4-27+94.

［61］孔翔，胡泽鹏．文化邻近对"一带一路"沿线国家间科研合作强度的影响［J］．地理研究，2022，41（8）：2092-2108.

［62］任保平．共同现代化：推进共建"一带一路"高质量发展的核心逻辑［J］．山东大学学报（哲学社会科学版），2022（4）：69-78.

［63］周华蓉，刘友金，贺胜兵．"新雁行模式"理论与"一带一路"产业发展［J］．财经研究，2022，48（8）：78-93.

［64］孟猛，郑昭阳．"一带一路"倡议是否促进了沿线国家的产业发展？——来自"一带一路"国家向中国出口高技术产品的证据［J］．国际商务研究，2022，43（5）：1-12.

［65］张栋，许燕，张舒媛．"一带一路"沿线主要国家投资风险识别与对策研究［J］．东北亚论坛，2019，28（3）：68-89+128.

［66］李道军，胡颖．产业梯度差异与中哈产能合作产业选择［J］．技术经济与管理研究，2021（7）：115-119.

［67］黄森，蒋婷玉，吕小明．投资贸易便利化水平对国际产能合作的影响［J］．统计与决策，2020，36（16）：140-144.

［68］陈默，李荣林，冯凯．中国对非基础设施建设能否推动中非产能合作——基于贸易增加值的视角［J］．国际贸易问题，2022（3）：51-67.

［69］邓建军．人民币汇率视角下国际产能合作对企业产能利用率的作用机制研究［J］．金融与经济，2022（4）：23-32.

［70］姬顺玉．西部与东盟国家产能合作的区位选择与路径［J］．甘肃社会科学，2021（4）：165-172.

［71］刘勇，黄子恒，杜帅，吴斌，孙欣如．国际产能合作：规律、趋势与政策［J］．上海经济研究，2018（2）：100-107.

［72］Mundell R A. Capital Mobility and Stabilization Policy under Fixed and Flexible Exchange Rates［J］. The Canadian Journal of Economics and Political Science/Revue canadienne d \ Economique et de Science Politique, 1963, 29（4）：475-485.

［73］Buckley P J, Casson M. The Optimal Timing of a Foreign Direct Investment［J］. The Economic Journal, 1981, 91（361）：75-87.

［74］Niti B，Kanika K. Impact of Outward FDI on Home Country Exports ［J］. International Journal of Emerging Markets，2021，16（6）：1150-1175.

［75］Helpman，Elhanan. A Simple Theory of International Trade with Multinational Corporations ［J］. Journal of Political Economy，1984，92（3）：451-471.

［76］Svenson D L. Foreign Investment and the Mediation of Trade Flows ［J］. Review of International Economics，2004，12（4）：609-629.

［77］Blonigen B A. A Review of the Empirical Literature on FDI Determinants ［J］. Atlantic Economic Journal，2005，33（4）：383-403.

［78］程显宏，孙凌燕，邹宗森. 双向 FDI 对中国向"一带一路"沿线国家出口贸易的影响研究 ［J］. 西南大学学报（社会科学版），2021，47（5）：80-90+224.

［79］赵赛. 基于制度环境视角的中国 OFDI 的贸易效应研究——基于"一带一路"沿线 64 个国家的实证分析 ［J］. 经济问题探索，2022（1）：166-180.

［80］Ekholm K，Forslid R，Markusen J R. Export-Platform Foreign Direct Investment ［J］. Journal of the European Economic Association，2007，5（4）：776-795.

［81］Faheem Ur Rehman，Abul Ala Noman. China's outward Foreign Direct Investment and Bilateral Export Sophistication：A cross Countries Panel Data Analysis ［J］. China Finance Review International，2021，12（1）：180-197.

［82］Hasanat Shah S，Ameer W. The Impact of Outbound Foreign Direct Investment on Export and Private Investment：Comparative Analysis of Emerging and Developed Countries ［J］. Australian Economic Papers，2021，60（4）：647-692.

［83］丁杰. 中国对外直接投资提高"一带一路"沿线国家的 GVC 分工水平了吗——沿线 44 个国家的动态面板实证检验 ［J］. 华侨大学学报（哲学社会科学版），2022（3）：79-92.

［84］程显宏. 汇率变动、OFDI 与进口贸易——基于中国与 RCEP 国家的理论分析与实证研究 ［J］. 经济问题探索，2022（11）：175-190.

［85］李立民，张越，王杰. OFDI 对中国—东盟贸易影响研究 ［J］. 国际经济合作，2018（9）：76-86.

［86］程显宏，李豫新，邹宗森. 非对称贸易成本、OFDI 与出口贸易——基于"一带一路"沿线国家的实证检验 ［J］. 当代财经，2020（9）：114-126.

［87］李晓钟，杜添豪，王舒予．中国与"一带一路"沿线国家贸易影响因素及潜力研究［J］．国际经济合作，2019（3）：17-29.

［88］陈高，刘锋，胡迎东．"一带一路"倡议下中国对外投资的出口效应影响研究［J］．统计与决策，2020，36（8）：152-155.

［89］王会艳，杨俊，陈相颖．中国对"一带一路"沿线国家投资的贸易效应研究——东道国风险调节效应［J］．河南社会科学，2021，29（8）：79-92.

［90］陈立泰，刘雪梅．中国对"一带一路"沿线国家 OFDI 的出口贸易效应分析［J］．统计与决策，2019，35（1）：142-146.

［91］李荣林，熊燕，倪何永乐．中国对非援助的出口贸易效应——基于出口增加值的视角［J］．南方经济，2022（2）：38-54.

［92］Rosfadzimi Mat Saad, Abd Halim Mohd Noor, Abu Hassan IHaari Md Nor. Developing Countries' outward Investment：PuIH Factors for Malaysia［J］．Procedia-Social and Behavioral Sciences, 2014（130）：237-246.

［93］Obashi A. Stability of Production Networks in East Asia：Duration and Survival of Trade［J］．Japan and the World Economy, 2010, 22（1）：21-30.

［94］Xiaolan Fu, Peter J Buckley, Xiaoqing Maggie Fu. The Growth Impact of Chinese Direct Investment on Host Developing Countries［J］．International Business Review, 2020, 29（2）：1-25.

［95］Sedat Aybar, Meryem Gürel. China's outward Foreign Direct Investment along "Belt and Road Initiative"［J］．Florya Chronicles of Political Economy, 2018（1）：89-105.

［96］魏占军，杨宏恩．中国对外直接投资与能源进口——我国企业 OFDI 动机假设的实证检验［J］．商业研究，2017（11）：82-87+140.

［97］程中海，冯梅．中国对欧亚区域的直接投资是否促进了能源进口——基于一带一路产能合作视角［J］．中国科技论坛，2017（5）：101-106.

［98］李兰，金璐．中国能源 OFDI 的进口效应——基于"一带一路"沿线国家的研究［J］．对外经贸，2022（1）：49-54.

［99］Yong Zhao, Xunpeng Shi, Feng Song. Has Chinese outward Foreign Direct Investment in Energy Enhanced China's Energy Security?［J］．Energy Policy, 2020（146）：1-8.

［100］程中海，冯梅，袁凯彬．"一带一路"背景下中国对中亚区域 OFDI

的能源进口贸易效应 [J]. 软科学, 2017, 31 (3): 30-33+67.

[101] 蔡锐, 刘泉. 中国的国际直接投资与贸易是互补的吗?——基于小岛清 "边际产业理论" 的实证分析 [J]. 世界经济研究, 2004 (8): 64-70.

[102] 王恕立, 向姣姣. 中国对外直接投资的贸易效应——基于 2003~2012 年跨国面板的经验分析 [J]. 经济体制改革, 2014 (4): 135-139.

[103] 隋月红, 赵振华. 我国 OFDI 对贸易结构影响的机理与实证——兼论我国 OFDI 动机的拓展 [J]. 财贸经济, 2012 (4): 81-89.

[104] 李夏玲, 王志华. 对外直接投资的母国贸易结构效应——基于我国省际面板数据分析 [J]. 经济问题探索, 2015 (4): 138-144.

[105] 徐国祥, 张正. 我国对外直接投资如何影响出口增加值——基于我国—东道国 (地区) 产业结构差异的视角 [J]. 统计研究, 2020, 37 (10): 39-5.

[106] 陈俊聪, 黄繁华. 中国对外直接投资的贸易效应研究 [J]. 上海财经大学学报, 2013, 15 (3): 58-65.

[107] 张宏, 王霄, 潘雨晨. 中国 OFDI 对出口结构的影响研究——以 "一带一路" 为背景 [J]. 亚太经济, 2019 (4): 79-87+151-152.

[108] 杨超, 庄芮, 常远. 基于异质性投资动因的中国 OFDI 母国贸易效应分析——以投资东盟和欧盟为例 [J]. 国际经济合作, 2022 (2): 39-49.

[109] Matsuyama K. Structural Change in an Interde Pendent World: A Global View of Manufacturing Decline [J]. Journal of the European Economic Association, 2009 (2-3): 478-486.

[110] Hyun H J, Hur J. Trade Openness and Vertical Structure: Evidence from Korean Firm-Level Data [J]. Open Economies Review, 2011, 25 (4): 701-720.

[111] Nair M, Madhavan K, Vengedasalam D. The Effect of Trade on Manufacturing Industry in Malaysia: Strategies to Enhance Its Competitiveness [J]. International Journal of Management, 2006, 23 (4): 878-893.

[112] Alessia Amighini, Marco Sanfilippo. Impact of South-South FDI and Trade on the Export Upgrading of African Economies [J]. World Development, 2014 (64): 1-17.

[113] Greenaway D, Wakelin K. Foreign Direct Investment and Trade: Substitutes or Complements? [J]. Journal of Agricultural & Applied Economics, 1999, 34

<

（2）：289-302.

［114］段联合．新发展格局下我国贸易结构优化与产业结构升级联动关系［J］．商业经济研究，2021（23）：173-176.

［115］黄凌云，张宽．贸易开放提升了中国城市创新能力吗？——来自产业结构转型升级的解释［J］．研究与发展管理，2020，32（1）：64-75.

［116］姚战琪．服务业对外开放对我国产业结构升级的影响［J］．改革，2019（1）：54-63.

［117］辛冲冲．贸易开放有助于中国产业结构转型升级的空间收敛吗？——兼论产业结构转型升级的β收敛特征［J］．北京工商大学学报（社会科学版），2022，37（2）：24-36.

［118］金剑琳．新发展格局下贸易开放对我国城市产业升级的影响——基于一线城市样本的经验研究［J］．商业经济研究，2022（18）：171-174.

［119］周茂，陆毅，符大海．贸易自由化与中国产业升级：事实与机制［J］．世界经济，2016，39（10）：78-102.

［120］蔡海亚，徐盈之．贸易开放是否影响了中国产业结构升级？［J］．数量经济技术经济研究，2017，34（10）：3-22.

［121］张昕．生产性服务进口与制造业升级的双向联动机制——中国制造业发展的经验分析［J］．西部论坛，2021，31（5）：15-33.

［122］赵景峰，杨承佳．生产性服务进口对中国制造业升级的影响研究［J］．经济纵横，2019（3）：102-113.

［123］马颖，李静，余官胜．贸易开放度、经济增长与劳动密集型产业结构调整［J］．国际贸易问题，2012（9）：96-107.

［124］张少军，刘志彪．产业升级与区域协调发展：从全球价值链走向国内价值链［J］．经济管理，2013，35（8）：30-40.

［125］赵岩，范文祥，杨菁．贸易结构对三次产业升级的作用分析［J］．中央财经大学学报，2012（4）：62-67.

［126］杨阔，郭克莎．中国制造业升级的外部需求制约：出口阶段变化的影响［J］．区域经济评论，2019（2）：117-125.

［127］翟晓萌，诸德律，吴霜，方向．技术创新、对外贸易与产业结构升级——基于"一带一路"沿线中国省市的数据分析［J］．价格理论与实践，2020（1）：155-158+178.

［128］卜伟，杨玉霞，池商城．中国对外贸易商品结构对产业结构升级的影响研究［J］．宏观经济研究，2019（8）：55-70．

［129］Xiaolin Sun, Dongyang Cao. Merger and Reorganization to Promote Industrial Upgrading: Review and Prospect of Research［C］. Proceedings of 2018 International Conference on Management and Education, Humanities and Social Sciences（MEHSS 2018），2018.

［130］陈海波，陈赤平．FDI、交通运输能力与制造业发展：基于224个城市的面板门槛模型的实证分析［J］．世界经济研究，2018（6）：123-134+137．

［131］刘友金，尹延钊，曾小明．中国向"一带一路"国家产业转移的互惠共生效应——基于双边价值链升级视角的研究［J］．经济地理，2020，40（10）：136-146．

［132］Yuxia Yang, Yunyun Luo. Impact of Infrastructure OFDI on Industrial Upgrading［C］. Conference Proceedings of the 7th International Symposium on Project Management（ISPM2019），2019.

［133］Liao Hongwei, Yang Liangping, Dai IHuanping, Van Assche Ari. Outward FDI, Industrial Structure Upgrading and Domestic Employment: Empirical Evidence from the Chinese Economy and the Belt and Road Initiative［J］. Journal of Asian Economics, 2021（74）：101303-101315.

［134］潘素昆，袁然．不同投资动机OFDI促进产业升级的理论与实证研究［J］．经济学家，2014（9）：69-76．

［135］王桂军，卢潇潇．"一带一路"倡议与中国企业升级［J］．中国工业经济，2019（3）：43-61．

［136］赵婉妤，王立国．产能过剩对产业结构升级的倒U型影响［J］．投资研究，2021，40（4）：4-16．

［137］Wang Mei Ling, Pang Si Lu, Wang Feng, Guo Xin, He Zheng Xia. Dynamic Interaction between outward Foreign Direct Investment and Home Country Industrial Upgrading: Regional Differences in China［J］. Growth and Change, 2021, 52（4）：2293-2317.

［138］Li Fengchun, Yu Cheng. OFDI and Home Country Structural Upgrading: Does Spatial Difference Exist in China?［J］. Emerging Markets Finance and Trade, 2019, 56（7）：1532-1546.

［139］刘海云，聂飞．中国 OFDI 动机及其对外产业转移效应——基于贸易结构视角的实证研究［J］．国际贸易问题，2015（10）：73-86．

［140］陈岩，翟瑞瑞．对外投资、转移产能过剩与结构升级［J］．广东社会科学，2015（1）：5-16．

［141］胡振华，刘欣欣，陈艳．国际产业转移对我国产业结构升级的非线性影响机制［J］．产经评论，2019，10（2）：83-93．

［142］曾倩，刘津汝．我国"一带一路"顺梯度对外直接投资、产业转移与产业结构升级［J］．投资研究，2021，40（12）：138-151．

［143］李雯轩，李晓华．新发展格局下区域间产业转移与升级的路径研究——对"雁阵模式"的再探讨［J］．经济学家，2021（6）：81-90．

［144］孙黎，任兵，阎大颖，彭维刚．比较所有权优势：中国和印度企业跨国并购的理论框架［J］．中大管理研究，2010，5（4）：1-32．

［145］余道先，周石．发展中国家对外直接投资模式的新诠释——基于综合竞争力阶梯模型的分析［J］．财贸经济，2010（12）：104-110．

［146］Holger Gorg，Eric Strobl. Multinational Companies and Indigenous Development：An Empirical Analysis［J］．European Economic Reviews，2002，46（7）：1305-1322．

［147］José María Cubillo. Export Behavior in MNC Suppliers Networks：The Spanish Automotive Industry Case［J］．International Journal of Commerce and Management，2008，18（2）：102-122．

［148］Fuchs Martina，Winter Johannes. Competencies in Subsidiaries of Multinational Companies the Case of the Automotive Supply Industry in Poland［J］．Zeitschrift Fur Wirtschaftsgeographie，2008，52（4）：209-220．

［149］Lee Branstetter. Is Foreign Direct Investment a Channel of Knowledge Spillovers？Evidence from Japan's FDI in the United States［J］．Journal of International Economics，2005，68（2）：325-344．

［150］Indrajit Roy，Narayanan K. Outward FDI from India and Its Impact on the Performance of Firms in the Home Country［J］．Journal of Asia Business Studies，2019，13（1）：1-28．

［151］Archanun Kohpaiboon，Juthathip Jongwanich. International Production Networks，Clusters，and Industrial Upgrading：Evidence from Automotive and Hard Disk

Drive Industries in Thailand ［J］. Review of Policy Research, 2013, 30 (2)：211-239.

［152］聂飞. 中国 OFDI 影响了 IFDI 的"质"还是"量"？——基于产业结构升级溢出机制的视角［J］. 经济评论, 2018 (6)：41-52+68.

［153］宋雯彦, 韩卫辉. 环境规制、对外直接投资和产业结构升级——兼论异质性环境规制的门槛效应［J］. 当代经济科学, 2021, 43 (2)：109-122.

［154］杨栋旭, 周菲. 对外直接投资与中国产业结构升级——基于产能转移与技术进步双重视角的研究［J］. 经济问题探索, 2020 (10)：124-134.

［155］杨慧瀛, 杨宏举. 数字贸易对产业结构升级的影响研究——来自中国省际面板的经验数据［J］. 价格理论与实践, 2021 (12)：186-189.

［156］胡立君, 薛福根, 王宇. 后工业化阶段的产业空心化机理及治理——以日本和美国为例［J］. 中国工业经济, 2013 (8)：122-134.

［157］白雪洁, 于庆瑞. OFDI 是否导致中国"去工业化"？［J］. 财经论丛, 2019 (11)：3-11.

［158］谢光亚, 张佳颖. 中国 OFDI 的制造业产业"空心化"效应研究［J］. 湖南大学学报（社会科学版）, 2018, 32 (2)：66-74.

［159］刘鹏. 中国制造业企业 OFDI 会造成国内"产业空心化"吗？——基于异质性企业投资动机的视角［J］. 财经论丛, 2017 (10)：3-10.

［160］杨丽丽, 盛斌. 制造业 OFDI 的产业"空心化"非线性效应研究——基于中国省际面板数据的 PSTR 分析［J］. 现代经济探讨, 2019 (2)：63-72.

［161］贾妮莎, 申晨. 中国对外直接投资的制造业产业升级效应研究［J］. 国际贸易问题, 2016 (8)：143-153.

［162］蒋冠宏. 我国企业跨国并购与行业内逆向技术溢出［J］. 世界经济研究, 2017 (1)：60-69.

［163］毛海欧, 刘海云. 中国对外直接投资促进了产业升级吗?：基于出口劳动结构视角的研究［J］. 世界经济研究, 2018 (6)：94-108+137.

［164］贾妮莎, 申晨, 雷宏振, 兰娟丽. 中国企业对外直接投资的"就业效应"：理论机制与实证检验［J］. 管理评论, 2019, 31 (6)：49-59.

［165］李梦溪, 朱延福, 余东升. 中国对外直接投资对产业结构调整的影响［J］. 亚太经济, 2020 (3)：85-94+151.

［166］肖卫国, 林芹. 吸收能力、中国对美国 OFDI 逆向技术溢出与产业升

级［J］. 产经评论，2019，10（4）：58-67.

［167］杨栋旭，周菲. 对外直接投资与中国产业结构升级——基于产能转移与技术进步双重视角的研究［J］. 经济问题探索，2020（10）：124-134.

［168］余海燕，沈桂龙. 对外直接投资对母国全球价值链地位影响的实证研究［J］. 世界经济研究，2020（3）：107-120+137.

［169］杨超，林建勇. 对外直接投资、吸收能力与中国产业升级——基于中国省级面板数据的实证检验［J］. 管理现代化，2018，38（5）：27-30.

［170］朱玮玮. 对外直接投资与中国制造业产业升级——基于省级面板数据的实证分析［J］. 江汉论坛，2018（3）：38-44.

［171］章志华，唐礼智，孙林. 对外直接投资、金融发展与产业结构升级［J］. 国际商务（对外经济贸易大学学报），2021（5）：96-109.

［172］Hymer S. The International Operations of National Firms：A Study of Foreign Direct Inbestment［M］. Cambridge：The MIT Press，1960.

［173］Buckley P J, Casson M. Models of Multinational Enterprise［J］. Journal of International Business Studies，2003，29（1）：21-44..

［174］Buckley P J, Casson M. The Optimal Timing of a Foreign Direct Investment［J］. The Economic Journal，1981，91（361）：75-87.

［175］Dunning J H. Trade, Location of Economic Activity and the MNE：A Search for an Eclectic Approach［J］. International Allocation of Economic Activity，1977（1023）：203-205.

［176］刘清杰，刘倩，任德孝. 中国对"一带一路"沿线国家投资倾向于出口平台型吗［J］. 财贸经济，2019，40（6）：101-116.

［177］蒋冠宏，蒋殿春. 中国企业对外直接投资的异质性检验——以服装、纺织和鞋帽类企业为例［J］. 世界经济研究，2013（11）：61-65+79+89.

［178］See Andrew Bernardand Bradford Jensen. Exceptional Exporter Performance：Cause, Effect, or Both［J］. Journal of International Economics，1997，47（1）：1-25.

［179］Cameron G, Proudman J, Redding S. Technological Convergence, R&D, Trade and Producivity Growth［J］. European Economic Review，2005，49（3）：775-807.

［180］徐超静. 逆向技术溢出对服务贸易影响的边际效应分析［J］. 商业经济研究，2019（24）：140-143.

［181］冯德连. 加快培育中国世界级先进制造业集群研究［J］. 学术界，2019（5）：86-95.

［182］湛柏明，裴婷. 中间品进口贸易的技术溢出效应研究［J］. 国际商务（对外经济贸易大学学报），2019（2）：25-36.

［183］蔡冬青，刘厚俊. 中国 OFDI 反向技术溢出影响因素研究——基于东道国制度环境的视角［J］. 财经研究，2012，38（5）：59-69.

［184］Dsilva Nigel Raylyn. Technology Spillovers and Its Mechanisms of Diffusion in Emerging Market Economies：Issues and Challenges［J］. Global Journal of Emerging Market Economies，2022，14（3）：419-433.

［185］姜明辉，赵磊磊，詹文韬，李城璋. 基于 Hotelling 模型的双寡头零售商服务策略选择研究［J］. 工业工程，2022，25（5）：1-9+37.

［186］黄祎，孙广生，田海峰. 环境偏好、创新成本与企业的环境战略选择：基于 Hotelling 空间模型的分析［J］. 系统工程，2022，40（2）：78-85.

［187］Sanjaya L. The Technological Structure and Performance of Developing Country Manufactured Exports，1985-1998［J］. Oxford Development Studies，2000，28（3）：337-369.

［188］干春晖，王强. 改革开放以来中国产业结构变迁：回顾与展望［J］. 经济与管理研究，2018，39（8）：3-14.

［189］王定祥，李伶俐，吴代红. 金融资本深化、技术进步与产业结构升级［J］. 西南大学学报（社会科学版），2017，43（1）：38-53+190.

［190］Gang Lin，Dong Jiang，Jingying Fu，Di Wang，Xiang Li. A Spatial Shift-share Decomposition of Energy Consumption Changes in China［J］. Energy Policy，2019，135（C）：1-9.

［191］段永琴，何伦志，克麴. 数字金融、技术密集型制造业与绿色发展［J］. 上海经济研究，2021（5）：89-105.

［192］干春晖，郑若谷，余典范. 中国产业结构变迁对经济增长和波动的影响［J］. 经济研究，2011，46（5）：4-16+31.

［193］田晖，王静. 我国与"一带一路"沿线国家产业国际竞争力分析［J］. 统计与决策，2021，37（3）：134-138.

［194］毛海欧，刘海云. 中国对外直接投资对贸易互补关系的影响："一带一路"倡议扮演了什么角色［J］. 财贸经济，2019，40（10）：81-94.

［195］彭虹．中国与"一带一路"沿线主要产茶国茶叶出口竞争力比较——基于显示性指标的研究［J］．重庆工商大学学报（社会科学版），2020，37（2）：23-30．

［196］周琢，徐建炜．海运成本如何影响"一带一路"沿线国家的出口［J］．世界经济研究，2022（7）：32-44+135-136．

［197］程显宏，毕鹏，王蒙．汇率变动、OFDI与出口贸易——中国与欧亚经济联盟经贸关系的经验分析［J］．重庆大学学报（社会科学版）：1-18．

［198］严莹，张晨．中美贸易战背景下"一带一路"沿线国家对中国出口贸易的影响研究［J］．哈尔滨工业大学学报（社会科学版），2022，24（3）：154-160．

［199］曹芳芳，张静，李先德．贸易制度安排对中国农产品出口"一带一路"沿线国家贸易效率的影响——基于时变随机前沿引力模型的实证分析［J］．中国流通经济，2022，36（4）：67-78．

［200］刘敏，薛伟贤，郑玉雯．"一带一路"产能合作模型构建与影响因素分析［J］．统计与决策，2019，35（16）：135-137．

［201］温忠麟，张雷，侯杰泰，刘红云．中介效应检验程序及其应用［J］．心理学报，2004（5）：614-620．

［202］卜伟，杨玉霞，池商城．中国对外贸易商品结构对产业结构升级的影响研究［J］．宏观经济研究，2019（8）：55-70．

［203］孙晓华，王昀．企业所有制与技术创新效率［J］．管理学报，2013，10（7）：1041-1047．

［204］张诚，刘守臣，于兆宇．跨境电商对制造业升级的作用机制及路径研究——基于双循环新发展格局视角［J］．中国科技论坛，2022（7）：77-88．

［205］黄赜琳，秦淑悦，张雨朦．数字经济如何驱动制造业升级［J］．经济管理，2022，44（4）：80-97．

［206］史东辉，庄华，朱兴邦．高附加值化是制造业升级的方向么？——基于全球多国数据的经济增长与制造业发展高附加值化的实证检验［J］．商业研究，2020（10）：21-32．

［207］阳立高，李璐璐，李玉双，韩峰．高等教育质量对制造业升级的影响研究［J］．科学决策，2019（12）：1-19．

［208］阳立高，龚世豪，王铂，晁自胜．人力资本、技术进步与制造业升级

[J].中国软科学，2018（1）：138-148.

［209］钟永光，贾晓菁，钱颖.系统动力学前沿与应用［M］.北京：科学出版社，2016.

［210］董科.全球产业链重构背景下中国纺织品服装行业发展策略探析［J］.化纤与纺织技术，2021，50（2）：1-2+30.

［211］Ribeiro R, Mccmbie J, Lima G T. Does Real Exchange Rate Undervaluation Really Promote Economic Growth？［J］.Structural Change and Economic Dynamics，2020（52）：408-417.

［212］曹伟，万谍，钱水土，等."一带一路"背景下人民币汇率变动的进口价格传递效应研究［J］.经济研究，2019，54（6）：136-150.

［213］李佩璘.提升中国对外直接投资产业升级效应的对策［J］.中国外资，2022（13）：54-57.

［214］Junw, Guo Wei G, Yu Ming L. Theories and Successful Experience of Developing Countries on outward FDI and Its Enlightenment to China［J］.World Regional Studies，2003（1）：23-29.

［215］Bluestone B, Harrison B. The Deindustrialization of America［J］.Business Horizons，1983，26（6）：80-81.

附　录

A　制造业产能合作与升级变量滞后阶数检验结果

附表 A-1　IH、YIC₂ 与物资资本存量 CAP 滞后阶数确定

lag	LL	LR	df	p	FPE	AIC	HQIC	SBIC
0	23.8972				0.00001	−2.98532	−2.998	−2.84838
1	102.469	157.14	9	0	5.1E-10	−12.9241	−12.9748	−12.3763
2	122.089	39.241	9	0	1.4E-10	−14.4413	−14.5301	−13.4827
3	138.527	32.876	9	0	1.1E-10	−15.5039	−15.6306	−14.1345
4	654.134	1031.2*	9	0	1.0e-40*	−87.8763*	−88.0411*	−86.0961*

附表 A-2　IH、YIC₂ 与人均专利申请授权量 TECH 滞后阶数确定

lag	LL	LR	df	p	FPE	AIC	HQIC	SBIC
0	19.3983				0.000019	−2.34261	−2.35529	−2.20567
1	60.8872	82.978	9	0	2.00E-07	−6.98389	−7.0346	−6.43613
2	75.1076	28.441	9	0.001	1.20E-07	−7.72966	−7.81839	−6.77107
3	82.3219	14.429	9	0.108	3.40E-07	−7.47456	−7.60132	−6.10515
4	622.351	1080.1*	9	0	9.7e-39*	−83.3358*	−83.5006*	−81.5556*

附表 A-3　IH、YIC$_2$ 与人均社会消费品零售总额 CONSUM 滞后阶数确定

lag	LL	LR	df	p	FPE	AIC	HQIC	SBIC
0	24.7864				8.90E-06	-3.11235	-3.12502	-2.97541
1	80.9737	112.37	9	0	1.10E-08	-9.85339	-9.90409	-9.30562
2	91.853	21.759	9	0.01	1.10E-08	-10.1219	-10.2106	-9.16327
3	108.501	33.296*	9	0	8.00E-09	-11.2144*	-11.3412*	-9.845*
4	.	.	9	.	0*	.	.	.

附表 A-4　IH、YIC$_3$ 与物资资本存量 CAP 滞后阶数确定

lag	LL	LR	df	p	FPE	AIC	HQIC	SBIC
0	23.7522				0.00001	-2.9646	-2.97728	-2.82766
1	92.0159	136.53	9	0	2.30E-09	-11.4308	-11.4816	-10.8831
2	107.761	31.491*	9	0	1.10E-09	-12.3945*	-12.4832*	-11.4359*
3	113.608	11.693	9	0.231	3.90E-09	-11.944	-12.0708	-10.5746
4	.	.	9		-7.0e-42*		.	.

附表 A-5　IH、YIC$_3$ 与人均专利申请授权量 TECH 滞后阶数确定

lag	LL	LR	df	p	FPE	AIC	HQIC	SBIC
0	20.7517				0.000016	-2.53595	-2.54863	-2.39901
1	57.064	72.625	9	0	3.40E-07	-6.43771	-6.48841	-5.88995
2	65.6301	17.132	9	0.047	4.60E-07	-6.37573	-6.46446	-5.41714
3	86.673	42.086*	9	0	1.80E-07	-8.09614*	-8.2229*	-6.72673*

附表 A-6　IH、YIC$_3$ 与人均社会消费品零售总额 CONSUM 滞后阶数确定

lag	LL	LR	df	p	FPE	AIC	HQIC	SBIC
0	24.2433				9.70E-06	-3.03476	-3.04743	-2.89782
1	76.637	104.79	9	0	2.10E-08	-9.23386	-9.28457	-8.6861
2	84.4449	15.616	9	0.075	3.10E-08	-9.06355	-9.15229	-8.10496
3	110.639	52.389*	9	0	5.90E-09	-11.5199*	-11.6466*	-10.1505*
4	.	.	9		-5.9e-41*		.	.

附表 A-7　IH、HIC₁ 与物资资本存量 CAP 滞后阶数确定

lag	LL	LR	df	p	FPE	AIC	HQIC	SBIC
0	44.3662				5.50E-07	-5.90945	-5.92213	-5.77251
1	117.846	146.96	9	0	5.70E-11	-15.1208	-15.1715	-14.5731
2	135.4	35.109	9	0	2.20E-11	-16.3429	-16.4316	-15.3843
3	153.613	36.426*	9	0	1.30E-11	-17.659*	-17.7858*	-16.2896*
4	.	.	9	.	-1.9e-45*	.	.	.

附表 A-8　IH、HIC₁ 与人均专利申请授权量 TECH 滞后阶数确定

lag	LL	LR	df	p	FPE	AIC	HQIC	SBIC
0	40.2262				9.80E-07	-5.31803	-5.3307	-5.18109
1	80.9917	81.531	9	0	1.10E-08	-9.85596	-9.90666	-9.30819*
2	89.7009	17.418	9	0.043	1.50E-08	-9.81441	-9.90314	-8.85582
3	104.222	29.043*	9	0.001	1.50E-08	-10.6032*	-10.73*	-9.23378
4	.	.	9	.	0*	.	.	.

附表 A-9　IH、HIC₁ 与人均社会消费品零售总额 CONSUM 滞后阶数确定

lag	LL	LR	df	p	FPE	AIC	HQIC	SBIC
0	45.4398				4.70E-07	-6.06283	-6.0755	-5.92589
1	100.172	109.46	9	0	7.10E-10	-12.596	-12.6467	-12.0483*
2	108.93	17.516	9	0.041	9.50E-10	-12.5615	-12.6502	-11.6029
3	122.047	26.233*	9	0.002	1.20E-09	-13.1496*	-13.2764*	-11.7802
4	.	.	9	.	-2.7e-40*	.	.	.

附表 A-10　IH、HIC₂ 与物资资本存量 CAP 滞后阶数确定

lag	LL	LR	df	p	FPE	AIC	HQIC	SBIC
0	25.0832				8.60E-06	-3.15475	-3.16742	-3.01781
1	105.048	159.93	9	0	3.60E-10	-13.2926	-13.3433	-12.7448
2	122.816	35.536	9	0	1.30E-10	-14.5452	-14.6339	-13.5866
3	142.866	40.1*	9	0	5.90E-11	-16.1237*	-16.2505*	-14.7543*
4	.	.	9	.	0*	.	.	.

附表 A-11　IH、HIC$_2$ 与人均专利申请授权量 TECH 滞后阶数确定

lag	LL	LR	df	p	FPE	AIC	HQIC	SBIC
0	21.4533				0.000014	−2.63619	−2.64886	−2.49925
1	63.6892	84.472	9	0	1.30E−07	−7.38417	−7.43487	−6.8364
2	79.6748	31.971	9	0	6.20E−08	−8.38211	−8.47085	−7.42353*
3	89.4263	19.503*	9	0.021	1.20E−07	−8.48947*	−8.61623*	−7.12006
4	.	.	9		0*			

附表 A-12　IH、HIC$_2$ 与人均社会消费品零售总额 CONSUM 滞后阶数确定

lag	LL	LR	df	p	FPE	AIC	HQIC	SBIC
0	26.1957				7.30E−06	−3.31368	−3.32635	−3.17674
1	84.5136	116.64	9	0	6.70E−09	−10.3591	−10.4098	−9.81133
2	101.193	33.358	9	0	2.90E−09	−11.4561	−11.5448	−10.4975
3	127.094	51.804*	9	0	5.60E−10	−13.8706*	−13.9974*	−12.5012*
4	.	.	9		0*		.	.

附表 A-13　IH、HIC$_3$ 与物资资本存量 CAP 滞后阶数确定

lag	LL	LR	df	p	FPE	AIC	HQIC	SBIC
0	26.35				7.10E−06	−3.33572	−3.34839	−3.19877
1	95.9381	139.18	9	0	1.30E−09	−11.9912	−12.0419	−11.4434
2	110.158	28.44*	9	0.001	7.90E−10	−12.7368*	−12.8256*	−11.7783*
3	117.717	15.119	9	0.088	2.20E−09	−12.5311	−12.6578	−11.1617
4	.	.	9	.	−9.2e−42*	.	.	.

附表 A-14　IH、HIC$_3$ 与人均专利申请授权量 TECH 滞后阶数确定

lag	LL	LR	df	p	FPE	AIC	HQIC	SBIC
0	22.7598				0.000012	−2.82283	−2.8355	−2.68589
1	58.0326	70.546	9	0	2.90E−07	−6.57609	−6.62679	−6.02832
2	68.0791	20.093	9	0.017	3.20E−07	−6.72559	−6.81432	−5.767
3	96.2575	56.357*	9	0	4.60E−08	−9.46536*	−9.59212*	−8.09595*
4	.	.	9	.	−4.5e−40*	.	.	.

附表 A-15 IH、HIC$_3$ 与人均社会消费品零售总额 CONSUM 滞后阶数确定

lag	LL	LR	df	p	FPE	AIC	HQIC	SBIC
0	27. 2475				6. 30E−06	−3. 46393	−3. 47661	−3. 32699
1	76. 9916	99. 488	9	0	2. 00E−08	−9. 28451	−9. 33522	−8. 73675
2	84. 7653	15. 547	9	0.077	3. 00E−08	−9. 10933	−9. 19807	−8. 15075
3	113. 886	58. 241*	9	0	3. 70E−09	−11. 9837*	−12. 1104*	−10. 6143*
4	.	.	9	.	0*	.	.	.

附表 A-16 IH、YEC$_1$ 与物资资本存量 CAP 滞后阶数确定

lag	LL	LR	df	p	FPE	AIC	HQIC	SBIC
0	23. 059				0.000011	−2. 86557	−2. 87824	−2. 72862
1	90. 4136	134. 71	9	0	2. 90E−09	−11. 2019	−11. 2526	−10. 6542
2	102. 63	24. 432	9	0.004	2. 30E−09	−11. 6614	−11. 7501	−10. 7028
3	123. 733	42. 207	9	0	9. 10E−10	−13. 3905	−13. 5172	−12. 0211
4	691. 818	1136. 2*	9	0	4. 7e−43*	−93. 2597*	−93. 4245*	−91. 4795*

附表 A-17 IH、YEC$_1$ 与人均专利申请授权量 TECH 滞后阶数确定

lag	LL	LR	df	p	FPE	AIC	HQIC	SBIC
0	18. 2728				0.000023	−2. 18183	−2. 19451	−2. 04489
1	55. 8373	75. 129	9	0	4. 00E−07	−6. 26247	−6. 31318	−5. 71471
2	61. 8991	12. 124	9	0.206	7. 80E−07	−5. 84273	−5. 93147	−4. 88415
3	81. 3304	38. 862*	9	0	3. 90E−07	−7. 33291*	−7. 45967*	−5. 9635*
4	.	.	9	.	0*	.	.	.

附表 A-18 IH、YEC$_1$ 与人均社会消费品零售总额 CONSUM 滞后阶数确定

lag	LL	LR	df	p	FPE	AIC	HQIC	SBIC
0	23. 9348				0. 00001	−2. 99069	−3. 00337	−2. 85375
1	75. 2213	102. 57	9	0	2. 50E−08	−9. 03162	−9. 08232	−8. 48385
2	87. 481	24. 519	9	0.004	2. 00E−08	−9. 49729	−9. 58602	−8. 5387
3	108. 794	42. 626*	9	0	7. 70E−09	−11. 2563*	−11. 3831*	−9. 88688*
4	.	.	9	.	−6. 8e−40*	.	.	.

附表 A-19 IH、YEC₂ 与物资资本存量 CAP 滞后阶数确定

lag	LL	LR	df	p	FPE	AIC	HQIC	SBIC
0	33. 1088				2. 70E-06	-4. 30126	-4. 31393	-4. 16432
1	102. 261	138. 3	9	0	5. 30E-10	-12. 8944	-12. 9451	-12. 3467
2	117. 632	30. 742	9	0	2. 70E-10	-13. 8045	-13. 8933	-12. 8459*
3	126. 734	18. 204*	9	0.033	5. 90E-10	-13. 8191*	-13. 9459*	-12. 4497
4	.	.	9	.	-1.0e-41*	.	.	.

附表 A-20 IH、YEC₂ 与人均专利申请授权量 TECH 滞后阶数确定

lag	LL	LR	df	p	FPE	AIC	HQIC	SBIC
0	28. 5495				5. 20E-06	-3. 64993	-3. 66261	-3. 51299
1	67. 3702	77. 641	9	0	7. 70E-08	-7. 91003	-7. 96074	-7. 36227
2	79. 7476	24. 755	9	0.003	6. 10E-08	-8. 39252*	-8. 48125*	-7. 43393*
3	88. 5561	17. 617*	9	0.04	1. 40E-07	-8. 36516	-8. 49192*	-6. 99575
4	.	.	9	.	-3.5e-41*	.	.	.

附表 A-21 IH、YEC₂ 与人均社会消费品零售总额 CONSUM 滞后阶数确定

lag	LL	LR	df	p	FPE	AIC	HQIC	SBIC
0	33. 7414				2. 50E-06	-4. 39163	-4. 40431	-4. 25469
1	88. 8939	110. 3	9	0	3. 60E-09	-10. 9848	-11. 0355	-10. 4371
2	105. 652	33. 517	9	0	1. 50E-09	-12. 0932	-12. 1819	-11. 1346*
3	116. 956	22. 607*	9	0.007	2. 40E-09	-12. 4222*	-12. 549*	-11. 0528
4	.	.	9	.	0*	.	.	.

附表 A-22 IH、YEC₃ 与物资资本存量 CAP 滞后阶数确定

lag	LL	LR	df	p	FPE	AIC	HQIC	SBIC
0	30. 9127				3. 70E-06	-3. 98753	-4. 0002	-3. 85059
1	99. 7242	137. 62	9	0	7. 60E-10	-12. 532	-12. 5827	-11. 9843
2	112. 12	24. 791	9	0.003	6. 00E-10	-13. 0171	-13. 1059	-12. 0586
3	124. 167	24. 093	9	0.004	8. 60E-10	-13. 4524	-13. 5791	-12. 083
4	653. 127	1057. 9*	9	0	1.2e-40*	-87. 7324*	-87. 8972*	-85. 9522*

附表 A-23 IH、YEC_3 与人均专利申请授权量 TECH 滞后阶数确定

lag	LL	LR	df	p	FPE	AIC	HQIC	SBIC
0	27.2095				6.30E-06	-3.4585	-3.47118	-3.32156
1	63.4837	72.548	9	0	1.30E-07	-7.35482	-7.40553	-6.80706
2	75.1146	23.262	9	0.006	1.20E-07	-7.73066	-7.8194	-6.77208
3	91.6319	33.034*	9	0	9.00E-08	-8.80455*	-8.93132*	-7.43514*
4	.	.	9	.	-1.3e-40*	.	.	.

附表 A-24 IH、YEC_3 与人均社会消费品零售总额 CONSUM 滞后阶数确定

lag	LL	LR	df	p	FPE	AIC	HQIC	SBIC
0	32.304				3.10E-06	-4.18629	-4.19897	-4.04935
1	86.2096	107.81	9	0	5.20E-09	-10.6014	-10.6521	-10.0536*
2	96.2668	20.115	9	0.017	5.80E-09	-10.7524	-10.8411	-9.79382
3	109.312	26.09*	9	0.002	7.20E-09	-11.3303*	-11.457*	-9.96085
4	.	.	9	.	-1.3e-39*	.	.	.

附表 A-25 IH、HEC_1 与物资资本存量 CAP 滞后阶数确定

lag	LL	LR	df	p	FPE	AIC	HQIC	SBIC
0	24.4915				9.30E-06	-3.07021	-3.08289	-2.93327
1	97.3791	145.78	9	0	1.10E-09	-12.197	-12.2477	-11.6492
2	110.472	26.185	9	0.002	7.60E-10	-12.7817	-12.8704	-11.8231
3	124.841	28.738*	9	0.001	7.80E-10	-13.5487*	-13.6754*	-12.1792*
4	.	.	9	.	0*	.	.	.

附表 A-26 IH、HEC_1 与人均专利申请授权量 TECH 滞后阶数确定

lag	LL	LR	df	p	FPE	AIC	HQIC	SBIC
0	19.9504				0.000018	-2.42149	-2.43416	-2.28455
1	63.9705	88.04*	9	0	1.30E-07	-7.42435*	-7.47506*	-6.87659*
2	70.9944	14.048	9	0.121	2.10E-07	-7.14206	-7.23079	-6.18347
3	79.3282	16.668	9	0.054	5.20E-07	-7.04688	-7.17364	-5.67747
4	.	.	9	.	-1.9e-42*	.	.	.

附表 A-27 IH、HEC₁ 与人均社会消费品零售总额 CONSUM 滞后阶数确定

lag	LL	LR	df	p	FPE	AIC	HQIC	SBIC
0	23. 5754				0. 000011	−2. 93935	−2. 95202	−2. 80241
1	81. 8062	116. 46	9	0	9. 80E−09	−9. 97232	−10. 023	−9. 42456
2	91. 6984	19. 784	9	0.019	1. 10E−08	−10. 0998	−10. 1885	−9. 14119
3	114. 883	46. 368*	9	0	3. 20E−09	−12. 1261*	−12. 2529*	−10. 7567*
4	.	.	9	.	−7.8e−41*	.	.	.

附表 A-28 IH、HEC₂ 与物资资本存量 CAP 滞后阶数确定

lag	LL	LR	df	p	FPE	AIC	HQIC	SBIC
0	33. 4786				2. 60E−06	−4. 35408	−4. 36676	−4. 21714
1	104. 748	142. 54	9	0	3. 70E−10	−13. 2497	−13. 3004	−12. 702
2	121. 585	33. 675	9	0	1. 60E−10	−14. 3694	−14. 4581	−13. 4108
3	134. 931	26. 691*	9	0.002	1. 80E−10	−14. 9901*	−15. 1169*	−13. 6207*
4	.	.	9	.	−8.8e−41*	.	.	.

附表 A-29 IH、HEC₂ 与人均专利申请授权量 TECH 滞后阶数确定

lag	LL	LR	df	p	FPE	AIC	HQIC	SBIC
0	29. 1692				4. 80E−06	−3. 73845	−3. 75113	−3. 60151
1	69. 7055	81. 073	9	0	5. 50E−08	−8. 24364	−8. 29434	−7. 69587
2	86. 8494	34. 288	9	0	2. 20E−08	−9. 40706*	−9. 4958*	−8. 44848*
3	95. 5732	17. 447*	9	0.042	5. 10E−08	−9. 36759	−9. 49436	−7. 99819
4	.	.	9	.	0*	.	.	.

附表 A-30 IH、HEC₂ 与人均社会消费品零售总额 CONSUM 滞后阶数确定

lag	LL	LR	df	p	FPE	AIC	HQIC	SBIC
0	33. 1885				2. 70E−06	−4. 31264	−4. 32532	−4. 1757
1	88. 9333	111. 49	9	0	3. 60E−09	−10. 9905	−11. 0412	−10. 4427
2	95. 1685	12. 47	9	0.188	6. 80E−09	−10. 5955	−10. 6842	−9. 63692
3	117. 561	44. 786*	9	0	2. 20E−09	−12. 5088*	−12. 6355*	−11. 1394*
4	.	.	9	.	−9.2e−40*	.	.	.

附表 A-31　IH、HEC₃ 与物资资本存量 CAP 滞后阶数确定

lag	LL	LR	df	p	FPE	AIC	HQIC	SBIC
0	40. 6631				9. 30E－07	－5. 38044	－5. 39311	－5. 2435
1	107. 743	134. 16	9	0	2. 40E－10	－13. 6776	－13. 7283	－13. 1299
2	114. 552	13. 617	9	0. 137	4. 20E－10	－13. 3645	－13. 4533	－12. 4059
3	155. 488	81. 872*	9	0	9. 80E－12	－17. 9268*	－18. 0536*	－16. 5574*
4	.	.	9	.	－1. 1e－40*	.	.	.

附表 A-32　IH、HEC₃ 与人均专利申请授权量 TECH 滞后阶数确定

lag	LL	LR	df	p	FPE	AIC	HQIC	SBIC
0	31. 3958				3. 50E－06	－4. 05654	－4. 06922	－3. 9196
1	69. 6086	76. 426	9	0	5. 60E－08	－8. 22981	－8. 28051	－7. 68204
2	79. 353	19. 489	9	0. 021	6. 50E－08	－8. 33614	－8. 42487	－7. 37755
3	115. 633	72. 559*	9	0	2. 90E－09	－12. 2332*	－12. 36*	－10. 8638*
4			9	.	0*			

附表 A-33　IH、HEC₃ 与人均社会消费品零售总额 CONSUM 滞后阶数确定

lag	LL	LR	df	p	FPE	AIC	HQIC	SBIC
0	42. 5267				7. 10E－07	－5. 64667	－5. 65934	－5. 50972
1	90. 9017	96. 75	9	0	2. 70E－09	－11. 2717	－11. 3224	－10. 7239
2	97. 5613	13. 319	9	0. 149	4. 80E－09	－10. 9373	－11. 0261	－9. 97874
3	123. 815	52. 508*	9	0	9. 00E－10	－13. 4022*	－13. 5289*	－12. 0327*
4	.	.	9	.	－4. 5e－40*	.	.	.

附表 A-34　IR、YIC₁ 与物资资本存量 CAP 滞后阶数确定

lag	LL	LR	df	p	FPE	AIC	HQIC	SBIC
0	80. 3122				1. 30E－15	－25. 7707	－26. 1876	－25. 8749
1	209. 984	259. 34	9	0	1. 0e－32*	－65. 9946	－67. 6618	－66. 4111
2	633. 649	847. 33*	9	0	.	－205. 216*	－207. 717*	－205. 841*
3	608. 283	－50. 731	.	.	.	－196. 761	－199. 262	－197. 386
4	605. 395	－5. 7763	9	.	.	－195. 798	－198. 299	－196. 423

附表 A-35　IR、YIC₁ 与人均专利申请授权量 TECH 滞后阶数确定

lag	LL	LR	df	p	FPE	AIC	HQIC	SBIC
0	76.0717				5.40E-15	-24.3572	-24.774	-24.4613
1	197.28	242.42	9	0	6.9e-31*	-61.7599	-63.4271	-62.1764
2	637.245	879.93*	9	0	.	-206.415	-208.916	-207.04
3			9					
4	659.076	.	9	.	.	-213.692*	-216.193*	-214.317*

附表 A-36　IR、YIC₁ 与人均社会消费品零售总额 CONSUM 滞后阶数确定

lag	LL	LR	df	p	FPE	AIC	HQIC	SBIC
0	81.2475				9.50E-16	-26.0825	-26.4993	-26.1866
1	.	.	9	.	-2.7e-32*	.	.	.
2	633.56	.	9	.	.	-205.187*	-207.687*	-205.811*
3	606.782	-53.556	9	.	.	-196.261	-198.762	-196.885
4	619.383	25.203*	9	0.003	.	-200.461	-202.962	-201.086

附表 A-37　IR、YIC₂ 与物资资本存量 CAP 滞后阶数确定

lag	LL	LR	df	p	FPE	AIC	HQIC	SBIC
0	81.5337				8.70E-16	-26.1779	-26.5947	-26.282
1	.	.	9	.	0*	.	.	.
2	625.146	.	9	.	.	-202.382	-204.883	-203.007
3	631.764	13.236	9	0.152	.	-204.588*	-207.089*	-205.213*
4	628.915	-5.6964	9	.	.	-203.638	-206.139	-204.263

附表 A-38　IR、YIC₂ 与人均专利申请授权量 TECH 滞后阶数确定

lag	LL	LR	df	p	FPE	AIC	HQIC	SBIC
0	74.7498				8.30E-15	-23.9166	-24.3334	-24.0207
1	199.011	248.52	9	0	3.9e-31*	-62.3371	-64.0043	-62.7535
2	636.252	874.48*	9	0	.	-206.084*	-208.585*	-206.709*

附表 A-39　IR、YIC$_2$ 与人均社会消费品零售总额 CONSUM 滞后阶数确定

lag	LL	LR	df	p	FPE	AIC	HQIC	SBIC
0	79. 545				1. 70E-15	-25. 515	-25. 9318	-25. 6191
1	213. 715	268. 34	9	0	2. 9e-33 *	-67. 2385	-68. 9057	-67. 655
2	631. 247	835. 06 *	9	0	.	-204. 416 *	-206. 916 *	-205. 04 *
3	628. 018	-6. 4568	9	.	.	-203. 339	-205. 84	-203. 964
4	628. 361	0. 68543	9	1	.	-203. 454	-205. 954	-204. 078

附表 A-40　IR、YIC$_3$ 与物资资本存量 CAP 滞后阶数确定

lag	LL	LR	df	p	FPE	AIC	HQIC	SBIC
0	76. 0134				5. 50E-15	-24. 3378	-24. 7546	-24. 4419
1	200. 878	249. 73 *	9	0	2. 1e-31 *	-62. 9593	-64. 6265	-63. 3758
2	.	.	9	.	.	.	.	.
3	643. 53	.	9			-208. 51	-211. 011	-209. 135
4	647. 688	8. 3178	9	0. 502	.	-209. 896 *	-212. 397 *	-210. 521 *

附表 A-41　IR、YIC$_3$ 与人均专利申请授权量 TECH 滞后阶数确定

lag	LL	LR	df	p	FPE	AIC	HQIC	SBIC
0	69. 2553				5. 20E-14	-22. 0851	-22. 5019	-22. 1892
1	187. 212	235. 91	9	0	2. 0e-29 *	-58. 4039	-60. 0711	-58. 8204
2	625. 753	877. 08 *	9	0	.	-202. 584 *	-205. 085 *	-203. 209 *

附表 A-42　IR、YIC$_3$ 与人均社会消费品零售总额 CONSUM 滞后阶数确定

lag	LL	LR	df	p	FPE	AIC	HQIC	SBIC
0	76. 2752				5. 00E-15	-24. 4251	-24. 8419	-24. 5292
1	.	.	9	.	-3. 4e-31 *	.	.	.
2	.	.	9	.	.	.	.	.
3	638. 154	.	9		.	-206. 718 *	-209. 219 *	-207. 343 *

附表 A-43　IR、HIC_1 与物资资本存量 CAP 滞后阶数确定

lag	LL	LR	df	p	FPE	AIC	HQIC	SBIC
0	80. 9061				1. 10E-15	-25. 9687	-26. 3855	-26. 0728
1	.	.	9	.	-2.6e-33*	.	.	.
2	632. 249	.	9	.	.	-204. 75*	-207. 251*	-205. 374*
3	586. 118	-92. 263	9	.	.	-189. 373	-191. 873	-189. 997
4	622. 387	72. 539*	9	0	.	-201. 462	-203. 963	-202. 087

附表 A-44　IR、HIC_1 与人均专利申请授权量 TECH 滞后阶数确定

lag	LL	LR	df	p	FPE	AIC	HQIC	SBIC
0	77. 5569				3. 30E-15	-24. 8523	-25. 2691	-24. 9564
1	199. 301	243. 49	9	0	3.5e-31*	-62. 4336	-64. 1008	-62. 8501
2	642. 936	887. 27*	9	0	.	-208. 312*	-210. 813*	-208. 937*

附表 A-45　IR、HIC_1 与人均社会消费品零售总额 CONSUM 滞后阶数确定

lag	LL	LR	df	p	FPE	AIC	HQIC	SBIC
0	81. 3493				9. 20E-16	-26. 1164	-26. 5332	-26. 2206
1	.	.	9	.	-7.8e-33*	.	.	.
2	639. 88	.	9	.	.	-207. 293*	-209. 794*	-207. 918*
3	599. 73	-80. 301	9	.	.	-193. 91	-196. 411	-194. 535
4	628. 438	57. 417*	9	0	.	-203. 479	-205. 98	-204. 104

附表 A-46　IR、HIC_2 与物资资本存量 CAP 滞后阶数确定

lag	LL	LR	df	p	FPE	AIC	HQIC	SBIC
0	83. 7795				4. 10E-16	-26. 9265	-27. 3433	-27. 0306
1	.	.	9	.	-4.8e-32*	.	.	.
2	633. 156	.	9	.	.	-205. 052*	-207. 553*	-205. 677*
3	630. 893	-4. 5254	9	.	.	-204. 298	-206. 799	-204. 922
4	629. 167	-3. 4522	9	.	.	-203. 722	-206. 223	-204. 347

附表 A-47　IR、HIC₂ 与人均专利申请授权量 TECH 滞后阶数确定

lag	LL	LR	df	p	FPE	AIC	HQIC	SBIC
0	73. 1661				1. 40E-14	-23. 3887	-23. 8055	-23. 4928
1	202. 373	258. 41	9	0	1. 3e-31*	-63. 4575	-65. 1247	-63. 874
2	649. 098	893. 45*	9	0	.	-210. 366*	-212. 867*	-210. 991*
3	.	.	9	.	.	.	.	.
4	.	.	9	.	.	.	.	.

附表 A-48　IR、HIC₂ 与人均社会消费品零售总额 CONSUM 滞后阶数确定

lag	LL	LR	df	p	FPE	AIC	HQIC	SBIC
0	83. 1754				5. 00E-16	-26. 7251	-27. 1419	-26. 8293
1	.	.	9	.	-1. 3e-31*	.	.	.
2	628. 822	.	9	.	.	-203. 607	-206. 108	-204. 232
3	629. 798	1. 9512	9	0. 992	.	-203. 933	-206. 433	-204. 557
4	634. 657	9. 7186	9	0. 374	.	-205. 552*	-208. 053*	-206. 177*

附表 A-49　IR、HIC₃ 与物资资本存量 CAP 滞后阶数确定

lag	LL	LR	df	p	FPE	AIC	HQIC	SBIC
0	73. 681				1. 20E-14	-23. 5603	-23. 9771	-23. 6644
1	.	.	9	.	-2. 1e-31*	.	.	.
2	629. 483	.	9	.	.	-203. 828	-206. 329	-204. 452
3	637. 485	16. 003	9	0. 067	.	-206. 495	-208. 996	-207. 12
4	651. 178	27. 386*	9	0. 001	.	-211. 059*	-213. 56*	-211. 684*

附表 A-50　IR、HIC₃ 与人均专利申请授权量 TECH 滞后阶数确定

lag	LL	LR	df	p	FPE	AIC	HQIC	SBIC
0	67. 5248				9. 20E-14	-21. 5083	-21. 9251	-21. 6124
1	190. 943	246. 84	9	0	5. 7e-30*	-59. 6478	-61. 315	-60. 0643
2	629. 9	877. 91*	9	0	.	-203. 967*	-206. 467*	-204. 591*
3	.	.	9	.	.	.	.	.
4	.	.	9	.	.	.	.	.

附表 A-51 　IR、HIC$_3$ 与人均社会零售消费总额量 CONSUM 滞后阶数确定

lag	LL	LR	df	p	FPE	AIC	HQIC	SBIC
0	75. 527				6. 40E-15	-24. 1757	-24. 5925	-24. 2798
1	.	.	9	.	-9. 4e-31*			
2	.	.	9	.		.	.	.
3	642. 073	.	9			-208. 024	-210. 525	-208. 649
4	651. 847	19. 549*	9	0. 021	.	-211. 282*	-213. 783*	-211. 907*

附表 A-52 　IR、HEC$_1$ 与物资资本存量 CAP 滞后阶数确定

lag	LL	LR	df	p	FPE	AIC	HQIC	SBIC
0	80. 1558				1. 40E-15	-25. 7186	-26. 1354	-25. 8227
1	.	.	9	.	-3. 9e-33*	.	.	.
2	639. 278	.	9	.		-207. 093*	-209. 594*	-207. 718*
3	.	.	9	.		.	.	.
4	.	.	9	.		.	.	.

附表 A-53 　IR、HEC$_1$ 与人均专利申请授权量 TECH 滞后阶数确定

lag	LL	LR	df	p	FPE	AIC	HQIC	SBIC
0	68. 4545				6. 80E-14	-21. 8182	-22. 235	-21. 9223
1	.	.	9	.	-3. 5e-31*	.	.	.
2	624. 122	.	9	.		-202. 041	-204. 542	-202. 666
3	641. 268	34. 292*	9	0		-207. 756*	-210. 257*	-208. 381*
4	.	.	9	.				

附表 A-54 　IR、HEC$_1$ 与人均社会消费品零售总额 CONSUM 滞后阶数确定

lag	LL	LR	df	p	FPE	AIC	HQIC	SBIC
0	74. 7267				8. 40E-15	-23. 9089	-24. 3257	-24. 013
1	209. 463	269. 47	9	0	1. 2e-32*	-65. 821	-67. 4882	-66. 2375
2	634. 189	849. 45	9	0		-205. 396	-207. 897	-206. 021
3	643. 53	18. 681*	9	0. 028		-208. 51	-211. 011	-209. 135
4	647. 335	7. 6111	9	0. 574		-209. 778*	-212. 279*	-210. 403*

附表 A-55　IR、HEC$_2$ 与物资资本存量 CAP 滞后阶数确定

lag	LL	LR	df	p	FPE	AIC	HQIC	SBIC
0	86.9447				1.40E-16	-27.9816	-28.3984	-28.0857
1	.	.	9	.	-1.1e-32*	.	.	.
2	636.907	.	9	.	.	-206.302	-208.803	-206.927
3	651.494	29.174*	9	0.001	.	-211.165*	-213.665*	-211.789*
4	.	.	9	.	.	.	.	.

附表 A-56　IR、HEC$_2$ 与人均专利申请授权量 TECH 滞后阶数确定

lag	LL	LR	df	p	FPE	AIC	HQIC	SBIC
0	73.1934				1.40E-14	-23.3978	-23.8146	-23.5019
1	205.531	264.67*	9	0	4.4e-32*	-64.5102*	-66.1774*	-64.9267*
2	.	.	9	.	.	.	.	.
3	.	.	9	.	.	.	.	.
4	.	.	9	.	.	.	.	.

附表 A-57　IR、HEC$_2$ 与人均社会消费品零售总额 CONSUM 滞后阶数确定

lag	LL	LR	df	p	FPE	AIC	HQIC	SBIC
0	80.1555				1.40E-15	-25.7185	-26.1353	-25.8226
1	209.998	259.68	9	0	1.0e-32*	-65.9992	-67.6664	-66.4157
2	636.866	853.74*	9	0	.	-206.289	-208.789	-206.913
3	642.955	12.179	9	0.203	.	-208.318*	-210.819*	-208.943*
4	638.373	-9.1647	9	.	.	-206.791	-209.292	-207.416

附表 A-58　IR、HEC$_3$ 与物资资本存量 CAP 滞后阶数确定

lag	LL	LR	df	p	FPE	AIC	HQIC	SBIC
0	78.9693				2.00E-15	-25.3231	-25.7399	-25.4272
1	203.395	248.85	9	0	9.0e-32*	-63.7984	-65.4656	-64.2149
2	639.771	872.75*	9	0	.	-207.257*	-209.758*	-207.882*
3	639.371	-0.80119	9	.	.	-207.124	-209.624	-207.748
4	.	.	9	.	.	.	.	.

附表 A-59　IR、HEC$_3$ 与人均专利申请授权量 TECH 滞后阶数确定

lag	LL	LR	df	p	FPE	AIC	HQIC	SBIC
0	58.0931				2.3e-16*	-27.5466	-28.5566	-28.0068
1	430.746	745.31*	9	0	.	-209.373*	-213.413*	-211.214*
2	.	.	9		.	.	.	.
3	.	.	9		.	.	.	.
4	.	.	9		.	.	.	.

附表 A-60　IR、HEC$_3$ 与人均社会消费品零售总额 CONSUM 滞后阶数确定

lag	LL	LR	df	p	FPE	AIC	HQIC	SBIC
0	81.7556				8.00E-16	-26.2519	-26.6687	-26.356
1	201.576	239.64	9	0	1.7e-31*	-63.1919	-64.8591	-63.6084
2	632.133	861.11*	9	0	.	-204.711	-207.212	-205.336
3	.	.	9		.	.	.	.
4	640.781	.	9		.	-207.594*	-210.094*	-208.218*

附表 A-61　IR、YEC$_1$ 与物资资本存量 CAP 滞后阶数确定

lag	LL	LR	df	p	FPE	AIC	HQIC	SBIC
0	73.2255				1.40E-14	-23.4085	-23.8253	-23.5126
1	.	.	9	.	-5.7e-32*	.	.	.
2	623.859	.	9	.	.	-201.953	-204.454	-202.578
3	611.282	-25.155	9	.	.	-197.761	-200.261	-198.385
4	642.313	62.063*	9	0	.	-208.104*	-210.605*	-208.729*

附表 A-62　IR、YEC$_1$ 与人均专利申请授权量 TECH 滞后阶数确定

lag	LL	LR	df	p	FPE	AIC	HQIC	SBIC
0	67.9897				7.90E-14	-21.6632	-22.08	-21.7674
1	.	.	9	.	-3.3e-29*	.	.	.
2	616.897	.	9	.	.	-199.632*	-202.133*	-200.257*
3	.	.	9		.	.	.	.
4	.	.	9		.	.	.	.

附表 A-63　IR、YEC_1 与人均社会消费品零售总额 CONSUM 滞后阶数确定

lag	LL	LR	df	p	FPE	AIC	HQIC	SBIC
0	74.1199				1.00E-14	-23.7066	-24.1235	-23.8108
1	201.335	254.43	9	0	1.8e-31*	-63.1116	-64.7788	-63.5281
2	634.776	866.88*	9	0	.	-205.592*	-208.093*	-206.217*
3	.	.	9		.	.	.	.
4	.	.	9		.	.	.	.

附表 A-64　IR、YEC_2 与物资资本存量 CAP 滞后阶数确定

lag	LL	LR	df	p	FPE	AIC	HQIC	SBIC
0	57.5561				3.0e-16*	-27.2781	-28.2881	-27.7383
1	422.428	729.74*	9	0	.	-205.214	-209.254	-207.055
2	.	.	9		.	.	.	.
3	433.518	.	9		.	-210.759*	-214.799*	-212.6*
4	.	.	9		.	.	.	.

附表 A-65　IR、YEC_2 与人均专利申请授权量 TECH 滞后阶数确定

lag	LL	LR	df	p	FPE	AIC	HQIC	SBIC
0	63.437				1.6e-17*	-30.2185	-31.2286	-30.6788
1	419.209	711.54*	9	0	.	-203.605	-207.645	-205.446
2	422.428	6.4378	9	0.695	.	-205.214*	-209.254*	-207.055*
3	.	.	9		.	.	.	.
4	.	.	9		.	.	.	.

附表 A-66　IR、YEC_2 与人均社会消费品零售总额 CONSUM 滞后阶数确定

lag	LL	LR	df	p	FPE	AIC	HQIC	SBIC
0	81.8507				7.80E-16	-26.2836	-26.7004	-26.3877
1	.	.	9	.	-2.1e-31*	.	.	.
2	637.972	.	9		.	-206.657	-209.158	-207.282
3	637.678	-0.58788	9	.	.	-206.559	-209.06	-207.184
4	650.631	25.905*	9	0.002	.	-210.877*	-213.378*	-211.502*

附表 A-67　IR、YEC₃ 与物资资本存量 CAP 滞后阶数确定

lag	LL	LR	df	p	FPE	AIC	HQIC	SBIC
0	79. 8327				1. 50E-15	-25. 6109	-26. 0277	-25. 715
1	.		9	.	-3. 6e-32*	.	.	.
2	619. 924	.	9	.	.	-200. 641*	-203. 142*	-201. 266*
3	614. 605	-10. 638	9			-198. 868	-201. 369	-199. 493
4	.	.	9					

附表 A-68　IR、YEC₃ 与人均专利申请授权量 TECH 滞后阶数确定

lag	LL	LR	df	p	FPE	AIC	HQIC	SBIC
0	73. 8382				1. 10E-14	-23. 6127	-24. 0295	-23. 7168
1	.	.	9	.	0*	.	.	.
2	641. 45		9		.	-207. 817*	-210. 318*	-208. 441*

附表 A-69　IR、YEC₃ 与人均社会消费品零售总额 CONSUM 滞后阶数确定

lag	LL	LR	df	p	FPE	AIC	HQIC	SBIC
0	82. 0451				7. 30E-16	-26. 3484	-26. 7652	-26. 4525
1	.	.	9	.	-3. 4e-32*	.	.	.
2	621. 511	.	9	.	.	-201. 17*	-203. 671*	-201. 795*
3	578. 415	-86. 192	9			-186. 805	-189. 306	-187. 43
4	.	.	9					

B　模型相关变量 Johansen 协整检验结果

附表 B-1　IH、YIC₂ 与物资资本存量 CAP Johansen 协整检验结果

rank	parms	LL	eigenvalue	statistic	value
0	15	111. 18653	.	64. 3451	34. 55
1	20	132. 7578	0. 93255	21. 2025	18. 17

rank	parms	LL	eigenvalue	statistic	value
2	23	143. 31684	0. 73283	0. 0845 *	3. 74
3	24	143. 35907	0. 00527		

附表 B-2　IH、YIC₂ 与人均专利申请授权量 TECH Johansen 协整检验结果

rank	parms	LL	eigenvalue	statistic	value
0	12	63. 205425	.	37. 0106	29. 68
1	17	76. 76065	0. 81629	9. 9002 *	15. 41
2	20	81. 480247	0. 44564	0. 461	3. 76
3	21	81. 710742	0. 0284		

附表 B-3　IH、YIC₂ 与人均社会消费品零售总额 CONSUM Johansen 协整检验结果

rank	parms	LL	eigenvalue	statistic	value
0	15	85. 469403	.	43. 5845	34. 55
1	20	98. 676844	0. 80813	17. 1696 *	18. 17
2	23	105. 38302	0. 56754	3. 7573	3. 74
3	24	107. 26165	0. 20929		

附表 B-4　IH、YIC₃ 与物资资本存量 CAP Johansen 协整检验结果

rank	parms	LL	eigenvalue	statistic	value
0	15	101. 58539	.	38. 051	34. 55
1	20	115. 06034	0. 81444	11. 1011 *	18. 17
2	23	119. 78786	0. 44619	1. 6461	3. 74
3	24	120. 61091	0. 09777		

附表 B-5　IH、YIC₃ 与人均专利申请授权量 TECH Johansen 协整检验结果

rank	parms	LL	eigenvalue	statistic	value
0	12	57. 456616	.	32. 1791	29. 68
1	17	70. 002131	0. 79158	7. 0881 *	15. 41
2	20	73. 503067	0. 35443	0. 0862	3. 76
3	21	73. 546165	0. 00537		

中国对外直接投资推进制造业产能合作与升级的路径研究

附表 B-6　IH、YIC₃ 与人均社会消费品零售总额 CONSUM Johansen 协整检验结果

rank	parms	LL	eigenvalue	statistic	value
0	12	77.155961	.	38.4898	29.68
1	17	89.620285	0.78945	13.5611*	15.41
2	20	95.785055	0.53726	1.2316	3.76
3	21	96.400858	0.07409		

附表 B-7　IH、HIC₁ 与物资资本存量 CAP Johansen 协整检验结果

rank	parms	LL	eigenvalue	statistic	value
0	15	126.99185	.	42.3689	34.55
1	20	140.50233	0.81526	15.3479*	18.17
2	23	148.03484	0.60998	0.2829	3.74
3	24	148.17627	0.01752		

附表 B-8　IH、HIC₁ 与人均专利申请授权量 TECH Johansen 协整检验结果

rank	parms	LL	eigenvalue	statistic	value
0	15	81.061616	.	38.0101	34.55
1	20	92.163886	0.75037	15.8055*	18.17
2	23	97.466307	0.4846	5.2007	3.74
3	24	100.06664	0.2775		

附表 B-9　IH、HIC₁ 与人均社会消费品零售总额 CONSUM Johansen 协整检验结果

rank	parms	LL	eigenvalue	statistic	value
0	12	98.53243	.	31.9276	29.68
1	17	106.85537	0.64668	15.2817*	15.41
2	20	111.22213	0.42065	6.5482	3.76
3	21	114.49621	0.33586		

附表 B-10　IH、HIC$_2$ 与物资资本存量 CAP Johansen 协整检验结果

rank	parms	LL	eigenvalue	statistic	value
0	15	113. 22495	.	62. 6014	34. 55
1	20	130. 13213	0. 87917	28. 787	18. 17
2	23	143. 70142	0. 81661	1. 6485 *	3. 74
3	24	144. 52565	0. 0979		

附表 B-11　IH、HIC$_2$ 与人均专利申请授权量 TECH Johansen 协整检验结果

rank	parms	LL	eigenvalue	statistic	value
0	12	66. 953118	.	36. 3489	29. 68
1	17	81. 3518	0. 83467	7. 5515 *	15. 41
2	20	85. 028609	0. 36846	0. 1979	3. 76
3	21	85. 12756	0. 01229		

附表 B-12　IH、HIC$_2$ 与人均社会消费品零售总额 CONSUM Johansen 协整检验结果

rank	parms	LL	eigenvalue	statistic	value
0	12	79. 443426	.	88. 0884	29. 68
1	17	114. 77552	0. 99915	17. 4242	15. 41
2	20	122. 54943	0. 78876	1. 8763 *	3. 76
3	21	123. 4876	0. 17108		

附表 B-13　IH、HIC$_3$ 与物资资本存量 CAP Johansen 协整检验结果

rank	parms	LL	eigenvalue	statistic	value
0	15	104. 48761	.	36. 9644	34. 55
1	20	115. 82475	0. 75759	14. 2901 *	18. 17
2	23	121. 69111	0. 51968	2. 5574	3. 74
3	24	122. 96979	0. 14772		

附表 B-14　IH、HIC$_3$ 与人均专利申请授权量 TECH Johansen 协整检验结果

rank	parms	LL	eigenvalue	statistic	value
0	15	61. 743939	.	54. 1054	34. 55
1	20	81. 224174	0. 9124	15. 1449 *	18. 17

续表

rank	parms	LL	eigenvalue	statistic	value
2	23	87. 452055	0. 5409	2. 6891	3. 74
3	24	88. 796621	0. 15471		

附表 B-15　IH、HIC₃ 与人均社会消费品零售总额 CONSUM Johansen 协整检验结果

rank	parms	LL	eigenvalue	statistic	value
0	12	77. 407962	.	33. 1999	29. 68
1	17	86. 818989	0. 69161	14. 3778 *	15. 41
2	20	92. 994747	0. 5379	2. 0263	3. 76
3	21	94. 007892	0. 11895		

附表 B-16　IH、YEC₁ 与物资资本存量 CAP Johansen 协整检验结果

rank	parms	LL	eigenvalue	statistic	value
0	15	110. 84922	.	40. 5919	34. 55
1	20	125. 29108	0. 83556	11. 7082 *	18. 17
2	23	130. 86534	0. 50181	0. 5597	3. 74
3	24	131. 1452	0. 03438		

附表 B-17　IH、YEC₁ 与人均专利申请授权量 TECH Johansen 协整检验结果

rank	parms	LL	eigenvalue	statistic	value
0	12	78. 5762	.	32. 266	29. 68
1	17	89. 722624	0. 75175	9. 9731 *	15. 41
2	20	94. 164444	0. 42606	1. 0895	3. 76
3	21	94. 709178	0. 06583		

附表 B-18　IH、YEC₁ 与人均社会消费品零售总额 CONSUM Johansen 协整检验结果

rank	parms	LL	eigenvalue	statistic	value
0	15	85. 949582	.	64. 4991	34. 55
1	20	107. 90238	0. 93569	20. 5935	18. 17
2	23	116. 45639	0. 65673	3. 4855 *	3. 74

rank	parms	LL	eigenvalue	statistic	value
3	24	118. 19914	0. 19575		

附表 B-19　IH、YEC$_2$ 与物资资本存量 CAP Johansen 协整检验结果

rank	parms	LL	eigenvalue	statistic	value
0	15	116. 73862	.	36. 8048	34. 55
1	20	127. 36604	0. 73511	15. 5499*	18. 17
2	23	133. 79204	0. 55213	2. 6979	3. 74
3	24	135. 14101	0. 15517		

附表 B-20　IH、YEC$_2$ 与人均专利申请授权量 TECH Johansen 协整检验结果

rank	parms	LL	eigenvalue	statistic	value
0	12	68. 980162	.	43. 7803	29. 68
1	17	85. 21194	0. 86853	11. 3168*	15. 41
2	20	90. 334661	0. 47289	1. 0714	3. 76
3	21	90. 870337	0. 06477		

附表 B-21　IH、YEC$_2$ 与人均社会消费品零售总额 CONSUM Johansen 协整检验结果

rank	parms	LL	eigenvalue	statistic	value
0	12	93. 786383	.	51. 8833	29. 68
1	17	111. 08847	0. 88499	17. 2791	15. 41
2	20	118. 65711	0. 61174	2. 1419*	3. 76
3	21	119. 72804	0. 12529		

附表 B-22　IH、YEC$_3$ 与物资资本存量 CAP Johansen 协整检验结果

rank	parms	LL	eigenvalue	statistic	value
0	12	86. 13521	.	32. 4628	29. 68
1	17	96. 478714	0. 84751	11. 7758*	15. 41
2	20	100. 64775	0. 5314	3. 4377	3. 76
3	21	102. 36663	0. 2684		

附表 B-23　IH、YEC₃ 与人均专利申请授权量 TECH Johansen 协整检验结果

rank	parms	LL	eigenvalue	statistic	value
0	12	67. 683638	.	31. 9606	29. 68
1	17	76. 940496	0. 68561	13. 4469 *	15. 41
2	20	83. 609832	0. 56555	0. 1082	3. 76
3	21	83. 663942	0. 00674		

附表 B-24　IH、YEC₃ 与人均社会消费品零售总额 CONSUM Johansen 协整检验结果

rank	parms	LL	eigenvalue	statistic	value
0	12	86. 481791	.	30. 1042	29. 68
1	17	96. 026495	0. 69672	11. 0148 *	15. 41
2	20	99. 36869	0. 34149	4. 3304	3. 76
3	21	101. 5339	0. 23712		

附表 B-25　IH、HEC₁ 与物资资本存量 CAP Johansen 协整检验结果

rank	parms	LL	eigenvalue	statistic	value
0	12	103. 50123	.	40. 7396	29. 68
1	17	116. 45366	0. 80191	14. 8347 *	15. 41
2	20	122. 08563	0. 5054	3. 5707	3. 76
3	21	123. 87101	0. 20002		

附表 B-26　IH、HEC₁ 与人均专利申请授权量 TECH Johansen 协整检验结果

rank	parms	LL	eigenvalue	statistic	value
0	12	62. 991494	.	34. 8276	29. 68
1	17	77. 610441	0. 83916	5. 5897 *	15. 41
2	20	80. 278575	0. 2836	0. 2534	3. 76
3	21	80. 405282	0. 01571		

附表 B-27　IH、HEC₁ 与人均社会消费品零售总额 CONSUM Johansen 协整检验结果

rank	parms	LL	eigenvalue	statistic	value
0	12	82. 591519	.	44. 5078	29. 68
1	17	100. 11581	0. 88814	9. 4592 *	15. 41

rank	parms	LL	eigenvalue	statistic	value
2	20	104.16806	0.39742	1.3547	3.76
3	21	104.84541	0.08118		

附表 B-28　IH、HEC$_2$ 与物资资本存量 CAP Johansen 协整检验结果

rank	parms	LL	eigenvalue	statistic	value
0	15	116.73862	.	36.8048	29.68
1	20	127.36604	0.73511	15.5499*	15.41
2	23	133.79204	0.55213	2.6979	3.76
3	24	135.14101	0.15517		

附表 B-29　IH、HEC$_2$ 与人均专利申请授权量 TECH Johansen 协整检验结果

rank	parms	LL	eigenvalue	statistic	value
0	12	73.075071	.	30.2971	29.68
1	17	84.578802	0.76259	7.2896*	15.41
2	20	88.046707	0.35176	0.3538	3.76
3	21	88.2236	0.02187		

附表 B-30　IH、HEC$_2$ 与人均社会消费品零售总额 CONSUM Johansen 协整检验结果

rank	parms	LL	eigenvalue	statistic	value
0	12	88.006207	.	35.9058	29.68
1	17	99.287179	0.75589	13.3439*	15.41
2	20	104.53604	0.48113	2.8461	3.76
3	21	105.95911	0.16296		

附表 B-31　IH、HEC$_3$ 与物资资本存量 CAP Johansen 协整检验结果

rank	parms	LL	eigenvalue	statistic	value
0	12	78.723421	.	88.6651	29.68
1	17	117.05644	0.99953	11.9990*	15.41
2	20	122.12861	0.63739	1.8547	3.76

rank	parms	LL	eigenvalue	statistic	value
3	21	123.05596	0.16929		

附表 B-32　IH、HEC₃ 与人均专利申请授权量 TECH Johansen 协整检验结果

rank	parms	LL	eigenvalue	statistic	value
0	12	55.845856	.	33.817	29.68
1	17	67.000948	0.86843	11.5068*	15.41
2	20	71.030927	0.5194	3.4469	3.76
3	21	72.754359	0.26901		

附表 B-33　IH、HEC₃ 与人均社会消费品零售总额 CONSUM Johansen 协整检验结果

rank	parms	LL	eigenvalue	statistic	value
0	12	69.371818	.	36.8749	29.68
1	17	82.114841	0.90142	11.3889*	15.41
2	20	85.117203	0.42067	5.3841	3.76
3	21	87.809271	0.38705		

附表 B-34　IH、YIC₁ 与人均专利申请授权量 TECH Johansen 协整检验结果

rank	parms	LL	eigenvalue	statistic	value
0	12	53.915077	.	42.4022	29.68
1	17	65.873796	0.88631	18.4848	15.41
2	20	74.013918	0.77237	2.2045*	3.76
3	21	75.116186	0.18161		

附表 B-35　IH、YIC₁ 与人均社会消费品零售总额 CONSUM Johansen 协整检验结果

rank	parms	LL	eigenvalue	statistic	value
0	12	70.722983	.	47.0139	29.68
1	17	86.358111	0.94173	15.7436	15.41
2	20	93.152743	0.70928	2.1543*	3.76
3	21	94.229909	0.17786		

附表 B-36　制造业产能合作各变量与制造业高级化 Granger 检验

模型	原假设	F 统计量	P 值	结论
（1）	HIC_1 不是 IH 的 Granger 原因	28.72	0.00	拒绝
	CAP 不是 IH 的 Granger 原因	17.65	0.00	拒绝
	HIC_1 不是 CAP 的 Granger 原因	957.47	0.00	拒绝
	IH 不是 HIC_1 的 Granger 原因	43.84	0.00	拒绝
	IH 不是 CAP 的 Granger 原因	288.27	0.00	拒绝
（2）	HIC_1 不是 IH 的 Granger 原因	146.55	0.00	拒绝
	TECH 不是 IH 的 Granger 原因	206.04	0.00	拒绝
	HIC_1 不是 TECH 的 Granger 原因	1.87	0.39	接受
	IH 不是 HIC_1 的 Granger 原因	19.6	0.00	拒绝
	IH 不是 TECH 的 Granger 原因	23.41	0.00	拒绝
（3）	HIC_1 不是 IH 的 Granger 原因	17.49	0.00	拒绝
	CONSUM 不是 IH 的 Granger 原因	10.74	0.00	拒绝
	HIC_1 不是 CONSUM 的 Granger 原因	91.01	0.00	拒绝
	IH 不是 HIC_1 的 Granger 原因	68.31	0.00	拒绝
	IH 不是 CONSUM 的 Granger 原因	97.72	0.00	拒绝
（4）	HIC_2 不是 IH 的 Granger 原因	30.45	0.00	拒绝
	CAP 不是 IH 的 Granger 原因	13.71	0.00	拒绝
	HIC_2 不是 CAP 的 Granger 原因	319.71	0.00	拒绝
	IH 不是 HIC_2 的 Granger 原因	10.69	000	接受
	IH 不是 CAP 的 Granger 原因	162.61	0.00	拒绝
（5）	HIC_2 不是 IH 的 Granger 原因	1.10	0.58	接受
	TECH 不是 IH 的 Granger 原因	3.70	0.16	接受
	HIC_2 不是 TECH 的 Granger 原因	17.3	0.00	拒绝
	IH 不是 HIC_2 的 Granger 原因	0.68	0.71	接受
	IH 不是 TECH 的 Granger 原因	52.5	0.00	拒绝
（6）	HIC_2 不是 IH 的 Granger 原因	42.14	0.00	拒绝
	CONSUM 不是 IH 的 Granger 原因	24.68	0.00	拒绝
	HIC_2 不是 CONSUM 的 Granger 原因	48.15	0.00	拒绝
	IH 不是 HIC_2 的 Granger 原因	805.12	0.00	拒绝
	IH 不是 CONSUM 的 Granger 原因	221.01	0.00	接受
（7）	HIC_3 不是 IH 的 Granger 原因	193.58	0.00	拒绝
	CAP 不是 IH 的 Granger 原因	171.23	0.00	拒绝

续表

模型	原假设	F 统计量	P 值	结论
(7)	HIC$_3$ 不是 CAP 的 Granger 原因	95.64	0.00	拒绝
	IH 不是 HIC$_3$ 的 Granger 原因	36.23	0.00	拒绝
	IH 不是 CAP 的 Granger 原因	63.5	0.00	拒绝
(8)	HIC$_3$ 不是 IH 的 Granger 原因	35.56	0.00	拒绝
	TECH 不是 IH 的 Granger 原因	61.67	0.00	拒绝
	HIC$_3$ 不是 TECH 的 Granger 原因	351.68	0.00	拒绝
	IH 不是 HIC$_3$ 的 Granger 原因	17.25	0.00	拒绝
	IH 不是 TECH 的 Granger 原因	3676.0	0.00	拒绝
(9)	HIC$_3$ 不是 IH 的 Granger 原因	333.51	0.00	拒绝
	CONSUM 不是 IH 的 Granger 原因	316.6	0.00	拒绝
	HIC$_3$ 不是 CONSUM 的 Granger 原因	58.18	0.00	拒绝
	IH 不是 HIC$_3$ 的 Granger 原因	3530.6	0.00	拒绝
	IH 不是 CONSUM 的 Granger 原因	447.88	0.00	拒绝

附表 B-37　制造业产能合作各变量与制造业合理化 Granger 检验

模型	原假设	F 统计量	P 值	结论
(1)	HIC$_1$ 不是 IR 的 Granger 原因	1.9838	0.37	接受
	CAP 不是 IR 的 Granger 原因	20.98	0.00	拒绝
	HIC$_1$ 不是 CAP 的 Granger 原因	93.91	0.00	拒绝
	IR 不是 HIC$_1$ 的 Granger 原因	62.207	0.00	拒绝
	IR 不是 CAP 的 Granger 原因	6.3355	0.04	拒绝
(2)	HIC$_1$ 不是 IR 的 Granger 原因	1147.3	0.00	拒绝
	TECH 不是 IR 的 Granger 原因	890.08	0.000	拒绝
	HIC$_1$ 不是 TECH 的 Granger 原因	14.56	0.02	拒绝
	IR 不是 HIC$_1$ 的 Granger 原因	4.4289	0.11	接受
	IR 不是 TECH 的 Granger 原因	4.18	0.04	拒绝
(3)	HIC$_1$ 不是 IR 的 Granger 原因	3.8028	0.15	接受
	CONSUM 不是 IR 的 Granger 原因	19.06	0.00	拒绝
	HIC$_1$ 不是 CONSUM 的 Granger 原因	35.885	0.00	拒绝
	IR 不是 HIC$_1$ 的 Granger 原因	12.05	0.00	拒绝
	IR 不是 CONSUM 的 Granger 原因	16.038	0.00	拒绝

续表

模型	原假设	F 统计量	P 值	结论
(4)	HIC_2 不是 IR 的 Granger 原因	3.2035	0.073	拒绝
	CAP 不是 IR 的 Granger 原因	14.998	0.000	拒绝
	HIC_2 不是 CAP 的 Granger 原因	0.57934	0.447	接受
	IR 不是 HIC_2 的 Granger 原因	0.75567	0.385	接受
	IR 不是 CAP 的 Granger 原因	0.05101	0.821	接受
(5)	HIC_2 不是 IR 的 Granger 原因	26.98	0.00	拒绝
	TECH 不是 IR 的 Granger 原因	14.894	0.00	拒绝
	HIC_2 不是 TECH 的 Granger 原因	7.4831	0.00	拒绝
	IR 不是 HIC_2 的 Granger 原因	283.7	0.00	拒绝
	IR 不是 TECH 的 Granger 原因	16.574	0.00	拒绝
(6)	HIC_2 不是 IR 的 Granger 原因	0.15829	0.92	接受
	CONSUM 不是 IR 的 Granger 原因	7.7472	0.00	拒绝
	HIC_2 不是 CONSUM 的 Granger 原因	416.98	0.00	拒绝
	IR 不是 HIC_2 的 Granger 原因	6.1526	0.04	拒绝
	IR 不是 CONSUM 的 Granger 原因	656.58	0.00	拒绝
(7)	HIC_3 不是 IR 的 Granger 原因	12.401	0.00	拒绝
	CAP 不是 IR 的 Granger 原因	22.289	0.00	拒绝
	HIC_3 不是 CAP 的 Granger 原因	14.44	0.00	拒绝
	IR 不是 HIC_3 的 Granger 原因	8.4129	0.00	拒绝
	IR 不是 CAP 的 Granger 原因	44.789	0.00	拒绝
(8)	HIC_3 不是 IR 的 Granger 原因	648.43	0.00	拒绝
	TECH 不是 IR 的 Granger 原因	246.24	0.00	拒绝
	HIC_3 不是 TECH 的 Granger 原因	75.548	0.00	拒绝
	IR 不是 HIC_3 的 Granger 原因	29.295	0.00	拒绝
	IR 不是 TECH 的 Granger 原因	186.03	0.00	拒绝
(9)	HIC_3 不是 IR 的 Granger 原因	7.7489	0.02	拒绝
	CONSUM 不是 IR 的 Granger 原因	9.8922	0.00	拒绝
	HIC_3 不是 CONSUM 的 Granger 原因	251.14	0.00	拒绝
	IR 不是 HIC_3 的 Granger 原因	13.008	0.00	拒绝
	IR 不是 CONSUM 的 Granger 原因	482.27	0.00	拒绝

C 模型相关变量多重共线性检验结果

附表 C-1 第 4 章变量共线性检验结果

变量	VIF	1/VIF
ltech	7.99	0.125212
lput	7.30	0.137062
cnl 共同口语	6.67	0.149851
col 官方语言	6.43	0.155406
llab	3.66	0.273332
gdp	2.82	0.354522
neb	1.90	0.526447
lofdi	1.89	0.527880
tax	1.32	0.757657
lcap	1.18	0.844128
finance	1.12	0.893846
Mean VIF	3.84	

附表 C-2 第 6 章各变量共线性检验

变量	VIF	1/VIF
ofdi	7.86	0.127239
ofdi2	7.79	0.128350
consum	7.31	0.136743
fdi	4.19	0.238679
inv	3.60	0.278114
pgdp	3.39	0.295083
gov	2.26	0.442158
rd	2.10	0.475306
edu	1.34	0.748000
Mean VIF	4.56